WERNER PIECK

Der Anspruch auf ein rechtsstaatliches Gerichtsverfahren

NEUE KÖLNER RECHTSWISSENSCHAFTLICHE ABHANDLUNGEN

HERAUSGEGEBEN VON

DER RECHTSWISSENSCHAFTLICHEN FAKULTÄT

DER UNIVERSITÄT ZU KÖLN

HEFT 47

Berlin 1966

WALTER DE GRUYTER & CO.

vormals G. J. Göschen'sche Verlagshandlung · J. Guttentag, Verlagsbuchhandlung

Georg Reimer · Karl J. Trübner · Veit & Comp.

Der Anspruch auf ein rechtsstaatliches Gerichtsverfahren

— ART. 6 ABS. 1
DER EUROPÄISCHEN MENSCHENRECHTSKONVENTION
IN SEINER BEDEUTUNG
FÜR DAS DEUTSCHE VERFAHRENSRECHT —

Von

Dr. Werner Pieck

Berlin 1966

WALTER DE GRUYTER & CO.

vormals G. J. Göschen'sche Verlagshandlung · J. Guttentag, Verlagsbuchhandlung
Georg Reimer · Karl J. Trübner · Veit & Comp.

Gedruckt mit Unterstützung der Stiftung Volkswagenwerk

Archiv-Nr. 27 08 66 8

Satz und Druck: Saladruck Steinkopf & Sohn, Berlin 36

Meinen Eltern

VORWORT

Für seine stets freundliche Unterstützung und für so manche wertvolle Anregung sei Herrn Professor Dr. H. Guradze hiermit besonders gedankt.

Die Arbeit wurde im November 1964 endgültig abgeschlossen. Die Veröffentlichung verzögerte sich jedoch durch Umstände, auf die der Verfasser keinen Einfluß hatte.

Bonn 1966

Werner Pieck

INHALTSVERZEICHNIS

LITERATURVERZEICHNIS

A. Kommentare, Lehrbücher, Monographien und Aufsätze

Appell, Ehrhart	Die europäische Konvention zum Schutze der Menschenrechte und Grundfreiheiten in ihrer Bedeutung für das deutsche Strafrecht und Strafverfahrensrecht Diss. jur., Marburg 1961
Aris, Reinhold	Verwaltungskontrolle in England in: Staatsbürger und Staatsgewalt — Verwaltungsrecht und Verwaltungsgerichtsbarkeit in Geschichte und Gegenwart — Karlsruhe 1963, Bd. I, S. 369 ff.
Arndt, Adolf	Das rechtliche Gehör in: NJW 1959, 6 ff. (zit.: Gehör)
—	Anmerkung zum Urteil des BGH vom 21. 4. 1959 — 1 StR 504/58 — in: NJW 1959, 1230 f. (zit.: Anmerkung I)
—	Die Verfassungsbeschwerde wegen Verletzung des rechtlichen Gehörs in: NJW 1959, 1298 (zit.: Verfassungsbeschwerde)
—	Anmerkung zum Urteil des OLG Düsseldorf vom 3. 5. 1961 — (2) Ss 249/61 — in: NJW 1961, 1734 f. (zit.: Anmerkung II)
—	Rechtsprechende Gewalt und Strafkompetenz in: Festgabe für Carlo Schmid, Tübingen 1962, S. 5 ff. (zit.: Strafkompetenz)
Arndt, Herbert	Das Urteil 2. Auflage, Schloß Bleckede an der Elbe, 1962
Bärmann, Johannes	„Echtes Streitverfahren" in der freiwilligen Gerichtsbarkeit in: AcP 154, 373 ff.
Bauerle, Gerhard	Notwendigkeit und Rechtsstaatlichkeit des Verwaltungsstrafverfahrens in: BB 1957, 707 ff.

Baumbach-Lauterbach	Zivilprozeßordnung (mit Gerichtsverfassungsgesetz und anderen Nebengesetzen), Kommentar, 27. Auflage, München und Berlin 1963
Baur, Fritz	Der Anspruch auf rechtliches Gehör in: AcP 153, 393 ff. (zit.: Gehör)
—	Freiwillige Gerichtsbarkeit 1. Buch: Allgemeines Verfahrensrecht, Tübingen 1955 (zit.: FGG)
—	Justizaufsicht und richterliche Unabhängigkeit Tübingen 1954 (zit.: Justizaufsicht)
—	Der gegenwärtige Stand der freiwilligen Gerichtsbarkeit in: Juristen-Jahrbuch, Bd. 3, Köln 1962, S. 50 ff. (zit.: Der gegenwärtige Stand)
Behnke, Kurt	Bundesdisziplinarordnung in der vom 1. Sept. 1953 geltenden Fassung, Kommentar, Stuttgart und Köln 1954
Berber, Friedrich	Lehrbuch des Völkerrechts I. Band: Allgemeines Friedensrecht, München und Berlin 1960
Bettermann, K. August	Der Schutz der Grundrechte in der ordentlichen Gerichtsbarkeit in: Bettermann-Nipperdey-Scheuner: Die Grundrechte, Bd. III/2, S. 779 ff. (zit.: Schutz der Grundrechte)
—	Die Unabhängigkeit der Gerichte und der gesetzliche Richter in: Bettermann-Nipperdey-Scheuner: Die Grundrechte, Bd. III/2, S. 523 ff. (zit.: Unabhängigkeit)
—	Anmerkung zum Beschluß des BayVerfGH vom 2. 2. 1962 — Vf. 109 — VI — 61 — in: JZ 1962, 675 ff. (zit.: Anmerkung)
Blomeyer, Arwed	Zivilprozeßrecht — Erkenntnisverfahren — Berlin-Göttingen-Heidelberg 1963
Bötticher, Eduard	Die Gleichheit vor dem Richter 2. Auflage, Hamburg 1961
Bonner-Kommentar	Kommentar zum Bonner Grundgesetz Hamburg 1954 Bearbeiter u. a.: Dennewitz, Holtkotten und Wernicke

Bosch, F. W. — Zivilprozeß und freiwillige Gerichtsbarkeit
in: AcP 149, 31 ff.

Bülck, Hartwig — Vertragsauslegung
in: Strupp-Schlochauer, Wörterbuch des Völkerrechts, 2. Auflage, Berlin 1961, S. 547 ff.

Buschmann, Walter — Die richterliche Nachprüfbarkeit von Unterwerfungsverhandlungen
in: NJW 1961, 1561 ff.

Comte, Philippe — Die Anwendung der Europäischen Konvention zum Schutze der Menschenrechte und Grundfreiheiten in der innerstaatlichen Rechtsordnung
in: Journal der Internationalen Juristenkommission, 1. Halbjahr 1962, Bd. IV, Nr. 1, S. 100 ff.

Creifelds — Der interzonale Rechtshilfeverkehr in Strafsachen
in: JR 1953, 204 ff.
(zit.: Rechtshilfeverkehr)

— Strafprozessuale Auswirkungen der Entscheidungen des BVerfG zu den §§ 49 StVO, 71 StVZO und StVG
in: JR 1962, 361 ff.
(zit.: Auswirkungen)

Dahlke — Strafverfahren und Strafverfahrensrecht
Kommentar, 37. Auflage, Berlin 1961
Unter C I 5: Gesetz über die innerdeutsche Rechts- und Amtshilfe in Strafsachen, kommentiert von Fuhrmann

Dahm, Georg — Völkerrecht
Stuttgart, Bd. I 1958, Bd. II und Bd. III 1961
(zit.: nach Bänden)

Dallinger-Lackner — Kommentar zum Jugendgerichtsgesetz
München und Berlin 1955

Dernedde — Neuerungen im Bundesdisziplinarrecht
in: DVBl. 1952, 709 ff.

Dersch-Volkmar — Arbeitsgerichtsgesetz
Kommentar, 6. Auflage, Berlin und Frankfurt a/M 1955

Dietz-Nikisch — Arbeitsgerichtsgesetz
Kommentar, München und Berlin 1954

zu Dohna, Alexander Graf — Das Strafverfahren
Berlin 1913

Doucet, Michel — Wörterbuch der deutschen und französischen Rechtssprache
Teil I: Französisch-Deutsch
München und Berlin 1960

Echterhölter, Rudolf	Die europäische Menschenrechtskonvention im Rahmen der verfassungsmäßigen Ordnung in: JZ 1955, 689 ff. (zit.: Ordnung)
—	Die europäische Menschenrechtskonvention in der juristischen Praxis in: JZ 1956, 142 ff. (zit.: Praxis)
Eichenberger, Kurt	Die richterliche Unabhängigkeit als staatsrechtliches Problem Bern 1960
Erdsiek, Gerhard	Aufsatz ohne Titel über: Die europäische Menschenrechtskonvention in der deutschen Rechtsordnung in: NJW 1959, 1215 ff. (Rubrik „Umwelt und Recht", Nr. 1)
Fischer, Erwin	Deine Rechte im Staat —Eine gemeinverständliche Darstellung der Grundrechte — 10. Auflage, Frankfurt a/M — Berlin 1961
Floegel-Hartung	Straßenverkehrsrecht Kommentar, 14. Auflage, München und Berlin 1963
Friesenhahn, Ernst	Der Rechtsschutz im öffentlichen Recht nach dem Bonner Grundgesetz in: DV 1949, 478 ff. (zit.: Rechtsschutz)
—	Menschenrechte in: Strupp-Schlochauer, Wörterbuch des Völkerrechts, 2. Auflage, Berlin 1961, S. 503 ff. (zit.: Menschenrechte)
—	Der internationale Schutz der Menschenrechte in: Schriftenreihe der Niedersächsischen Landeszentrale für politische Bildung, Reihe C, Heft 6, Uelzen 1960
Geck, Wilhelm	Anmerkung zum Bescheid des OVG Münster vom 24. 6. 1955 — VI A 444/54 — in: DVBl. 1956, 524 ff. (zit.: Anmerkung)
—	Die Erschöpfung der „domestic remedies" gemäß Art. 26 der europäischen Menschenrechtskonvention in: DVBl. 1957, 41 ff. (zit.: domestic remedies)
Goldschmidt, James	Der Prozeß als Rechtslage — Eine Kritik des prozessualen Denkens — Berlin 1925

Golsong, Heribert — Die europäische Konvention zum Schutze der Menschenrechte und Grundfreiheiten
in: Jahrbuch des öffentlichen Rechts der Gegenwart, NF Bd. 10, 123 ff.
(zit.: Konvention)

— Die europäische Menschenrechtskonvention vor den nationalen Gerichten
in: DVBl. 1958, 809 ff.
(zit.: Gerichte)

— Das Rechtsschutzsystem der Europäischen Menschenrechtskonvention
Karlsruhe 1958
(zit.: Rechtsschutzsystem)

Gossrau, Eberhard — Ist die Strafgewalt und die Bußgeldkompetenz von Verwaltungsbehörden mit Art. 92 GG vereinbar?
in: NJW 1958, 929 ff.

Gros, Paul — Allgemeine Einleitung in die Arbeitsgerichtsbarkeit
in: ArbR-Blattei, Arbeitsgerichtsbarkeit III

Guradze, Heinz — Der Stand der Menschenrechte im Völkerrecht
Göttingen 1956
(zit.: Menschenrechte)

— Zur Gültigkeit des Rechtshilfegesetzes
in: NJW 1958, 817 ff.
(zit.: Rechtshilfe I)

— Die Gültigkeit des Rechtshilfegesetzes (Erwiderung auf Zorn, NJW 1958, 1222)
in: NJW 1958, 1912 f.
(zit. Rechtshilfe II)

— Kann die Verfassungsbeschwerde auf eine Verletzung der Konvention zum Schutze der Menschenrechte gestützt werden?
in: DÖV 1960, 286 ff.
(zit.: Verfassungsbeschwerde)

— Anmerkung zum Beschluß des BVerfG vom 14. 1. 1960 — 2 BvR 243/60 —
in: NJW 1960, 1243
(zit.: Anmerkung I)

— Anmerkung zum Beschluß des BVerfG vom 31. 5. 1960 — 2 BvR 234, 235, 236/60 —
in: NJW 1960, 2091
(zit.: Anmerkung II)

— Verfassungsbeschwerde und Verletzung der Menschenrechtskonvention (Erwiderung auf Herzog, DÖV 1960, 775 ff.)
in: DÖV 1961, 12 f.
(zit.: Erwiderung)

Habscheid, Walther — Der Streitgegenstand im Zivilprozeß und im Streitverfahren der freiwilligen Gerichtsbarkeit
Bielefeld 1956
(zit.: Streitgegenstand)

— Der Anspruch auf Rechtspflege
in: ZZP 67, 188 ff.
(zit.: Rechtspflege)

— Zum Streitverfahren der freiwilligen Gerichtsbarkeit
in: JZ 1954, 689 ff.
(zit. Streitverfahren)

— Schiedsverfahren und freiwillige Gerichtsbarkeit
in: ZZP 66, 188 ff.
(zit.: Schiedsverfahren)

Hahn — Die gesamten Materialien zur Civilprozeßordnung, II. Abteilung, Berlin 1880

Hallier, H.-Joachim — Internationale Gerichte und Schiedsgerichte
— Verträge, Satzungen, Verfahrensordnungen —
Köln-Berlin-München-Bonn 1961

Hamann, Andreas — Das Grundgesetz
Kommentar, Berlin-Neuwied-Darmstadt 1956

Hartung, Fritz — Das Strafregister
Kommentar, 2. Auflage, München und Berlin 1963
Teil IV: Gesetz über die innerdeutsche Rechts- und Amtshilfe in Strafsachen

Haver — Ist die Strafgewalt des Finanzamts mit dem Grundgesetz und mit der Menschenrechtskonvention vereinbar?
in: NJW 1957, 88 ff.

Henkel, Heinrich — Strafverfahrensrecht
Stuttgart und Köln 1953

Henrichs, Wilhelm — Änderung der ZPO durch die Konvention von Rom?
in: MdR 1955, 140 ff.

Herzog, Roman — Grundrechtsbeschränkung nach dem Grundgesetz und Europäische Menschenrechtskonvention
Diss. jur., München 1958
(zit.: Diss.)

— Das Grundrecht auf Freiheit in der europäischen Menschenrechtskonvention
in: AöR 86, 194 ff.
(zit.: Freiheit)

— Besprechung des Buches von Guradze „Der Stand der Menschenrechte im Völkerrecht"
in: AöR 84, 231 ff.
(zit.: Buchbesprechung)

— Das Verhältnis der europäischen Menschenrechtskonvention zu späteren deutschen Gesetzen
in: DÖV 1959, 44 ff.
(zit.: Verhältnis)

Hodler, Christian — Die Europäische Menschenrechtskonvention und das Bonner Grundgesetz
Diss. jur., Göttingen 1953
(zit.: Diss.)

— Die Freiheit der Person nach der neuen Europäischen Menschenrechtskonvention
in: NJW 1953, 531 f.
(zit.: Freiheit)

Höhn, Reinhard — Theorie und Wirklichkeit des englischen Verwaltungssystems
in: Das ausländische Verwaltungsrecht der Gegenwart, Berlin 1940, S. 31 ff.

Hueck-Nipperdey — Lehrbuch des Arbeitsrechts
Erster Band, 7. Auflage, Berlin und Frankfurt a/M 1963

Jagusch, Heinrich — Über das rechtliche Gehör im Strafverfahren
in: NJW 1959, 265 ff.

Jeschek, H.-Heinrich — Die europäische Konvention zum Schutze der Menschenrechte und Grundfreiheiten
in: NJW 1954, 783 ff.
(zit.: Konvention)

— Vom Stil der gegenwärtigen deutschen Strafrechtspflege
in: Festschrift für Oscar Adolf Germann, Schweizerische Zeitschrift für Strafrecht, 75. Jahrgg., Bern 1959, S. 56 ff.
(zit.: Strafrechtspflege)

Jürgel, Wilhelm — Die französische Verwaltungsgerichtsbarkeit
in: Das ausländische Verwaltungsrecht der Gegenwart, Berlin 1940, S. 191 ff.

Keidel, Fritz u. Theodor — Freiwillige Gerichtsbarkeit
Kommentar, 8. Auflage, München und Berlin 1963

Kern, Eduard — Gerichtsverfassungsrecht
3. Auflage, München und Berlin 1959
(zit.: GV-Recht)

— Strafverfahrensrecht
— Ein Studienbuch —
5. Auflage, München und Berlin 1959
(zit.: StV-Recht)

—	Rechtspflege in: Handbuch des deutschen Staatsrechts, hrsg. von Gerhard Anschütz und Richard Thoma, Tübingen 1932, II. Band, S. 457 ff. (zit.: Rechtspflege)
Kern, Ernst	Die Entwicklung des Bundesrechts im 2. Halbjahr 1952 in: DVBl. 1953, 44 ff.
Kipp, Heinrich	Das Verbot der Diskriminierung im modernen Friedensvölkerrecht in: ArchVR 9, 137 ff.
Klein, Friedrich	Die Europäische Menschenrechtskonvention und Art. 25 des Bonner Grundgesetzes in: Festschrift für Rudolf Laun, Göttingen 1962, S. 149 ff. (zit.: Konvention)
—	Rechtsgutachten über die Zulässigkeit des Verwaltungs-Steuerstrafverfahrens, insbesondere seine Vereinbarkeit mit dem Grundgesetz — Erstattet im Auftrag des Bundesministers der Finanzen — in: Zwei Gutachten über die Strafbefugnis der Finanzverwaltung, hrsg. vom Bundesminister der Finanzen, Bonn 1959, S. 1 ff. (zit.: Gutachten)
Kleinknecht-Müller	Kommentar zur Strafprozeßordnung und zum Gerichtsverfassungsgesetz 4. Auflage, Nürnberg-Düsseldorf-Berlin 1958
Kniekamp, Hanns P.	Rechtswörterbuch Englisch-Deutsch, Deutsch-Englisch Berlin 1954
Kniesch	Zur Verfassungsmäßigkeit des Vorverfahrens der Verwaltung als Voraussetzung des Verwaltungsgerichtsprozesses in: NJW 1958, 576 ff.
König	Übersicht über das Verfahren bei den Gerichten in Arbeitssachen in: ArbR-Blattei, Arbeitsgerichtsbarkeit VII A
Kolb, Hans-Ulrich	Das rechtliche Gehör als verfassungsmäßiges Recht (Art. 103 Abs. 1 GG, Art. 91 Abs. 1 BV) Diss. jur., München 1963
Krüger, Hildegard	Völkerrechts- und Verfassungswidrigkeit der Zölibatsklausel für Polizeivollzugsbeamte in: ZBR 1955, 289 ff.
Kunzmann, K. H.	Die Abkommen der Europaratstaaten in: ArchVR 10, 273 ff.

Landron, Pierre — Die französische Verwaltungsgerichtsbarkeit
in: DVBl. 1954, 105 ff.

Lange, Richard — in: Kohlrausch-Lange
Strafgesetzbuch, mit Erläuterungen und Nebengesetzen
Kommentar, 42. Auflage, Berlin 1959
(zit.: KOHLRAUSCH-LANGE)

— Die Sanktionen im Wirtschaftsstrafrecht
in: Deutsche Landesreferate zum V. Internationalen Kongreß für Rechtsvergleichung in Brüssel 1958, hrsg. vom Institut für Rechtsvergleichung der Universität München, Berlin 1958, S. 217 ff.
(zit.: Saktionen)

Lechner, Hans — Kommentar zum Bundesverfassungsgerichtsgesetz
München und Berlin 1954

Lederer, Heino — Verwaltungsgerichtsbarkeit und Justiz in Frankreich
in: AöR 81, 449 ff.

Lent, Friedrich — Zwangsvollstreckungs- und Konkursrecht
— Ein Studienbuch —
7. Auflage, München und Berlin 1958
(zit.: Zwangsvollstreckung)

— Zivilprozeß und freiwillige Gerichtsbarkeit
in: ZZP 66, 267 ff.
(zit.: Zivilprozeß und fG)

— Zivilprozeßrecht
— Ein Studienbuch —
10. Auflage, München und Berlin 1961
(zit.: Studienbuch)

Lent-Habscheid — Freiwillige Gerichtsbarkeit
— Ein Studienbuch —
4. Auflage, München und Berlin 1962

Less — Revisionsurteil oder Revisionsbeschluß?
in: SJZ 1950, Sp. 68 ff.

Lotze, Wilhelm — Sind Unterwerfungsverfahren und Strafbescheide der Finanzämter mit Art. 20 und 92 GG vereinbar?
in: NJW 1956, 1540 ff.

Löwe, Ernst — Das rechtliche Gehör
Diss. jur., Hamburg 1957

Löwe-Rosenberg — Die Strafprozeßordnung und das Gerichtsverfassungsgesetz mit Nebengesetzen
Kommentar, 20. Auflage, Berlin 1956, 2. Band, bearbeitet u. a. von Heinrich Jagusch
(zit.: StPO)
Unter D 1: Das Gesetz über die innerdeutsche Rechts- und Amtshilfe in Strafsachen, kommentiert von Schäfer
(zit.: RHG)

Marquordt, Gerhard — Der Bericht der Kommission zur Vorbereitung einer Reform der Zivilgerichtsbarkeit
in: Juristen-Jahrbuch, Bd. 2, Köln 1961, S. 121 ff.

Martin, Marcel — Die öffentlich rechtliche Gerichtsbarkeit in Frankreich
in: DÖV 1954, 513 ff.

Mattern, Gerhard — Verwaltungs- und gerichtliches Steuerstrafverfahren
in: ZStW 67, 363 ff.
(zit.: Steuer-Strafverfahren)

— Das Verwaltungs-Steuerstrafverfahren
in: DStZ Ausgabe A 1957, 97 ff.
(zit.: Verwaltungsstrafverfahren)

— Zur Umgestaltung des Steuer-Strafrechts
in: Steuerberater-Jahrbuch 1955/56, 459 ff.
(zit.: Umgestaltung)

Maunz, Theodor — Deutsches Staatsrecht
— Ein Studienbuch —
11. Auflage, München und Berlin 1962

Maunz-Dürig — Kommentar zum Grundgesetz
Lieferung 1—6, München und Berlin 1963

Maurach, Reinhart — Deutsches Strafrecht
Allgemeiner Teil, Karlsruhe 1954

Maus, Wilhelm — Handbuch des Arbeitsrechts
Loseblattsammlung, Baden-Baden

Mendler, Friedrich — Die Rechtzeitigkeit des rechtlichen Gehörs
in: NJW 1961, 2103 f.

Menger, Chr.-Friedrich — Anmerkung zum Urteil des BGH vom 21. 4. 1959
— 1 StR 504/58 —
in: JZ 1960, 168 ff.

Mentzel-Kuhn — Kommentar zur Konkursordnung
6. Auflage, Berlin und Frankfurt a/M 1955

Menzel, Eberhard — Grundprobleme der Ermittlung, Anwendung und Geltung von Normen des Völkerrechts
in: JuS 1963, 41 ff.

Merk, Wilhelm — Deutsches Verwaltungsrecht
1. Band, Berlin 1962

Meyer-Lindenberg, H. — Der internationale Schutz der Menschenrechte in Amerika
in: Europa-Archiv, 15. Jahrgg., 1960, S. 253 ff.
(zit.: Amerika)

— Die Menschenrechte im Völkerrecht
— Referat, gehalten anläßlich der Verhandlungen der 7. Tagung der Deutschen Gesellschaft für Völkerrecht in Frankfurt a/M am 13. und 14. April 1961
in: Berichte der Deutschen Gesellschaft für Völkerrecht, Heft 4, Karlsruhe 1961, S. 84 ff.
(zit.: Referat)

Morvay, Werner — Rechtsprechung nationaler Gerichte zur Europäischen Konvention zum Schutze der Menschenrechte und Grundfreiheiten
in: ZaöRuVR 21, 89 ff., 316 ff.

Moser, B. — Die Europäische Konvention zum Schutze der Menschenrechte und Grundfreiheiten
in: JBl. 1954, 449 ff. und 479 ff.

Müller, Fritz — Straßenverkehrsrecht
Kommentar, 21. Auflage, Berlin 1959
(zit.: Straßenverkehrsrecht)

Müller — Die Änderungen der ZPO durch die Konvention zum Schutze der Menschenrechte und Grundfreiheiten
in: ZMR 1954, 231 ff.
(zit.: Änderungen)

Münch, Fritz — Zur Anwendung der Menschenrechtskonvention in der Bundesrepublik Deutschland
in: JZ 1961, 153 ff.

Münzel, Karl — Freiwillige Gerichtsbarkeit und Zivilprozeß in der neueren Entwicklung
in: ZZP 66, 334 ff.

Nagel, Heinrich — Veränderte Grundlagen für die Anwendung der Gegenseitigkeit im internationalen Zivilprozeßrecht
in: Festschrift für Rudolf Laun, Göttingen 1962, S. 338 ff.

Naumann, Richard — Streitigkeiten des öffentlichen Rechts
in: Staatsbürger und Staatsgewalt — Verwaltungsrecht und Verwaltungsgerichtsbarkeit in Geschichte und Gegenwart — Karlsruhe 1963, Bd. II, S. 365 ff.

Nikisch, Arthur — Zivilprozeßrecht
— Ein Lehrbuch —
2. Auflage, Tübingen 1952

Palandt — Bürgerliches Gesetzbuch
Kommentar, 23. Auflage, München und Berlin 1964
Einleitung bearbeitet von Dankelmann

Partsch, Karl Josef — Die Entstehung der europäischen Menschenrechtskonvention
in: ZaöRuVR 15, 632 ff.
(zit.: Entstehung)

— — Internationale Menschenrechte?
in: AöR 74, 158 ff.
(zit.: Menschenrechte)

Patzig — Gesetz über die Ordnungswidrigkeiten
Kommentar, Köln-Berlin-Bonn-München 1963

Peters, Karl	Strafprozeß — Ein Lehrbuch — Karlsruhe 1952
Pfeifer, Helfried	Die Bedeutung der Europäischen Menschenrechtskonvention für Österreich in: Festschrift für Karl Gottfried Hugelmann, Aalen 1959 (zit.: Bedeutung)
—	Der Verfassungsgerichtshof zu Art. 6 der Menschenrechtskonvention in: JBl. 1961, 527 ff. (zit.: Verfassungsgerichtshof)
Pfeiffer, Gerd	Bewilligung des Armenrechts im Klageerzwingungsverfahren in: NJW 1953, 571 f.
Pigorsch, Wolfgang	Die Einordnung völkerrechtlicher Normen in das Recht der Bundesrepublik Deutschland in: Veröffentlichungen des Instituts für Internationales Recht an der Universität Kiel, Heft 41, Hamburg 1959
Pohle, Rudolf	Zweifelsfragen des neuen Beschlußverfahrens in Arbeitssachen in: Festschrift für Alfred Hueck, München und Berlin 1959, S. 175 ff.
Radbruch, Gustav	Der Geist des englischen Rechts 2. Auflage, Heidelberg 1947
Reichenbaum, Werner	Grundrechte und soziale Gewalten Diss. jur., Köln 1962
Rittler, Theodor	Lehrbuch des österreichischen Strafrechts 1. Band, Allgemeiner Teil, 2. Auflage, Wien 1954
Robertson, A. H.	The European Convention for the Protection of Human Rights in: BrYB 1950, 145 ff.
Robinson, Nehemiah	The Universal Declaration of Human Rights — Its origin, significance, application and interpretation — New York 1958
Robson, William	Justice and administrative law — A study of the British constitution — 3. Auflage, London 1951
Röhl, Hellmut	Das rechtliche Gehör in: NJW 1953, 1531 ff. (zit.: nach Fundstelle)
—	Das rechtliche Gehör in: NJW 1958, 1268 ff. (zit.: nach Fundstelle)

—	Das rechtliche Gehör in: NJW 1964, 275 (zit.: nach Fundstelle)
Römer, Curt	Bundesdisziplinarordnung Kommentar, München und Berlin 1954
Rosenberg, Leo	Lehrbuch des deutschen Zivilprozeßrechts 9. Auflage, München und Berlin 1961
Rotberg, Hans	Gesetz über die Ordnungswidrigkeiten Kommentar, 2. Auflage, Berlin und Frankfurt a/M 1958
Runge, Christian	Die Stellung des Verletzten im Verfahren vor dem Europäischen Gerichtshof für Menschenrechte — „Fall Lawless" — in: JuS 1963, 308 ff.
Sarstedt, Werner	Rundfunkaufnahmen im Gerichtssaal in: JR 1956, 121 ff.
Sauer, Wilhelm	System des Völkerrechts Bonn 1952 (zit.: System)
—	Die Grundlagen des Prozeßrechts 2. Auflage, Stuttgart 1929 (zit.: Grundlagen)
—	Allgemeine Prozeßrechtslehre Berlin-Detmold-Köln-München 1951 (zit.: Prozeßrechtslehre)
Schätzel, Walter	Der internationale Schutz der Menschenrechte in: Festschrift für Friedrich Giese, Frankfurt a/M 1953, S. 215 ff.
Schindler, Dietrich	Gleichberechtigung von Individuen als Problem des Völkerrechts Habilitationsschrift, Zürich 1957
Schlegelberger, Franz	Gesetz über die Angelegenheiten der freiwilligen Gerichtsbarkeit Kommentar, 7. Auflage, 1. Band, Köln-Berlin 1956
Schlochauer, H.-Jürgen	Öffentliches Recht — Grundzüge des Bundesstaatsrechts und des allgemeinen Verwaltungsrechts in der Bundesrepublik Deutschland unter Berücksichtigung der Verbindung zum Völkerrecht — Karlsruhe 1957
Schmidt, Eberhard	Lehrkommentar zur Strafprozeßordnung und zum Gerichtsverfassungsgesetz Teil I: Die rechtstheoretischen und die rechtspolitischen Grundlagen des Strafverfahrensrechts, Göttingen 1952

	Teil II: Erläuterungen zur Strafprozeßordnung und zum Einführungsgesetz zur Strafprozeßordnung, Göttingen 1957 Teil III: Erläuterungen zum Gerichtsverfassungsgesetz und zum Einführungsgesetz zum GVG, Göttingen 1960 (zit.: LK, Teil I, II, III)
—	Öffentlichkeit oder Publicity? in: Festschrift für Walter Schmidt, Berlin 1959, S. 338 ff. (zit.: Publicity)
—	Die Sache der Justiz — Justizrechtliche Grundsätze und ihre Konsequenzen im prozessualen und materiellen Recht — Göttingen 1961 (zit.: Sache der Justiz)
—	Zulässigkeit und Verwendbarkeit von Tonbandaufnahmen im Strafverfahren in: JZ 1956, 206 ff. (zit.: Tonband)
Schmidt-Räntsch	Deutsches Richtergesetz Kommentar München und Berlin 1926
Schneider, H.-Joachim	Fernsehübertragung von Vorgängen der Hauptverhandlung — Entscheidungsrezension zu BGHSt 16, 111 ff. — in: JuS 1963, 346 ff.
Schönke-Baur	Zwangsvollstreckungsrecht 6. Auflage, Karlsruhe 1956
Schönke-Schröder	Strafgesetzbuch, 10. Auflage, München und Berlin 1961
Schönke-Schröder-Niese	Lehrbuch des Zivilprozeßrechts 8. Auflage, Karlsruhe 1956
Schorn, Hubert	Der Schutz der Menschenwürde im Strafverfahren Bingen/Rh., 1963 (zit.: Menschenwürde)
—	Rechts- und Amtshilfe gegenüber sowjetzonaler Strafjustiz in: DRiZ 1963, 53 ff. (zit.: Rechtshilfe)
—	Das Strafbefehls- und Strafverfügungsverfahren Frankfurt a/M 1962 (zit.: Strafbefehl)

—	Die europäische Konvention zum Schutze der Menschenrechte und Grundfreiheiten in strafgerichtlicher Praxis in: DRiZ 1963, 340 ff. (zit.: Praxis)
Schröcker	Das vertragswidrige Gesetz in: DVBl. 1958, 369 ff. u. 410 ff.
Schultz, Günther	Aufsatz ohne Titel über: Die Strafgewalt der Finanzämter in: MdR 1960, 275 ff. (Blick in die Zeit, Rubrik „Rundschau")
Schwarz-Kleinknecht	Kommentar zur Strafprozeßordnung 24. Auflage, München und Berlin 1963 (zit.: StPO) Unter A 4: Kommentierung des Menschenrechtskataloges der EK (zit.: EK)
Schwelb, Egon	On the Operation of the European Convention on Human Rights in: International Organization, Bd. XVIII, Nr. 3, 1964, S. 558—585
Scupin, Hans Ulrich	Über die Menschenrechte in: Festschrift für Rudolf Laun, Hamburg 1953, S. 173 ff.
Seidel, Theodor	Das Recht des Beschuldigten auf rechtliches Gehör im Strafprozeß Diss. jur., Köln 1963
Sonnewald, K.-Heinz	Deklaration der Menschenrechte der Vereinten Nationen vom 10. 12. 1948 in: Dokumente, hrsg. von der Forschungsstelle f. Völkerrecht und ausl. öffentl. Recht der Universität Hamburg, Heft XVI, Frankf./M und Berlin 1955
Sperl, Hans	Lehrbuch der bürgerlichen Rechtspflege I. Band, I. Teil, Wien 1925
v. Stackelberg, F. Frh.	Anmerkung zum Beschluß des OLG Bremen vom 17. 2. 1960 — Ws 15/60 — in: NJW 1960, 1265 f. (zit.: Anmerkung)
—	Läßt sich die Verfassungswidrigkeit von Strafurteilen zu § 71 StVZO und 49 StVO heilen? in: NJW 1963, 700 f. (zit.: Verfassungswidrigkeit)
Stein-Jonas	Kommentar zur Zivilprozeßordnung I. Band, 18. Auflage, Tübingen 1953 II. Band, 18. Auflage, Tübingen 1956

Stich, Rudolf	Die öffentlich rechtlichen Zuständigkeiten der Zivilgerichte in: Staatsbürger und Staatsgewalt — Verwaltungsrecht und Verwaltungsgerichtsbarkeit in Geschichte und Gegenwart — Karlsruhe 1963, Bd. II, S. 387 ff.
Stötter, Karin	Die Rechts- und Amtshilfe in Strafsachen im Verhältnis zur sowjetisch besetzten Zone Deutschlands Diss. jur., Freiburg i. Br. 1959/60 in: Rechtsvergleichende Untersuchungen zur gesamten Strafrechtswissenschaft, NF Heft 25, Bonn 1960
Strauß, Walter	Reform der Zivilgerichtsbarkeit in: Juristen-Jahrbuch, Bd. 3, Köln 1962, S. 37 ff.
Süsterhenn, Adolf	Die europäische Konvention zum Schutze der Menschenrechte und Grundfreiheiten in: DVBl. 1955, 753 ff.
Terstegen, W. O.	Steuer-Strafrecht einschließlich Verfahrensrecht Köln 1956
Theis, Jean	Die französische Verwaltungsgerichtsbarkeit der Gegenwart in: AöR 77, 1 ff.
Thieme, Werner	Vom Wesen des Disziplinarrechts in: DVBl. 1957, 769 ff.
Ule, Carl Hermann	Verfassungsrecht und Verwaltungsprozeß in: DVBl. 1959, 537
Vasak, Karel	Das Rechts- und Amtshilfegesetz der Bundesrepublik Deutschland vor der europäischen Menschenrechtskommission in: ROW 1961, 107 ff.
Velu, Jacques	Le problème de l'application aux juridictions administratives, des règles de la Convention européenne des droits de l'homme relatives à la publicité des audiences et des jugements in: Revue de droit international et de droit comparé, Bd. XXXVIII, 1961, S. 129—171
Verdross, Alfred	Völkerrecht 4. Auflage, Wien 1959
Vogel, Hans	Zum Problem der Rechtsstaatlichkeit des Verwaltungs-Steuerstrafverfahrens, insbesondere des Unterwerfungsverfahrens in: DStZ Ausgabe A 1956, 105 ff.
Vollkommer, Max	Richter und Gerichte in England in: ZZP 73, 145 ff.
Wade, H. W. R.	Administrative law Oxford 1961

Wagner, Albrecht	Der Richter — Geschichte, aktuelle Fragen, Rechtsprobleme — Karlsruhe 1959 (zit.: Der Richter)
—	Das Disziplinarrecht für Richter in: DRiZ 1957, 211 ff. (zit.: Disziplinarrecht)
Wäsche, Lothar	Die innerstaatliche Bindung des deutschen Gesetzgebers an die europäische Konvention zum Schutze der Menschenrechte und Grundfreiheiten Diss. jur., Köln 1961
v. Weber, Hellmuth	Die Durchsetzung der Grundrechte der europäischen Menschenrechtskonvention in der innerdeutschen Strafrechtspflege in: MdR 1955, 386 ff. (zit.: Durchsetzung)
—	Die strafrechtliche Bedeutung der europäischen Menschenrechtskonvention in: ZStW 65, 334 ff. (zit.: Bedeutung)
Weil, Gordon L.	The European Convention on Human Rights Leyden 1963
Weiß, Claus	Die europäische Konvention zum Schutze der Menschenrechte und Grundfreiheiten in: Dokumente, hrsg. von der Forschungsstelle für Völkerrecht und ausländisches öffentliches Recht der Universität Hamburg, Heft XV, Frankfurt a/M — Berlin 1954
Weissenstein, Robert F.	Anglo-Amerikanisches Rechtswörterbuch I. Teil: Englisch-Deutsch Zürich 1950
Wendt, Peter	Zur Frage der innerstaatlichen Geltung und Wirkung der europäischen Konvention zum Schutze der Menschenrechte in: MdR 1955, 658
Wiebringhaus, Hans	Die Rom-Konvention für Menschenrechte in der Praxis der Straßburger Menschenrechtskommission Saarbrücken 1959
Wieczorek, Bernhard	Zivilprozeßordnung und Nebengesetze Kommentar, Bd. II, Teil 1, Berlin 1957
v. Winterfeld, Achim	Das Verfassungsprinzip des rechtlichen Gehörs — Versuch einer Analyse — in: NJW 1961, 849 ff.

Woesner, Horst	Die Menschenrechtskonvention in der deutschen Strafrechtspraxis in: NJW 1961, 1381 ff. (zit.: Strafrechtspraxis)
—	Die ersten Entscheidungen des Europäischen Gerichtshofs für Menschenrechte in: NJW 1963, 694 ff. (zit.: Entscheidungen)
Wolff, Hans	Verwaltungsrecht II — Ein Studienbuch — München und Berlin 1962
Zinn-Stein	Die Verfassung des Landes Hessen Kommentar, Bad Homburg vor der Höhe und Berlin, 1. Band, 1954
Zöller, Richard	Zivilprozeßordnung und Gerichtsverfassungsgesetz Kommentar, 8. Auflage, München 1957
Zorn, A.	Die Gültigkeit des Rechtshilfegesetzes in: NJW 1958, 1222 ff.

B. Sonstige Quellen

1. Aus der amtlichen Begründung zum Entwurf eines Gesetzes über die innerdeutsche Rechts- und Amtshilfe in Strafsachen
   in: DRiZ 1953, 27
   (zit.: Amtl. Begründung)
2. Bericht der Kommission zur Vorbereitung einer Reform der Zivilgerichtsbarkeit — hrsg. vom Bundesjustizministerium, Bonn 1961
   (zit.: Kommissionsbericht)
3. Richtlinien zum Jugendgerichtsgesetz vom 15. 2. 1955
   in: Amtliche Handausgabe, Hamburg — Berlin — Bonn 1955
   (zit.: RiJGG)
4. Schriftlicher Bericht des Rechtsausschusses über den Entwurf eines Gesetzes über die Konvention zum Schutze der Menschenrechte und Grundfreiheiten
   in: Bundestagsdrucksache 1. Wahlperiode, Nr. 3338, S. 3 ff., Bonn 1952
   (zit: BT-Drucks. Nr. 3338)
5. Yearbook of the European Convention on Human Rights — Annuaire de la Convention européenne des droits de l'homme —
   Bd. I 1955 — 1956 — 1957 (ersch. The Hague 1959)
   Bd. II 1958 — 1959 (ersch. The Hague 1960)
   Bd. III 1960 (ersch. The Hague 1961)
   Bd. IV 1961 (ersch. The Hague 1962)
   (zit.: YB I, II, III, IV)
6. Collection of decisions of the European Commission of Human Rights — Recueil de décisions de la Commission européenne des droits de l'homme — Straßburg Januar 1963
   (zit.: Collection)

ABKÜRZUNGSVERZEICHNIS

A. A. (a. A.)	anderer Ansicht
a. a. O.	am angegebenen Ort
abgedr.	abgedruckt
Abs.	Absatz
AcP	Archiv für zivilistische Praxis, Band und Seite
AG	Amtsgericht
AHGK 23	Alliierte Hohe Kommission, Gesetz Nr. 23
Alt.	Alternative
Anm.	Anmerkung
AöR	Archiv des öffentlichen Rechts, Band und Seite
Appl.	Application (Beschwerde)
ArbGG	Arbeitsgerichtsgesetz, vom 3. Sept. 1953, BGBl. I, 1267, zuletzt geändert durch G vom 8. Sept. 1961, BGBl. I, 1665
ArbR-Blattei	Arbeitsrechts-Blattei
ArchVR	Archiv des Völkerrechts, Band und Seite
BAG	Bundesarbeitsgericht
BayObLG	Bayrisches Oberstes Landesgericht
BayVerfGH	Bayrischer Verfassungsgerichtshof
BB	Betriebsberater, Jahr und Seite
Bd.	Band
Beschl.	Beschluß
BeschwF	Beschwerdeführer
BGBl.	Bundesgesetzblatt
BGH	Bundesgerichtshof
BGHSt	Entscheidungen des Bundesgerichtshofs in Strafsachen, Band und Seite
BGHZ	Entscheidungen des Bundesgerichtshofs in Zivilsachen, Band und Seite
BRD	Bundesrepublik Deutschland
BrYB	British Yearbook of International Law, Jahr und Seite
BT	Bundestag
BT-Drucks.	Bundestagsdrucksache
BV	Bayrische Verfassung
BVerfG	Bundesverfassungsgericht
BVerfGE	Entscheidungen des Bundesverfassungsgerichts, Band und Seite
BVerfGG	Gesetz über das Bundesverfassungsgericht, vom 12. März 1951, BGBl. I, 243, i. d. F. des G vom 21. Juli 1956, BGBl. I, 662
BVerwG	Bundesverwaltungsgericht

Collection	Collection of Decisions of the European Commission of Human Rights (siehe Literaturverzeichnis Teil B)
ders.	derselbe
DNotZ	Deutsche Notar-Zeitung — Verkündungsblatt der Bundesnotarkammer — Band und Seite
DÖV	Die öffentliche Verwaltung, Jahr und Seite
DRiG	Deutsches Richtergesetz, vom 8. Sept. 1961, BGBl. I, 1665
DRiZ	Deutsche Richterzeitung, Jahr, Seite und Spalte
DStZ	Deutsche Steuerzeitung, Jahr und Seite
DV	Deutsche Verwaltung, Jahr und Seite
DVBl.	Deutsches Verwaltungsblatt, Jahr, Seite und Spalte
DVO	Durchführungsverordnung
EheG	Ehegesetz, G Nr. 16 des Kontrollrates, vom 20. Febr. 1946, zuletzt geändert durch das Familienrechtsänderungs G vom 11. August 1961, BGBl. I, 1221
Einf.	Einführung
Einl.	Einleitung
EK	Europäische Konvention zum Schutze der Menschenrechte und Grundfreiheiten, BGBl. 1952, II, 685
ENLA	Europäisches Niederlassungsabkommen (European Convention on Establishment) vom 13. Dez. 1955, BGBl. 1959, II, 997
Entsch.	Entscheidung
Erl.	Erläuterung
ersch.	erschienen
fG	freiwillige Gerichtsbarkeit
FGG	Gesetz über die Angelegenheiten der freiwilligen Gerichtsbarkeit, vom 17. Mai 1898, RGBl. 189, i. d. F. der Bekanntmachung vom 20. Mai 1898, RGBl. 771, zuletzt geändert durch das Familienrechtsänderungsgesetz vom 11. August 1961, RGBl. I, 1221
FN	Fußnote
G	Gesetz
GenStA	Generalstaatsanwalt
GewO	Gewerbeordnung, i. d. F. vom 26. Juli 1900, RGBl. 871, zuletzt geändert durch G vom 9. August 1961, BGBl. I, 881.
GH	Gerichtshof
GVBl.	Gesetz- und Verordnungsblatt
GVG	Gerichtsverfassungsgesetz, vom 27. Januar 1877, RGBl. 41, i. d. F. der Bekanntmachung vom 12. Sep. 1950, BGBl. 513, zuletzt geändert durch G vom 21. Sep. 1963, BGBl. I, 745
h. M.	herrschende Meinung
hrsg.	herausgegeben
HV	Hauptverhandlung
i. d. F.	in der Fassung
i. e.	id est

IGH	Internationaler Gerichtshof
IPR	Internationales Privatrecht
i. V. m.	in Verbindung mit
Jahrgg.	Jahrgang
JBl.	Juristische Blätter, Jahr und Seite
JR	Juristische Rundschau, Jahr, Seite und Spalte
JuS	Juristische Schulung — Zeitschrift für Studium und Ausbildung — Jahr, Seite und Spalte
JZ	Juristenzeitung, Jahr, Seite und Spalte
Kap.	Kapitel
KartG	Gesetz gegen Wettbewerbsbeschränkungen (Kartellgesetz), vom 27. Juli 1957, BGBl. I, 1081
KG	Kammergericht (Berlin)
KO	Konkursordnung, vom 10. Febr. 1877, i. d. F. der Bekanntmachung des Reichskanzlers vom 20. Mai 1898, RGBl. 612, zuletzt geändert durch das GleichberechtigungsG vom 18. Juli 1957, BGBl. I, 609
Komm.	Kommentar
KommVRZ	Kommission zur Vorbereitung einer Reform der Zivilgerichtsbarkeit (siehe Literaturverzeichnis Teil B)
lit.	littera
LK	Lehrkommentar
LM	Lindenmaier-Möhring, Nachschlagewerk des Bundesgerichtshofs, Paragraphen und Nummern
lSp.	linke Spalte
MdR	Monatsschrift für deutsches Recht, Jahr, Seite und Spalte
MRKomm.	Menschenrechtskommission
NF	Neue Folge
NJW	Neue juristische Wochenschrift, Jahr, Seite und Spalte
OLG	Oberlandesgericht
OVG	Oberverwaltungsgericht
OWiG	Gesetz über die Ordnungswidrigkeiten, vom 20. März 1952, BGBl. I, 177
PostG	Gesetz über das Postwesen, vom 28. Okt. 1871, RGBl. 347, zuletzt geändert durch G vom 24. Juli 1953, BGBl. I, 676
RAbgO	Reichsabgabenordnung, vom 22. Mai 1931, RGBl. I, 161, zuletzt geändert durch G vom 13. Juli 1961, BGBl. I, 981
RHG	Gesetz über die innerdeutsche Rechts- und Amtshilfe in Strafsachen, vom 2. Mai 1953, BGBl. I, 161, zuletzt geändert durch G vom 26. Juli 1957, BGBl. I, 861
RiJGG	Richtlinien zum Jugendgerichtsgesetz (siehe Literaturverzeichnis Teil B)
ROW	Recht in Ost und West — Zeitschrift für Rechtsvergleiche und interzonale Rechtsprobleme — Jahr und Seite
rSp.	rechte Spalte

RZ	Randziffer
s. a.	siehe auch
SJZ	Süddeutsche Juristen-Zeitung, Jahr und Spalte
Sp.	Spalte
Sten. Prot.	Stenographisches Protokoll
StGB	Strafgesetzbuch, vom 15. Mai 1871, RGBl. 127, zuletzt geändert durch G vom 16. Mai 1961, BGBl. I, 533
StPÄG	Entwurf eines Gesetzes zur Änderung der Strafprozeßordnung und des Gerichtsverfassungsgesetzes, Bundesratsdrucksache Nr. 180/60, Bonn 1960
StPO	Strafprozeßordnung, vom 1. Febr. 1877, RGBl. 253, i. d. F. vom 12. Sep. 1950, BGBl. I, 455, zuletzt geändert durch G vom 26. Juli 1957, BGBl. I, 861
StVG	Straßenverkehrsgesetz, vom 19. Dez. 1952, BGBl. I, 837, zuletzt geändert durch G vom 16. Juli 1957, BGBl. I, 710
StVO	Straßenverkehrsordnung, vom 13. Nov. 1937, RGBl. I, 1179, i. d. F. der Bekanntmachung vom 29. März 1956, BGBl. I, 271, 327, zuletzt geändert durch die Entsch. des BVerfG zu § 49 StVO vom 25. Juli 1962, BGBl I, 592
StVZO	Straßenverkehrszulassungsordnung, i. d. F. vom 6. Dez. 1960, BGBl. I, 898, zuletzt geändert durch G vom 25. Juli 1963, BGBl. I, 539
u. a.	unter anderem
u. a. m.	und anderes mehr
UmstG	Drittes Gesetz zur Umstellung des Geldwesens, vom 20. Juni 1948, WiGBl. 1948, Beilage 5, S. 13
UN-Decl.	The Universal Declaration of Human Rights (Menschenrechtserklärung der Vereinten Nationen), vom 10. Dez. 1948
Urt.	Urteil
u. s. f.	und so fort
v.	versus
Verf.	Verfassung
VerfO	Verfahrensordnung
VHG	Vertragshilfegesetz, vom 26. März 1952, BGBl. I, 198
VOBl.	Verordnungsblatt
Vorbem.	Vorbemerkung
VwGO	Verwaltungsgerichtsordnung, vom 21. Januar 1960, BGBl. I, 17
WiGBl.	Gesetzblatt der Verwaltung des vereinigten Wirtschaftsgebietes
WM	Wertpapier-Mitteilungen, Teil IV, Wertpapier- und Bankfragen, Rechtsprechung, Jahr und Seite
YB	Yearbook of the European Convention on Human Rights (siehe Literaturverzeichnis Teil B)
ZaöRuVR	Zeitschrift für ausländisches öffentliches Recht und Völkerrecht, Band und Seite

ZBR	Zeitschrift für Beamtenrecht, Jahr und Seite
ZMR	Zeitschrift für Miet- und Raumrecht, Jahr und Seite
zit.	zitiert
ZPO	Zivilprozeßordnung, vom 30. Jan. 1877, RGBl. 83, i. d. F. des G zur Wiederherstellung der Rechtseinheit auf dem Gebiete der Gerichtsverfassung, der bürgerlichen Rechtspflege, des Strafverfahrens und des Kostenrechts, vom 12. Sep. 1950, BGBl. 455, zuletzt geändert durch das FamilienrechtsänderungsG vom 11. August 1961, BGBl. I, 1221
ZStW	Zeitschrift für die gesamte Strafrechtswissenschaft, Band und Seite
ZZP	Zeitschrift für Zivilprozeß, Band und Seite

TEXT DES ART. 6 ABS. 1 EK

In the determination of his civil rights and obligations or for any criminal charge against him, everyone is entitled to a fair and public hearing within a reasonable time by an independent and impartial tribunal established by law. Judgment shall be pronounced publicly but the press and public may be excluded from all or part of the trial in the interests of morals, public order or national security in a democratic society, where the interests of juveniles or the protection of the private life of the parties so require, or to the extent strictly necessary in the opinion of the court in special circumstances where publicity would prejudice the interests of justice.

Toute personne a droit à ce que sa cause soit entendue équitablement, publiquement et dans un délai raisonnable, par un tribunal indépendant et impartial établi par la loi, qui décidera soit des contestations sur ses droits et obligations de caractère civil, soit du bien-fondé de toute accusation en matière pénale dirigée contre elle. Le jugement doit être rendu publiquement, mais l'accès de la salle d'audience peut être interdit à la presse et au public pendant la totalité ou une partie du procès dans l'intérêt de la moralité, de l'ordre public ou de la securité nationale dans une société démocratique, lorsque les intérêts des mineurs ou la protection de la vie privée des parties au procès l'exigent, ou dans la mesure jugée strictement nécessaire par le tribunal, lorsque dans ces circonstances spéciales la publicité serait de nature à porter atteinte aux intérêts de la justice.

Jedermann hat Anspruch darauf, daß seine Sache in billiger Weise öffentlich und innerhalb einer angemessenen Frist gehört wird, und zwar von einem unabhängigen und unparteiischen, auf Gesetz beruhenden Gericht, das über zivilrechtliche Ansprüche und Verpflichtungen oder über die Stichhaltigkeit der gegen ihn erhobenen strafrechtlichen Anklage zu entscheiden hat. Das Urteil muß öffentlich verkündet werden, jedoch kann die Presse und die Öffentlichkeit während der gesamten Verhandlung oder eines Teiles derselben im Interesse der Sittlichkeit, der öffentlichen Ordnung oder der nationalen Sicherheit in einem demokratischen Staat ausgeschlossen werden, oder wenn die Interessen von Jugendlichen oder der Schutz des Privatlebens der Prozeßparteien es verlangen oder, und zwar unter besonderen Umständen, wenn die öffentliche Verhandlung die Interessen der Gerechtigkeit beeinträchtigen würde, in diesem Falle jedoch nur in dem nach Auffassung des Gerichts erforderlichen Umfang.

EINLEITUNG

Seit nunmehr dreizehn Jahren ist die Europäische Konvention zum Schutze der Menschenrechte und Grundfreiheiten[1] in der Bundesrepublik Deutschland geltendes Recht. Dennoch wurde die Bedeutung der Konvention für die deutsche Rechtsordnung erst verhältnismäßig spät erkannt. Zwar war man sich in Rechtsprechung und Schrifttum darin einig, daß die Konvention in ihrem Abschnitt I Bestandteil des deutschen Rechts und daher innerstaatlich anwendbar sei. Doch entschlossen sich die deutschen Gerichte nur zögernd, die Menschenrechtsnormen der Konvention auch in der täglichen Spruchpraxis ihren Entscheidungen zugrunde zu legen.

Seitdem hat sich jedoch ein merklicher Wandel vollzogen. Die Judikatur in der Bundesrepublik befaßt sich in zunehmendem Maße mit Problemen des Menschenrechtskataloges der Konvention. Im Schrifttum werden Fragen der Auswirkung der Menschenrechtsnormen der EK auf die verschiedenen Gebiete des deutschen Rechts eingehend erörtert. Die Konvention scheint somit im deutschen Rechtsleben stetig an Beachtung zu gewinnen.

Trotz dieser Entwicklung fehlt es bislang, soweit ersichtlich, an einer zusammenfassenden Darstellung des Art. 6 Abs. 1 EK und der damit verbundenen Folgerungen für das deutsche Prozeßrecht. Mit der vorliegenden Arbeit soll versucht werden, einiges zur Klärung der durch Art. 6 Abs. 1 EK für das deutsche Verfahrensrecht entstandenen Probleme beizutragen. Dabei werden die Auswirkungen der Konventionsnorm auf das gesamte deutsche Prozeßrecht behandelt. So wird zu untersuchen sein, in welchen Verfahren der deutschen Rechtsordnung Art. 6 Abs. 1 EK überhaupt anwendbar ist. Besondere Bedeutung hat hier u. a. die oft erörterte Streitfrage, ob Art. 6 Abs. 1 EK auch im Verwaltungsgerichtsverfahren gilt. Sodann wird zu prüfen sein, welche Garantien Art. 6 Abs. 1 EK enthält. Die hierzu vertretenen Ansichten sind durchaus nicht einheitlich. So wird der Behauptung nachzugehen sein, Art. 6 Abs. 1 EK garantiere einen Anspruch auf Justizgewährung, oder etwa der Ansicht, die Konvention fordere in Art. 6 Abs. 1 EK die Garantie einer Verfahrensgestaltung „in billiger Weise". Und schließlich soll geprüft werden, ob die Garantien des Art. 6 Abs. 1 EK

[1] Im folgenden „Konvention" oder „EK".

in den Verfahren der deutschen Rechtsordnung, die in den materiellen Geltungsbereich, den sog. Anwendungsbereich der Konventionsnorm fallen, gewahrt sind. Das schriftliche Verfahren nach § 128 Abs. 2 ZPO, das Schiedsurteilsverfahren, das Strafbefehlsverfahren, das Steuerstrafverfahren der Verwaltung und die Verfahren nach dem Rechts- und Amtshilfegesetz: Dies sind nur einige Beispiele aus einer Vielzahl von Verfahren, die auf ihre Vereinbarkeit mit den Forderungen des Art. 6 Abs. 1 EK untersucht werden sollen.

ERSTER ABSCHNITT

Grundlegende Erörterungen

1. Kapitel

Der Rang der Konvention in der deutschen Rechtsordnung

Die Konvention wurde im Bereich der Bundesrepublik Deutschland einschließlich Westberlin durch Gesetz vom 7. August 1952[2] mit Gesetzeskraft veröffentlicht[3]. Am 22. August 1952 verkündet, trat das Gesetz nach seinem Art. IV[4] am 23. August 1952 in Kraft[5].

I. Daß die Konvention, zumindest in ihrem Abschnitt I[6], innerstaatlich anwendbares und die Gerichte zur Anwendung verpflichtendes Recht darstellt, wird, außer wenigen Stimmen im Schrifttum[7], allgemein erkannt[8]. Dabei wird vorwiegend die Ansicht vertreten, den Bestimmungen der Konvention komme lediglich der Rang eines einfachen Bundesgesetzes zu, da die Konvention gemäß Art. 59 Abs. 2 GG durch das Zustimmungsgesetz vom 7. August 1952 in die innerdeutsche

---

[2] BGBl. 1952, II, 685.

[3] Das Gesetz über die EK findet gemäß dem 3. Gesetz über die Anwendung von Bundesgesetzen über internationale Abkommen der Bundesrepublik Deutschland vom 24. Sep. 1953 (GVBl. Berlin, 1163) auch in Westberlin Anwendung.

[4] Vgl. die Berichtigung zum Gesetz vom 7. August 1952, BGBl. II, 953.

[5] Die Konvention selbst trat gemäß ihrem Art. 66 Abs. 2 mit der Hinterlegung der 10. Ratifikationsurkunde in Kraft. Dies geschah am 3. Sep. 1953, als Luxemburg die EK ratifizierte, vgl. GURADZE, Menschenrechte, S. 160, FN 193) und S. 171.

[6] Art. 2 bis 18 EK.

[7] So HENRICHS, MdR 1955, 140 ff.; JESCHECK, Konvention, S. 783 ff.; Ernst KERN, DVBl. 1953, 44.

[8] Aus der Fülle der Rechtsprechung zur Frage der Anwendbarkeit und Geltung der EK in der deutschen Rechtsordnung vgl. die Übersichten bei GOLSONG, Konvention, S. 131, FN 41, und MORVAY, S. 89 ff. und S. 316 ff. Das Schrifttum bekennt sich — außer den in FN 7 zitierten Stimmen — mit unterschiedlicher Begründung gleichfalls zur unmittelbaren innerstaatlichen Anwendbarkeit der Konvention in der BRD: APPELL, Diss. S. 8 f.; COMTE, S. 100 ff.; ECHTERHÖLTER, Ordnung, S. 698 rSp.; ERDSIEK,

Rechtsordnung eingegangen sei, also nicht durch ein mit verfassungsändernder Mehrheit erlassenes Gesetz[9].

Wäre dem zu folgen, so könnten die materiellrechtlichen Bestimmungen der Konvention[10] durch spätere Bundesgesetze abgeändert, eingeschränkt oder gar aufgehoben werden[11].

Die nach dieser Auffassung dem Bundesgesetzgeber zugestandene Kompetenz, die innerstaatliche Wirkung der dem Einzelnen in der Konvention zugesicherten Rechte durch nachfolgende Gesetze aufzuheben, begegnet jedoch ernsten Bedenken. Daran vermag weder die Überzeugung etwas zu ändern, der Gesetzgeber werde von dieser Möglichkeit keinen Gebrauch machen, vielmehr zu seinen völkerrechtlichen Verpflichtungen stehen, noch der Einwand, die in der Konvention enthaltenen Rechte deckten sich mit denen des Grundgesetzes und nähmen folglich an der Garantie der Grundrechte durch die Verfassung teil[12]. Daß dieses Argument nicht zutrifft, beweist gerade Art. 6 Abs. 1 EK: Die hier gewährten Garantien finden im Grundrechtskatalog der Verfassung nur teilweise ihr Gegenstück[13]. Dies wird im einzelnen noch zu zeigen sein.

NJW 1959, 1216 lSp.; FRIESENHAHN, Der internationale Schutz, S. 44; ders. in: Menschenrechte, S. 517; GECK, Anmerkung, S. 525; ders. in: domestic remedies, S. 41; GOLSONG, Konvention, S. 131; ders. in: Gerichte, S. 809 ff.; GURADZE, Menschenrechte, S. 171; ders. in: Verfassungsbeschwerde, S. 287 lSp.; ders. in: Anmerkung, S. 1243; HERZOG, Diss. S. 2; ders. in: Verhältnis, S. 44 ff.; HODLER, Diss. S. 24; ders. in: Freiheit, S. 531 f.; Eduard KERN, GV-Recht, S. 92; KRÜGER, ZBR 1955, 289; LOTZE, NJW 1956, 1542 lSp.; MAUNZ, S. 85; MAUNZ-DÜRIG, Art. 1 Abs. 2 GG, RZ 59; MÜLLER, Änderungen, S. 231; MÜNCH, JZ 1961, 153 ff.; PFEIFER, Bedeutung, S. 414; ders. in: Verfassungsgerichtshof, S. 527 ff.; SCHÄTZEL, S. 229; SCHORN, Menschenwürde, S. 140; ders. in: Rechtshilfe, S. 53 ff.; SCHRÖCKER, DVBl. 1958, 369; SCUPIN, S. 186; SÜSTERHENN, DVBl. 1955, 755 rSp.; v. STACKELBERG, Anmerkung, S. 1265 rSp.; WEISS, S. 32; WIEBRINGHAUS, Einf. S. 15; v. WEBER, Durchsetzung, S. 389 lSp.; ders. in: Bedeutung, S. 334 ff.; WÄSCHE, Diss.; ZINN-STEIN, S. 89.

[9] So ausdrücklich BLOMEYER, § 22, S. 93; ERDSIEK, NJW 1959, 1216 lSp.; FRIESENHAHN, Menschenrechte, S. 517; GECK, Anmerkung, S. 525; HERZOG, Verhältnis, S. 44 ff.; MAUNZ, S. 90; v. WEBER, Durchsetzung, S. 389 lSp.; WOESNER, Strafrechtspraxis, S. 1383; vgl. insbesondere OVG Münster, NJW 1956, 1374.

[10] Die Abschnitte II bis V EK können hier außer Betracht bleiben.

[11] ECHTERHÖLTER, Ordnung, S. 690 lSp.; HERZOG, Verhältnis, S. 44; HODLER, Diss. S. 90.

[12] Vgl. etwa WAHL, 1. Wahlperiode, 113. Sitzung des Ausschusses für Rechtswesen und Verfassungsrecht, am 14. Juni 1951, Sten. Prot. S. 9 ff.; Ernst KERN, DVBl. 1953, 44.

[13] So zutreffend REICHENBAUM, Diss. S. 64; v. WEBER, Durchsetzung, S. 386 lSp.

II. Eine Sicherung gegen spätere abändernde oder aufhebende Bundesgesetze kann auch nicht damit begründet werden, daß der Gesetzgeber auf sein Abänderungsrecht „dinglich" verzichtet habe. Ein solcher Verzicht würde bedeuten, daß der Gesetzgeber der Konvention entgegenstehende, sie einschränkende oder abändernde Gesetze nicht mehr erlassen könnte, weil er sich seiner Abänderungskompetenz aus freien Stücken begeben hätte. In überzeugender Weise hat Herzog[14] dargetan, daß sich ein Abänderungsverzicht des Gesetzgebers nach Art. 24 GG schon allein deswegen nicht begründen lasse, weil die Konvention keine Möglichkeit vorsehe, das Abänderungsrecht des verzichtenden Gesetzgebers zu übernehmen. Zumindest die Möglichkeit einer Übernahme sei aber Voraussetzung eines wirksamen Verzichts[15].

III. Eine Durchbrechung der materiellrechtlichen Bestimmungen der Konvention durch den deutschen Gesetzgeber wäre daher nur dann ausgeschlossen, wenn der Konvention in ihrem Abschnitt I übergesetzlicher Charakter zukäme.

1. Dies wird von einem maßgeblichen Teil des Schrifttums in der Tat angenommen. Dabei wird der übergesetzliche Rang der Konvention unterschiedlich begründet. Echterhölter[16] sieht in den Menschenrechten der EK[17] eine gesetzliche Positivierung des Bekenntnisses zu den unverletzlichen und unveräußerlichen Menschenrechten i. S. des Art. 1 Abs. 2 GG. Folglich erstreckt sich seiner Ansicht nach der Schutz des Art. 1 Abs. 2 GG auch auf die in der Konvention enthaltenen Rechte. Auf Grund ihres überpositiven Charakters seien die zu Bundesrecht gewordenen Menschenrechte der Konvention „gesetzesfest". Weder der einfache noch der verfassungsändernde Gesetzgeber könne den Rechten der Konvention widersprechende Gesetze erlassen[18].

Der Ansicht Echterhölters ist zuerst Herzog[19] entgegengetreten. Seiner Meinung nach können die Konventionsrechte des Abschnittes I schon deshalb nicht unter Art. 1 Abs. 2 GG subsumiert werden, weil ihnen der überpositive Charakter fehlt. Das Schrifttum ist, soweit es sich mit der These Echterhölters auseinandersetzt, im Ergebnis der Auffassung Herzogs gefolgt[20].

[14] Herzog, Verhältnis, S. 46 f.

[15] Vgl. die eingehende Begründung bei Herzog, a. a. O., S. 46. Zustimmend Guradze, Verfassungsbeschwerde, S. 287 rSp.

[16] Echterhölter, Ordnung, S. 691 f. Auf eine Darstellung der Ansicht Baumanns, S. 529 f., daß die Normen der EK „teilweise vorstaatliches überpositives Recht enthalten", kann hier verzichtet werden, da Baumann seine Ansicht nicht weiter begründet; vgl. hierzu Klein, Konvention, S. 151.

[17] Und zwar in allen Menschenrechten des Abschnittes I EK, seien sie nun „klassisch" oder nicht, vgl. Echterhölter, Ordnung, S. 691 rSp.

[18] Echterhölter, a. a. O., S. 692 lSp.

[19] Herzog, Verhältnis, S. 45 f.

[20] Geck, Anmerkung, S. 525; ders. in: domestic remedies, S. 43; Morvay, S. 99 f.; Klein, Konvention, S. 152 f.; Maunz-Dürig, Art. 1 Abs. 2 GG, RZ 58; vgl. insbesondere Wäsche, Diss. S. 9 ff.

2. Der übergesetzliche Rang der EK wird schließlich damit begründet, die Bestimmungen der Konvention[21] seien „allgemeine Regeln des Völkerrechts“ i. S. des Art. 25 GG. Der Abgeordnete Brill hatte diese Auffassung bereits in der 217. Sitzung des Bundestages ausgesprochen[22]. Im Schrifttum ist es vor allem Guradze[23] gewesen, der den Versuch unternommen hat, den übergesetzlichen Rang der Konvention über Art. 25 GG mit eingehender Begründung nachzuweisen. Guradze kommt dabei zunächst zu der Feststellung, daß nur die „Grundbestimmungen“ der EK allgemeine Regeln i. S. des Art. 25 GG seien. „Allgemeine Regeln“ könnten auch partikulärem Völkervertragsrecht — wie es die Konvention darstelle — entnommen werden. Unter „Grundbestimmungen“ will Guradze nur die Sätze der Konvention verstanden wissen, die Leben, Unversehrtheit, die verschiedenen Arten der Freiheit, Eigentum u. s. f. vor Eingriffen des Staates schützen[24]. Nur diese Sätze seien allgemeine Regeln, sofern man den Begriff „allgemein“ auf den Inhalt der Regel beziehe, was seiner Ansicht nach erforderlich sei[25]. Gelte Art. 25 GG hinsichtlich dieser „Grundbestimmungen“ unmittelbar, so müßten jedoch auch die Einzelvorschriften, d. h. alle Menschenrechtsnormen des Abschnittes I der EK, so behandelt werden, als ob sie allgemeine Regeln des Völkerrechts seien. Dies folge aus den Art. 64 und 65 EK, die Abweichungen des innerstaatlichen Rechts nur auf Grund eines bei der Ratifikation erklärten Vorbehalts oder nach einer Kündigung gestatteten. Zudem setze Art. 13 EK voraus, daß die Einzelnormen der Konvention nicht durch entgegenstehende Gesetze abgeändert werden könnten, da andernfalls das nach Art. 13 EK eingelegte Rechtsmittel, entgegen der dort erklärten Garantie, nicht wirksam sein könne[26]. Die Untersuchung führe somit zu dem Ergebnis, daß die Normen des Abschnittes I der EK in allen Einzelheiten dieselbe Wirkung hätten, als seien sie allgemeine Regeln i. S. des Art. 25 GG. Mithin könne von einer analogen Anwendung des Art. 25 GG gesprochen werden[27]. Dies bedeute aber,

---

[21] Gemeint sind auch hier nur die Art. 2 bis 18 EK. Die Ansicht, die gesamte EK enthalte „allgemeine Regeln“ i. S. des Art. 25 GG, wird, wie Klein, Konvention S. 174, zutreffend bemerkt, ausdrücklich von niemandem vertreten.

[22] Vgl. BT-Drucks., Nr. 3338, S. 3. Der von dem Abgeordneten Dr. Brill vorgetragene Bericht des Rechtsausschusses beschränkte sich, ohne weitere Begründung, auf die apodiktische Feststellung, niemand könne bezweifeln, daß die EK in ihrem Abschnitt I zu den „allgemeinen Regeln“ gehöre.

[23] Guradze, Menschenrechte, S. 172 ff.

[24] Guradze, a. a. O., S. 174.

[25] Guradze, Verfassungsbeschwerde, S. 287 lSp.

[26] Guradze, Menschenrechte, S. 175; ders. in: Verfassungsbeschwerde, S. 287 lSp.

[27] Guradze, Menschenrechte, S. 177; ders. in: Verfassungsbeschwerde, S. 287 rSp.; ders. in: Erwiderung, S. 12 unter Ziff. 3.

daß den normativen Bestimmungen des Abschnittes I der EK Vorrang auch vor späteren Gesetzen zukäme. Darüber hinaus seien sie „verfassungsfest", d. h. sie gingen dem Bundesverfassungs- und Bundesgesetzesrecht mit unmittelbarer Wirkung vor[28].

Die Ansicht Guradzes hat im Schrifttum teils Zustimmung[29], teils Ablehnung[30] erfahren. Friesenhahn[31] sieht in dem „Kernbestand" der in der EK anerkannten Freiheitsrechte Sätze des Völkergewohnheitsrechts. Diese seien mithin allgemeine Regeln des Völkerrechts und nach Art. 25 GG ohne weiteres Bestandteil des Bundesrechts[32].

Die hier zitierten Stimmen haben eines gemeinsam: Sie gehen davon aus, daß nur die „Grundbestimmungen" der EK, ihr „Kernbestand" als allgemeine Regeln des Völkerrechts angesprochen werden können. Damit ist freilich noch nicht mit der notwendigen Klarheit gesagt, welche Sätze des Menschenrechtskataloges der Konvention im einzelnen nun als „allgemeine Regeln" gelten. So ist etwa die Feststellung Friesenhahns, die in der EK anerkannten Freiheitsrechte stellten bereits heute in ihrem Kernbestand Völkergewohnheitsrecht und damit allgemeine Regeln i. S. des Art. 25 GG dar, zu unbestimmt und kann daher nicht als brauchbares Kriterium für die erstrebte Fixierung der einzelnen Menschenrechtsnormen herangezogen werden.

Einen anderen Weg geht daher Wäsche. Er hat den Versuch unternommen, die gesamten Normen des Abschnittes I der Konvention in dem dort niedergelegten Umfange als allgemeine Regeln i. S. des Art. 25 GG darzustellen. Er kommt dabei zu dem Ergebnis, daß Konventionsrecht nicht nur insoweit „allgemeine Regeln" bilden könne, als es sich um die schriftliche Niederlegung eines gewohnheitsrechtlich bereits bestehenden Rechtssatzes handele[33], sondern daß Konventions-

---

[28] GURADZE, Anmerkung, S. 1243 rSp.

[29] SCHORN, Praxis, S. 340 lSp.; mit Einschränkung KLEIN, Konvention, S. 158.

[30] HERZOG, Buchbesprechung, S. 232; ders. in: Verhältnis, S. 45 lSp.

[31] FRIESENHAHN, Der internationale Schutz, S. 54.

[32] MEYER-LINDENBERG, Referat, S. 105, 107, ist der Ansicht, der Menschenrechtskatalog der EK enthalte allgemeine Rechtsgrundsätze i. S. des Art. 38 Abs. 1 lit. c) des Statuts des IGH. „Die meisten der in der Europäischen Menschenrechtskonvention positivierten Menschenrechte" seien folglich allgemeine Völkerrechtsregeln i. S. des Art. 25 GG. Der These Meyer-Lindenbergs kann schon deshalb nicht gefolgt werden, weil die „allgemeinen Rechtsgrundsätze" des Art. 38 Abs. 1 lit. c) Stat. IGH nicht als „Regeln" i. S. des Art. 25 GG angesehen, nicht mit ihnen gleichgestellt werden können. Wie PIGORSCH, S. 13 f., überzeugend nachgewiesen hat, sind die „allgemeinen Rechtsgrundsätze" nicht inkorporabel, da sie bereits Bestandteil der staatlichen Rechtsordnung sind. Vgl. auch ECHTERHÖLTER, Ordnung, S. 690 f.; GURADZE, Menschenrechte, S. 173; HERZOG, Verhältnis, S. 45 lSp.

[33] So, nach Ansicht WÄSCHES, GURADZE. WÄSCHE, Diss. S. 37, FN 97: „... Dieser Gedanke ist (von Guradze) nicht ausdrücklich ausgesprochen; er ergibt sich aber aus dem Zusammenhang, vgl. (Guradze) S. 172 und 174".

recht allgemeine Regeln erzeugen könne. Wäsche stützt dabei seine These auf folgende Überlegungen: Zunächst stellt er, in Übereinstimmung mit Guradze[34], fest, daß die allgemeine Regel auch partikulärem Völkerrecht entnommen werden könne[35]. Abweichend von Guradze nimmt Wäsche sodann mit der herrschenden Meinung an, daß die Regel allgemein im Sinne ihrer Ausdehnung in der Völkerrechtsgemeinschaft sein müsse[36], das Wort allgemein in Art. 25 GG sich also nicht auf den Inhalt der Regel beziehe. Auch durch Verträge — und zwar vorwiegend durch multilaterale Abkommen — könnten allgemeine Regeln i. S. des Art. 25 GG, d. h. Normen, gebildet werden, sofern nur diese Normen die Fähigkeit besäßen, innerstaatliche Wirkung auszuüben, also transformierbar seien[37]. Die in Abschnitt I der Konvention niedergelegten Rechte seien nach Inhalt, Zweck und Fassung geeignet, innerstaatliche Wirkung zu entfalten, ohne daß es ergänzender staatlicher Akte bedürfe[38]. Dies gelte sowohl für die sog. Grundbestimmungen als auch für die Einzelvorschriften. Der unterschiedlichen Behandlung beider Normenkategorien könne nicht zugestimmt werden. Die Detailvorschriften stellten im Verhältnis zu den Grundbestimmungen sog. unvollständige Rechtssätze dar, die aus Gründen der Gesetzestechnik notwendig seien. Sie bildeten mit der jeweiligen Grundvorschrift ein untrennbares Ganzes. Die Eigenschaft, eine Regel i. S. des Art. 25 GG zu sein, könne nur diesem aus Grund- und Einzelbestimmungen bestehenden Gesamtkomplex zukommen[39]. Diese Regeln besäßen Verfassungsrang[40]. Weder durch einfache Bundesgesetze noch durch normale verfassungsändernde Gesetze könnten sie außer Kraft gesetzt werden. Dies könne nur dann erreicht werden, wenn der gesamte Art. 25 GG aus der Verfassung entfernt werde[41].

Die Ansicht Wäsches, hier nur in ihren wesentlichen Grundzügen dargestellt, überzeugt. Sie stimmt weitgehend mit der von Guradze vorgeschlagenen Lösung überein. Es ist hier nicht der Ort, die Auffassung Wäsches in ihren Einzelheiten zu würdigen. Nur soviel sei bemerkt: Die rechtsdogmatischen Bedenken Wäsches gegen die Ansicht Guradzes, daß sich der Begriff „allgemein" in Art. 25 GG auf den Inhalt der Regel beziehe[42], erscheinen berechtigt. Schließlich ist nicht

[34] Guradze, Menschenrechte, S. 173 f.

[35] Wäsche, Diss. S. 39 bis 44.

[36] Wäsche, a. a. O., S. 35.

[37] Wäsche, a. a. O., S. 53 ff.; insbes. S. 58.

[38] Wäsche, a. a. O., S. 78.

[39] Wäsche, a. a. O., S. 32 ff.

[40] Wäsche, a. a. O., S. 71, im Ergebnis mit Guradze übereinstimmend.

[41] Auch Zinn-Stein, Art. 1, Vorbem. II, 4, sind der Ansicht, daß die Konventionsrechte als allgemeine Regeln i. S. des Art. 25 GG allen Gesetzen und auch dem Grundgesetz vorgehen.

[42] Wodurch sich Guradze schließlich zur analogen Anwendung des Art. 25 GG auf die „Einzelbestimmungen" gezwungen sieht.

zu verkennen, daß die sog. Grundvorschriften, die Kernsätze als solche ohne die Einzelbestimmungen, welche die Rechte des Einzelnen und die Pflichten des Staates dem Einzelnen gegenüber erst konkret fixieren, nicht mehr als deklaratorischen Charakter hätten. Die Konvention ist jedoch in ihrem Abschnitt I mehr als bloße deklaratorische Niederlegung von Menschenrechten. Kann sich der Verfassungsgeber mit der Formulierung uneingeschränkter, vorbehaltloser und abstrakter Rechtssätze begnügen und die inhaltliche Interpretation weitgehend der Verfassungsrechtssprechung überlassen, so ist dies bei einem multilateralen völkerrechtlichen Abkommen nicht möglich. Hier bestimmen die Vertragspartner, was Vertragsinhalt sein soll. Der Kernsatz des einzelnen Menschenrechtes bildet mit der interpretatorischen Einzelbestimmung ein Ganzes.

IV. Abschließend ist daher festzuhalten: Die Konvention enthält in ihrem Abschnitt I allgemeine Regeln i. S. des Art. 25 GG. Diese Normen besitzen Verfassungsrang. Weder durch einfache nachfolgende noch durch „normale" verfassungsändernde Gesetze können sie außer Kraft gesetzt werden.

2. Kapitel

Schutzbereich und Funktion des Art. 6 Abs. 1 EK

I. Als eine der materiellrechtlichen Bestimmungen des Abschnittes I der Konvention verkörpert Art. 6 Abs. 1 EK somit eine allgemeine Regel des Völkerrechts i. S. des Art. 25 GG. Wie Wäsche mit Recht bemerkt, haben die einzelnen Artikel dieses Teils der Konvention einen unterschiedlichen Charakter[43]. Art. 6 EK stellt seiner Meinung nach eine Definition des in diesem Artikel zu Anfang ausgesprochenen Grundsatzes dar[44]. Nun ist freilich zweifelhaft, wie der in Art. 6 Abs. 1 EK definierte Grundsatz eigentlich lautet. Wie vielfältig die Versuche sind, den in Art. 6 Abs. 1 EK enthaltenen Grundsatz zu fassen, zeigt ein Blick auf das Schrifttum. Baur[45], Berber[46], Guradze[47], Meyer-Lindenberg[48] und Wiebringhaus[49] bezeichnen den in Art. 6 Abs. 1 EK definierten Grundsatz als „Anspruch auf rechtliches Gehör". Echterhölter[50] meint, Art. 6 EK garantiere den „fair trial" im Sinne

---

[43] Wäsche, Diss. S. 32.
[44] Wäsche, ebenda.
[45] Baur, Gehör, S. 399.
[46] Berber, § 57, S. 375.
[47] Guradze, Menschenrechte, S. 196.
[48] Meyer-Lindenberg, Amerika, S. 259.
[49] Wiebringhaus, Art. 6 EK, Anm. II, A.
[50] Echterhölter, Praxis, S. 145 lSp.

des common law. Weiß[51] will unter dem „fair trial" den „Anspruch auf rechtliches Gehör" verstanden wissen. Friesenhahn[52] sieht „das Recht auf einen unparteiischen Richter und auf ein faires Verfahren" als Grundsatz des Art. 6 EK an. Pfeifer[53] ist der Auffassung, Art 6 EK enthalte nicht nur das Recht auf Gehör, sondern das Recht auf ein „einwandfreies rechtsstaatliches Verfahren". Zu dieser Ansicht bekennen sich auch Schwarz-Kleinknecht[54] und Morvay[55]. Und schließlich definiert Moser[56] den Grundsatz des Art. 6 Abs. 1 EK als „Recht auf ein geordnetes Verfahren".

In der Tat muß man feststellen, daß der in Art. 6 Abs. 1 EK geschützte Anspruch nicht unmittelbar in einem Grundsatz ausgesprochen ist. Dies zeigt bereits ein Vergleich mit anderen Artikeln des Abschnittes I der Konvention. Dort ist der Grundsatz, der garantierte Anspruch, jeweils eindeutig bezeichnet. So spricht Art. 2 EK von dem „Recht des Menschen auf Leben"; Art. 5 EK stellt den Grundsatz auf, daß jeder Mensch ein „Recht auf Freiheit und Sicherheit" habe; Art. 10 EK garantiert das Recht des Einzelnen auf „freie Meinungsäußerung", u. s. f. Man könnte nun meinen, Art. 6 Abs. 1 EK definiere den Anspruch auf „rechtliches Gehör", wie es ja verschiedentlich angenommen wird. Denn Art. 6 Abs. 1 EK beginnt mit den Worten: „Jedermann hat Anspruch darauf, daß seine Sache ... gehört wird". Liest man jedoch weiter, so zeigt sich bald, daß Art. 6 Abs. 1 EK mehr enthält als eine Garantie des „rechtlichen Gehörs", wie sie in Art. 103 Abs. 1 GG ausgesprochen wird. Zweifellos gehört das „rechtliche Gehör" mit zu den gewährten Garantien. Art. 6 Abs. 1 EK erschöpft sich jedoch nicht in einer Definition des „rechtlichen Gehörs", d. h. Art. 6 Abs. 1 EK beschränkt sich nicht auf die Beantwortung der Frage, *wie* das „rechtliche Gehör" im einzelnen beschaffen, *wie* es ausgestaltet sein muß. Der in Art. 6 Abs. 1 EK verwendete Begriff „Gehör" ist vielmehr in zwei Bedeutungen zu verstehen: Einmal sicherlich als Garantie des „rechtlichen Gehörs", wie sie ihren Ausdruck in Art. 103 Abs. 1 GG findet. Sodann aber als synonymer Begriff für „Verfahren" oder „Verhandlung". Der Begriff „hearing" des englischen Textes bedeutet soviel wie „Gerichtsverhandlung[57]". Daß der Ausdruck „hearing" in der Bedeutung von „Verhandlung" zu lesen ist, ergibt sich auch aus Art. 6 Abs. 1 Satz 2 EK. Dort heißt es, daß

---

[51] Weiss, S. 19 rSp.

[52] Friesenhahn, Menschenrechte, S. 505.

[53] Pfeifer, Bedeutung, S. 432.

[54] Schwarz-Kleinknecht, EK, Art. 6, Anm. A, 4.

[55] Morvay, S. 333.

[56] Moser, JBl. 1954, 451.

[57] Kniekamp, Rechtswörterbuch, S. 57. Art. 10 der UN-Decl., das Vorbild für die Fassung des Art. 6 Abs. 1 EK, garantiert gleichfalls „a fair and public hearing". Robinson, S. 114, führt hierzu aus: „Art. 10 enunciates the

„die Presse und die Öffentlichkeit während der gesamten *Verhandlung* oder eines Teils derselben" ausgeschlossen werden können. Mit „Verhandlung" ist der Begriff des englischen Textes „trial" zutreffend übersetzt. Dem entspricht im französischen Text der Ausdruck „procès". Auf die Verhandlung, auf das gerichtliche Verfahren also beziehen sich die in Art. 6 Abs. 1 EK gewährten Garantien. Damit ist zugleich der in Art. 6 Abs. 1 EK definierte Grundsatz ausgesprochen: Jedermann hat Anspruch auf ein „faires", d. h. gerechtes und rechtsstaatliches Gerichtsverfahren, auf eine rechtsstaatliche Gerichtsverhandlung. In diesem Verfahren soll jedermann rechtliches Gehör gewährt werden. Das Verfahren soll öffentlich und schleunig sein und vor einem unabhängigen, unparteiischen und auf Gesetz beruhenden Gericht stattfinden. Das Urteil soll öffentlich verkündet werden[58]. Allgemein gesprochen: Die in Art. 6 Abs. 1 EK dem Einzelnen gewährten Garantien verbürgen erst zusammen ein gerechtes, die Würde des Einzelnen achtendes, rechtsstaatliches Gerichtsverfahren[59].

II. Damit ist die Bedeutung des Art. 6 Abs. 1 EK jedoch nicht erschöpft. Ist einmal der Anspruch auf ein gerechtes und rechtsstaatliches

---

basic right to a fair trial". Hier wird deutlich, daß der Begriff „hearing" in der Bedeutung von „trial", i. e. Verfahren, Verhandlung zu verstehen ist. Vgl. weiter Robinson, S. 115, Erl. 1 zu Art. 11 UN-Decl., wo er „right to a public trial" mit „right to a fair hearing" umschreibt. Die Begriffe „trial" und „hearing" werden also in synonymer Bedeutung verstanden.

[58] Welche Garantien Art. 6 Abs. 1 EK im einzelnen gewährt, vgl. unten Kap. 5 und 6.

[59] Art. 10 der UN-Decl. spricht gleichfalls von dem Anspruch des Einzelnen „to a fair ... hearing". Art. 10 der UN-Decl. geht selbst wiederum u. a. auf den Entwurf einer „Deklaration wesentlicher Menschenrechte" der „Kommission zum Studium des Friedens" zurück. Art. 7 dieses Entwurfs mit der Überschrift „Fair Trial" hat folgenden Wortlaut: „Everyone has the right to have his criminal liabilities and his rights determined without undue delay by fair public trial by a competent tribunal before which he has the opportunity for a full hearing." Hier wird vollends deutlich, daß der Grundsatz, das zu schützende Menschenrecht, der Anspruch auf ein gerechtes, rechtsstaatliches Gerichtsverfahren („fair trial") ist, in welchem dem Betroffenen dann „Gelegenheit zu vollem rechtlichem Gehör" zu geben ist. Vgl. hierzu die Ausführungen bei Sonnewald, S. 10. Gleichfalls bei Sonnewald, S. 35, der Text des zit. Entwurfs. — Noch klarer spricht Art. 14 des Entwurfs B des „Covenant on Human Rights" diesen Grundsatz aus. Art. 14 lautet in der deutschen Übersetzung: „In der Wahrnehmung der zivilrechtlichen Ansprüche und Verpflichtungen oder bei einer strafrechtlichen Anklage hat jedermann Anspruch darauf, daß seine Sache in billiger Weise öffentlich vor einem zuständigen unabhängigen und unparteiischen, auf Gesetz beruhenden Gericht verhandelt wird", vgl. Fischer, S. 174.

Gerichtsverfahren selbst ein Menschenrecht[60], so sichert Art. 6 Abs. 1 EK darüber hinaus dem Einzelnen die Möglichkeit zu, die ihm im Menschenrechtskatalog der Konvention gewährten Garantien in einem von staatlicher Willkür freien und unabhängigen Verfahren geltend zu machen. Anders ausgedrückt: Art. 6 Abs. 1 EK gewährt dem Einzelnen nicht nur das Recht, im Gerichtsverfahren als ein mit Würde und unveräußerlichen Rechten ausgestattetes Subjekt anerkannt zu werden, sondern dient auch der Durchsetzung der Menschenrechte, die ihm die Konvention garantiert, in einem rechtsstaatlichen Gerichtsverfahren.

III. Es kann somit festgestellt werden: Die „allgemeine Regel" des Art. 6 Abs. 1 EK definiert den nicht unmittelbar ausgesprochenen Grundsatz, daß jedermann Anspruch auf ein gerechtes, rechtsstaatliches Gerichtsverfahren hat. Der Anspruch auf „rechtliches Gehör" ist eine der in Art. 6 Abs. 1 EK gewährten Garantien. Art. 6 Abs. 1 EK ist einmal selbst ein Menschenrecht, das die Würde des Einzelnen im Gerichtsverfahren verbürgt. Zugleich dient Art. 6 Abs. 1 EK der Durchsetzung der übrigen Menschenrechte, als der Einzelne diese bei einer Verletzung in einem rechtsstaatlichen Gerichtsverfahren geltend machen kann.

---

[60] Unklar Comte, S. 126 f., wenn er (singngemäß) schreibt, Art. 6 EK lege lediglich die allgemeinen Regeln für eine gute Rechtspflege fest, und er die in Art. 6 EK enthaltenen Regeln von den eigentlichen Rechten und Freiheiten der übrigen Artikel der EK unterscheidet.

ZWEITER ABSCHNITT

Der Anwendungsbereich des Art. 6 Abs. 1 EK

Vorbemerkung

Seit Jahren geht der Streit der Meinungen zu Art. 6 Abs. 1 EK wesentlich auch um die Frage, auf welche Verfahren der deutschen Rechtsordnung diese Norm eigentlich anwendbar ist. Nach der französischen Fassung des Art. 6 Abs. 1 EK, der sich die deutsche Übersetzung anschließt, hat jedermann einen Anspruch darauf, daß seine Sache von einem Gericht, „das über zivilrechtliche Ansprüche und Verpflichtungen sowie über die Stichhaltigkeit der gegen ihn erhobenen strafrechtlichen Anklage zu entscheiden hat", gehört wird. Man könnte denken, daß hiermit eine Qualität des Gerichts gemeint sei: das Gericht müsse befugt, kompetent sein, über zivilrechtliche Ansprüche und Verpflichtungen oder über strafrechtliche Anklagen zu entscheiden. Der eigentliche Sinn dieses Teils der Konventionsnorm ist in beiden genannten Fassungen jedoch nur unvollkommen wiedergegeben. Klar und verständlich ist der englische Text: „In the determination of his civil rights and obligations or for any criminal charge against him, everyone is entitled . . .". Also nur dort, wo eine Entscheidung über „zivilrechtliche Ansprüche und Verpflichtungen" oder über „die Stichhaltigkeit einer strafrechtlichen Anklage" getroffen wird, ist Art. 6 Abs. 1 EK überhaupt anwendbar, d. h. nur in solchen Verfahren fordert die Konvention die Wahrung der in Art. 6 Abs. 1 EK dem Einzelnen zugesicherten Garantien. Die damit getroffene Auswahl unter den verschiedenen Verfahren der deutschen Rechtsordnung soll als der Anwendungsbereich des Art. 6 Abs. 1 EK bezeichnet werden.

Es wird daher in diesem Abschnitt zu untersuchen sein, in welchen Verfahren der deutschen Rechtsordnung über „zivilrechtliche Ansprüche und Verpflichtungen" („civil rights and obligations", „droits et obligations de caractère civil") und über „die Stichhaltigkeit einer strafrechtlichen Anklage" („any criminal charge", „de toute accusation en matière pénale") entschieden wird. Es empfiehlt sich, die Untersuchung der einzelnen Verfahren nach ihrer Zugehörigkeit zu den verschiedenen Zweigen der Gerichtsbarkeit durchzuführen. Dabei wird sich dann allerdings zeigen, daß es weniger auf die Art der Gerichtsbarkeit, als vielmehr entscheidend auf den materiellrechtlichen Charakter der ihrer Zuständigkeit unterliegenden Streitfragen ankommt[61]. So wird beispielsweise zu prüfen sein, ob im Verfahren der streitigen ordentlichen Zivilgerichtsbarkeit in jedem Falle und ausschließlich über „zivilrechtliche Ansprüche und Verpflichtungen" entschieden wird. Erst wenn danach feststeht, auf welche Verfahren der deutschen Rechtsordnung Art. 6 Abs. 1 EK überhaupt anwendbar ist, können im dritten Abschnitt die einzelnen Garantien des Art. 6 Abs. 1 EK behandelt werden.

3. Kapitel

Die Entscheidungen über „zivilrechtliche Ansprüche und Verpflichtungen"

A. Die einzelnen Verfahren

I. Die Verfahren der ordentlichen Zivilgerichtsbarkeit

1. Das Verfahren der streitigen Zivilgerichtsbarkeit

a) Das Verfahren der streitigen Zivilgerichtsbarkeit ist in der ZPO geregelt. Zivilprozeß ist das gerichtliche Verfahren in bürgerlichen Rechtsstreitigkeiten[62]. Rosenberg[63] definiert den Zivilprozeß als „das rechtlich geordnete Verfahren zur Bewährung, Verwirklichung, Sicherung von (in der Hauptsache) bürgerlich-rechtlichen Rechten und Rechtsverhältnissen".

Schon nach dieser Begriffsbestimmung läßt sich sagen, daß Art. 6 Abs. 1 EK jedenfalls nicht für den gesamten Zivilprozeß gilt. Die Garantien des Art. 6 Abs. 1 EK dienen dem Schutz des Einzelnen im Zivilverfahren nur insoweit, als über „zivilrechtliche Ansprüche und Verpflichtungen" *entschieden* wird. Entscheidung bedeutet hier gerichtliche Feststellung der Sach- und Rechtslage durch Urteil. Daß sich Art. 6 Abs. 1 EK nur auf den Teil des Zivilprozesses bezieht, der zur Feststellung des in der Klage geltend gemachten zivilrechtlichen Anspruchs und damit zugleich der Verpflichtung des Beklagten führt, ergibt sich eindeutig auch aus dem englischen Text des Art. 6 Abs. 1 EK: „determination" bedeutet „Feststellung", „Bestimmung". Nur soweit der Zivilprozeß der Feststellung des Anspruchs dient, ist Art. 6

---

[61] GECK, Anmerkung, S. 527 lSp.

[62] Vgl. § 13 GVG.

[63] ROSENBERG, § 1, Anm. III, 4, S. 3. Vgl. auch LENT, Studienbuch, § 1, S. 2.

Abs. 1 EK anwendbar. Mit anderen Worten: Art. 6 Abs. 1 EK gilt grundsätzlich nur im „Erkenntnisverfahren[64]“ der ZPO[65].

b) Soweit sich der Zivilprozeß im Vollstreckungsverfahren mit der Verwirklichung (Durchsetzung) von bereits im Erkenntnisverfahren festgestellten Ansprüchen befaßt[66], ist Art. 6 Abs. 1 EK nicht anwendbar. Das gilt auch für das (zivilrechtliche) Sicherungsverfahren, dessen Ziel es ist, einen eingeklagten oder einzuklagenden (also noch nicht festgestellten) Anspruch bis zur Zwangsvollstreckung durch Arrest (§§ 916 ff. ZPO) oder einstweilige Verfügung (§§ 935 ff. ZPO) zu sichern.

c) Auch im Armenrechtsverfahren (§§ 114 ff. ZPO) ist Art. 6 Abs. 1 EK nicht anwendbar. Die Gewährung des Armenrechts, d. h. die einstweilige Befreiung einer unbemittelten Partei von den Prozeßkosten, ist eine Fürsorgetätigkeit des Staates[67]. Das Armenrechtsverfahren ist kein Teil des Erkenntnisverfahrens. Zutreffend bemerkt Bettermann[68], das Armenrechtsverfahren sei nur formell ein Gerichtsverfahren; materiell handele es sich in Wahrheit um ein Verwaltungsverfahren. Nur aus Zweckmäßigskeitsgründen sei es dem Zivilprozeß zugewiesen worden. In diesem Verfahren werde nicht Recht gesprochen, werde nicht streitiges Recht festgestellt. Der über das Armenrechtsgesuch entscheidende Richter übe nicht rechtsprechende, also rechtfeststellende Gewalt aus, sondern gewähre oder versage eine öffentliche Fürsorgeleistung. Er gewähre „gerichtliche Sozialhilfe[69]“.

---

[64] Auch als „Entscheidungs-“ oder „Urteilsverfahren“ bezeichnet, vgl. Rosenberg, § 2, Anm. III, 3 a.

[65] Dabei ist es unerheblich, ob die Entscheidung auf Grund einer Leistungs-, Gestaltungs- oder Feststellungsklage ergeht. In allen Fällen wird über den privatrechtlichen Anspruch des Klägers, sei es auf Leistung, Feststellung oder Gestaltung, feststellend und streitentscheidend erkannt.

[66] Auch die Vollstreckungsgegenklage (§ 767 ZPO) hat keine neue Entscheidung über den im Erkenntnisverfahren rechtskräftig festgestellten Anspruch zum Ziel, sondern dient der Geltendmachung von Einwendungen gegen den im Vollstreckungstitel festgestellten und zu vollstreckenden materiellen Anspruch zu dem Zweck, die Zwangsvollstreckung aus dem Titel dauernd unzulässig zu machen. Sie ist keine materielle Feststellungsklage, sondern prozessuale Gestaltungsklage, vgl. Rosenberg, § 183, Anm. III, 2 und Anm. III, 8. Ebensowenig dient die Drittwiderspruchsklage nach § 771 ZPO der Feststellung eines „die Veräußerung hindernden Rechts“, vgl. im einzelnen Rosenberg, § 185, Anm. III, 7.

[67] Blomeyer, § 130, Anm. II.

[68] Bettermann, Anmerkung, S. 675 ff.

[69] Eine andere Frage ist es, ob die Versagung des Armenrechts gegebenenfalls eine Justizverweigerung bedeuten kann. Im dritten Abschnitt dieser Arbeit wird zu prüfen sein, ob Art. 6 Abs. 1 EK einen „Anspruch auf Justizgewährung“ enthält, d. h. ob jedermann das Recht auf Feststellung seiner Ansprüche durch ein Gericht hat. Diese Frage ist jedoch von der

d) Der im Jahre 1879 erlassenen ZPO sind schließlich Materien zugewiesen worden, die mit einer Feststellung und Entscheidung subjektiver Privatrechte und Verpflichtungen nichts mehr gemein haben[70]. Hierfür waren vor allem zwei Gründe maßgebend: Einmal ein rechtsgeschichtlicher, insofern nämlich, als die streitige Zivilgerichtsbarkeit früher als die freiwillige Gerichtsbarkeit reichsrechtlich geregelt wurde. Soweit eine reichseinheitliche Regelung geboten erschien, wurde das Gebiet dem Verfahren der ZPO zugewiesen. Sodann war für die Zuteilung an die streitige Gerichtsbarkeit bestimmend, daß diese in ihrem genau normierten Verfahrensgang (Mündlichkeit, beiderseitiges Gehör u. a. m.) stärkere Rechtsgarantien bot als das Verfahren der freiwilligen Gerichtsbarkeit[71].

So ist seit längerem anerkannt, daß das gesamte Entmündigungsverfahren (§§ 645 ff. ZPO) kein bürgerlicher Rechtsstreit ist[72] und es keinen privatrechtlichen Anspruch auf Entmündigung gibt. Das Entmündigungsverfahren ist ein auf Gestaltung der Rechtslage abzielendes Verfahren, aber ohne privatrechtliches Gestaltungsrecht eines Beteiligten[73]. Die Antragsteller haben zwar ein Interesse an der Gestaltung, aber kein Recht auf sie[74]. Das Entmündigungsverfahren dient vielmehr der Fürsorge für solche Personen, für die eine uneingeschränkte Fähigkeit zum Abschluß von Rechtsgeschäften Gefahren in sich trägt[75]. Seinem Wesen nach gehört das Entmündigungsverfahren zur freiwilligen Gerichtsbarkeit[76]. Dies gilt nicht nur für das Entmündigungsverfahren erster Instanz (Beschlußverfahren), sondern auch für das Anfechtungsklageverfahren nach § 664 ZPO. Auch in diesem Verfahren wird nicht um privatrechtliche Ansprüche gestritten, sondern darum, ob der behördliche Eingriff rechtmäßig war oder aufgehoben werden muß[77].

---

vorliegenden zu unterscheiden: Hier wird nur klargestellt, daß im Armenrechtsverfahren selbst die Garantien des Art. 6 Abs. 1 EK keine Anwendung finden.

[70] MÜNZEL, S. 335.

[71] MÜNZEL, S. 335 f.; BOSCH, S. 63.

[72] „Beim Entmündigungsverfahren handelt es sich nicht um einen Rechtsstreit, in dem über Rechte der Parteien gegeneinander entschieden wird", so Kommissionsbericht der KommVRZ, S. 327.

[73] LENT, Studienbuch, § 93, S. 253; ders. in: Zivilprozeß und fG, S. 275.

[74] LENT, ebenda.

[75] MÜNZEL, S. 336.

[76] LENT, Studienbuch, § 93, Anm. I, S. 253; ders. in: Zivilprozeß und fG, S. 275; MÜNZEL, S. 336; ROSENBERG, § 162, Anm. I, 3; SCHÖNKE-SCHRÖDER-NIESE, § 96, Anm. I; BLOMEYER, § 122, Anm. I, 3. Nach dem Vorschlag der KommVRZ soll das Entmündigungsverfahren als Angelegenheit der fG auch deren Verfahren zugewiesen werden, vgl. Kommissionsbericht S. 328 f.

[77] LENT, Zivilprozeß und fG, S. 275; MÜNZEL, S. 336: „... Richtig gesehen hat diese Klage nicht die Aufgabe, einen echten Rechtsstreit zur Ent-

e) Auch das Aufgebotsverfahren (§§ 946 ff. ZPO) ist kein Rechtsstreit, in dem es um die Feststellung und Entscheidung zivilrechtlicher Ansprüche geht. Der Zweck des Aufgebotsverfahrens ist es, durch ein rechtsgestaltendes Ausschlußurteil (§ 952 ZPO) verlorengegangene Urkunden für kraftlos zu erklären. In dem Ausschlußurteil wird der im Aufgebot angedrohte Rechtsnachteil ausgesprochen. Dieser gerichtliche rechtsgestaltende Ausspruch erfolgt jedoch nicht auf Grund eines zivilrechtlichen subjektiven Rechts, da ein Anspruchsgegner, ein Verpflichteter, im Aufgebotsverfahren gerade nicht vorhanden oder doch nicht auffindbar ist. Im Ausschlußurteil wird somit auch nicht über einen privatrechtlichen Anspruch entschieden. Vielmehr stellt das Ausschlußurteil nur in rechtsgestaltender Form fest, daß sich innerhalb der Aufgebotsfrist ein Berechtigter nicht gemeldet hat[78].

f) In den Verfahren in Ehesachen (§§ 606 ff. ZPO) hingegen entscheidet das Gericht über „zivilrechtliche Ansprüche und Verpflichtungen" der Parteien[79]. Mit der Ehescheidungsklage etwa wird der zivilrechtliche Anspruch auf Scheidung geltend gemacht[80]. Das Gericht vollzieht mit seinem Urteil das private Recht des Klägers auf Ehescheidung[81].

g) Schließlich ist Art. 6 Abs. 1 EK nicht in den Verfahren der „Zivilprozeßsachen kraft Zuweisung[82]" anwendbar. Dies sind Verfahren, in denen vor den ordentlichen Zivilgerichten öffentlichrechtliche Streitigkeiten verhandelt werden. Grundsätzlich sind zwar die Zivilgerichte nach § 13 GVG zur Entscheidung bürgerlicher Rechtsstreitigkeiten berufen. Diese Zuständigkeitsregelung ist aber verschiedentlich durchbrochen. So bestimmt etwa Art. 14 Abs. 3 Satz 4 GG, daß für Streitigkeiten über die Höhe der Enteignungsentschädigung der Zivilrechtsweg gegeben ist. Die Ansprüche, die der Entschädigungsberech-

---

scheidung über streitige Rechte zu eröffnen, sie stellt sich in ihrem Wesen vielmehr als ein Rechtsmittel dar, das zur Schaffung möglichst starker Rechtsgarantien für den zu Entmündigenden als kontradiktorisches Verfahren ausgestaltet wurde ..."

[78] Im einzelnen hierzu RATZ, AcP 139, 5 und 16. Das Aufgebotsverfahren gehört seiner Natur nach gleichfalls in das Gebiet der freiwilligen Gerichtsbarkeit, vgl. BAUMBACH-LAUTERBACH, vor § 946, Anm. 2; LENT, Zivilprozeß und fG, S. 276. Nach dem Vorschlag der KommVRZ soll das Aufgebotsverfahren als Angelegenheit der fG dem Verfahren der fG zugewiesen werden, vgl. Kommissionsbericht S. 329 f.

[79] LENT, Zivilprozeß und fG, S. 276.

[80] LENT, a. a. O., S. 270.

[81] LENT, ebenda; MÜNZEL, S. 341 f.

[82] Vor Inkrafttreten der VwGO als „Zivilprozeßsachen kraft Tradition" bezeichnet, jetzt durch § 40 Abs. 2 VwGO in „Zivilprozeßsachen kraft Zuweisung" umbenannt.

tigte geltend macht, sind öffentlichrechtlicher Natur[83]. Nach Art. 34 Abs. 3 GG sind für die Ansprüche gegen den Staat oder eine andere öffentlichrechtliche Körperschaft aus Amtspflichtverletzung die ordentlichen Zivilgerichte zuständig. Neben diesen verfassungsrechtlichen Zuweisungsnormen enthalten auch Bundesgesetze ähnliche Zuweisungen öffentlichrechtlicher Streitigkeiten an die Zivilgerichte. Eine Anzahl von Streitigkeiten öffentlichrechtlicher Natur werden durch § 40 Abs. 2 VwGO den Zivilgerichten zugewiesen[84]. Weitere Zuweisungen öffentlichrechtlicher Streitigkeiten an die ordentlichen Zivilgerichte finden sich in § 51 Abs. 2 GewO und in den Vorschriften der §§ 51 bis 80 KartG[85].

In allen diesen Verfahren[86] entscheiden die ordentlichen Zivilgerichte nicht über „zivilrechtliche Ansprüche und Verpflichtungen", sondern über öffentlichrechtliche Streitigkeiten. Wie im einzelnen noch zu zeigen sein wird[87], bezieht sich Art. 6 Abs. 1 EK jedoch nicht auf Verfahren, in denen über „öffentlichrechtliche Ansprüche und Verpflichtungen" entschieden wird. Art. 6 Abs. 1 EK gilt nicht in allen Verfahren, die nach den deutschen Gesetzen vor den ordentlichen Zivilgerichten geführt werden, sondern nur in solchen, in denen die Zivilgerichte auch tatsächlich über „zivilrechtliche Ansprüche und Verpflichtungen" erkennen. Nicht die Art der Gerichtsbarkeit ist ausschlaggebend, sondern „der materiellrechtliche Charakter der ihrer Zuständigkeit unterliegenden Streitfragen[88]".

h) Zusammenfassend kann daher festgestellt werden: Art. 6 Abs. 1 EK gilt lediglich im Erkenntnisverfahren der ZPO und im Verfahren in Ehesachen. Weder im Vollstreckungsverfahren, im (zivilrechtlichen) Sicherungsverfahren noch im Armenrechtsverfahren findet Art. 6 Abs. 1 EK Anwendung. Art. 6 Abs. 1 EK gilt weiterhin nicht im Entmündigungs- und im Aufgebotsverfahren, und schließlich auch nicht in den Verfahren der „Zivilprozeßsachen kraft Zuweisung".

---

[83] Naumann, S. 394.

[84] So die Ansprüche aus öffentlichrechtlicher Verwahrung, aus Aufopferung für das gemeine Wohl und aus der Verletzung öffentlichrechtlicher Pflichten.

[85] Über die Beschwerde gegen den Einspruchsbescheid der Kartellbehörde und gegen bestimmte Verfügungen des Bundeswirtschaftsministeriums entscheidet nach den genannten Vorschriften das Oberlandesgericht (Kartellsenat) und in nächster Instanz der BGH (Kartellsenat). Das Verfahren vor den Oberlandesgerichten und dem BGH ist ein „echtes Verwaltungsstreitverfahren". Die hier verhandelten Streitigkeiten sind ausschließlich Angelegenheiten des öffentlichen Rechts, vgl. Stich, S. 410.

[86] Eine vollständige Aufzählung der öffentlichrechtlichen Zuständigkeiten der Zivilgerichte bei Stich, S. 387 ff.

[87] Siehe unten S. 23 ff.

[88] Geck, Anmerkung, S. 527.

2. Das Verfahren der freiwilligen Gerichtsbarkeit

Die freiwillige Gerichtsbarkeit (fG) ist ein Teil der ordentlichen Zivilgerichtsbarkeit. Das FGG enthält in den Vorschriften der §§ 1 bis 34 eine eigene Verfahrensordnung, die sich von der des Erkenntnisverfahrens der ZPO grundlegend unterscheidet. Welche Rechtsgebiete im Verfahren der fG zu behandeln sind, bestimmt der Gesetzgeber durch Zuweisung.

a) Die Frage, ob die dem Verfahren der fG unterstellten und zugewiesenen Rechtsgebiete in den Anwendungsbereich des Art. 6 Abs. 1 EK fallen, läßt sich nicht einheitlich beantworten. Der ursprüngliche, „traditionelle" Bereich der fG umfaßt die Vormundschafts-, Nachlaß-, Grundbuch- und Registersachen sowie die Urkundstätigkeit[89]. Für diesen Bereich ist anerkannt, daß hier von den Gerichten der fG verwaltende Aufgaben wahrgenommen werden, Fürsorgetätigkeit ausgeübt und nicht über zivilrechtliche Ansprüche der Beteiligten entschieden wird[90]. Auf diese „klassischen" Rechtsgebiete der fG ist Art. 6 Abs. 1 EK mithin nicht anwendbar.

b) Dem Verfahren der fG sind jedoch im Laufe der Zeit vom Gesetzgeber eine Vielzahl von Rechtsmaterien unterschiedlichen Charakters zugewiesen worden[91]. Angesichts dieser Tatsache läßt sich erklären, daß es eine allgemein anerkannte oder auch nur herrschende Meinung über das Wesen der fG als Gesamtbegriff nicht gibt[92]. Dabei ist es vor allem ein Komplex von Angelegenheiten, der sich seinem Wesen nach nicht in das Verfahren der fG einordnen läßt. Gemeint sind die „echten Streitsachen".

Die Zuweisung von Angelegenheiten an die fG durch den Gesetzgeber bestimmt sich nach Zweckmäßigkeitserwägungen[93]. Das Verfahren der fG gibt dem Richter weitgehend die Möglichkeit, seine Entscheidung zu treffen, ohne an die den Zivilprozeß beherrschenden Maximen (wie etwa die Prinzipien der Mündlichkeit und Öffentlichkeit) gebunden zu sein[94]. Aus diesen Gründen hat der Gesetzgeber in zunehmendem Maße der fG Streitsachen zugewiesen, die entweder früher im Zivilprozeß entschieden wurden oder doch im Zivilprozeß entschieden werden könnten. Unter dem Begriff der „echten Streitsachen" im Bereich der fG werden dabei solche Angelegenheiten ver-

[89] Baur, Der gegenwärtige Stand, S. 52; Bosch, S. 35.

[90] Habscheid, Streitverfahren, S. 689; Münzel, S. 372; h. M.

[91] Vgl. die Übersicht bei Keidel, § 1, RZ 37 ff. Die Tendenz des Gesetzgebers seit 1900, immer mehr Angelegenheiten der fG zuzuweisen, zeigt vor allem Münzel, S. 360 ff., eingehend auf. Vgl. auch Bärmann, S. 387 ff.

[92] Ein Überlick über die zahlreichen Versuche zur Begriffsbestimmung der fG bei Bärmann, S. 378.

[93] BGHZ 6, 254; Bärmann, S. 418; Münzel, S. 385.

[94] Zu den wesentlichen Unterschieden zwischen beiden Verfahrensarten vgl. Bosch, S. 42.

standen, in denen sich, wie im Zivilprozeß, Parteien gegenüberstehen, die um das Bestehen oder Nichtbestehen subjektiver privatrechtlicher Ansprüche streiten[95] und das Gericht mithin über „zivilrechtliche Ansprüche und Verpflichtungen[96]" i. S. des Art. 6 Abs. 1 EK entscheidet.

So ist etwa das der fG zugewiesene Rückerstattungsverfahren[97] ein „echtes Streitverfahren[98]". Seinem Wesen nach gehört es zum Zivilprozeß[99]. Das Gericht der fG entscheidet hier über den Antrag eines Berechtigten, der einen zivilrechtlichen Anspruch auf Rückerstattung gegen einen privaten Gegner geltend macht[100]. Das Hausratsverfahren nach der 6. DVO zum EheG ist gleichfalls ein „echtes Streitverfahren[101]", ebenso das Umstellungsverfahren nach § 6 der 40. DVO zum UmstG[102] und das Verfahren nach dem VertragshilfeG (VHG)[103]. In allen diesen Verfahren[104] entscheidet das Gericht der fG über „zivilrechtliche Ansprüche und Verpflichtungen" der Beteiligten.

c) Abschließend kann daher gesagt werden: Soweit das Gericht im Bereich der fG über „echte Streitsachen" entscheidet, ist in diesen Verfahren Art. 6 Abs. 1 EK anwendbar[105].

---

[95] Habscheid, Schiedsverfahren, S. 193; ders. in: Streitverfahren, S. 691; Keidel, § 12, RZ 109; s. a. Bärmann, S. 240: „... Echtes Streitverfahren in FG-Sachen ist Rechtsstreit um subjektive Privatrechte beliebiger Art, sei es um Feststellung oder Gestaltung ..."

[96] Vgl. hierzu die eingehenden rechtsdogmatischen Erörterungen bei Habscheid, Streitgegenstand, S. 87 ff. und S. 302 ff. Schlegelberger, § 1, RZ 4: „... (Die Ansicht), die streitige Rechtspflege beziehe sich auf die Feststellung und Verwirklichung bestrittener, die fG auf die Sicherung unbestrittener Rechte, trifft ... für das geltende Recht nicht zu ..."

[97] Das Verfahren vor den Wiedergutmachungskammern nach Art. 59 Abs. 2 des RückerstattungsG für die britische Zone (GNr 59, VOBl. BriZ 152) und nach Art. 67 des RückerstattungsG für die amerikanische Zone (GNr 59 vom 10. 11. 1947, Bay BS III, 218), jetzt für den Bereich der britischen und amerikanischen Zone geregelt im BundesrückerstattungsG vom 15. Juli 1957, BGBl. I, 734.

[98] Lent, Zivilprozeß und fG, S. 278; Münzel, S. 378; Bärmann, S. 389; Keidel, § 12, RZ 110, lit. p).

[99] Lent, Zivilprozeß und fG, S. 278.

[100] Lent, ebenda.

[101] BGHZ 18, 143 = JZ 1955, 706; Keidel, § 12, RZ 110.

[102] BGH in LM Nr. 2 zu § 6 der 40. DVO; Keidel, a. a. O., RZ 110, lit. o).

[103] BGH in WM, Teil IV B 1957, 439; Keidel, a. a. O., RZ 110, lit. r).

[104] Die hier aufgeführten Verfahren sind nur Beispiele. Eine Zusammenstellung sämtlicher „echter Streitsachen" im Bereich der fG bei Keidel, § 12, RZ 110.

[105] So im Ergebnis auch Echterhölter, Praxis, S. 145: „... (Art. 6 EK) bezieht sich auf die streitentscheidende Zivilgerichtsbarkeit, gleichgültig, in welcher Verfahrensordnung sie tätig wird ..."; a. A. Herzog, Freiheit, S. 213, FN 78, und Hodler, Diss. S. 93.

3. Das Konkursverfahren

Die Konkursordnung (KO) regelt das Verfahren, in welchem vermögensrechtliche Gläubiger eines Schuldners in ihrer Gesamtheit durch Vollstreckung in das Schuldnervermögen Befriedigung ihrer Ansprüche suchen[106]. Das KO-Verfahren läßt sich weder in den Zivilprozeß noch in das Verfahren der fG einordnen. Es ist vielmehr ein selbständig geregeltes Verfahren. Grundsätzlich herrscht im KO-Verfahren das Prinzip der konkursrechtlichen Selbstverwaltung[107]: Die KO überträgt die Abwicklung des Konkurses keiner Behörde, auch nicht dem Gericht, sondern überläßt die Durchführung des Konkurses, also die Verwertung, Verwaltung und Verteilung der Masse, dem Konkursverwalter.

Demgegenüber sind dem Konkursgericht nur in beschränktem Maße Aufgaben übertragen. So beschließt das Konkursgericht die Eröffnung und die Aufhebung des Verfahrens. Es beruft und leitet die Gläubigerversammlung, setzt den Gläubigerausschuß ein und führt die Aufsicht über die Tätigkeit des Konkursverwalters. Im Rahmen dieser Aufgaben ist das Konkursgericht nicht „Entscheidungsbehörde". Es trifft keine (streitentscheidenden) Feststellungen über Bestehen oder Nichtbestehen zivilrechtlicher Ansprüche i. S. des Art. 6 Abs. 1 EK.

Etwas anderes könnte jedoch für das sog. Feststellungsverfahren (§§ 138 ff. KO) gelten. In diesem Verfahren werden die Forderungen der Konkursgläubiger vom Gericht „festgestellt". Hierzu bedarf es der Anmeldung der Forderungen durch die Gläubiger (§ 138 KO). Die Anmeldung erfolgt beim Konkursgericht (§ 139 Satz 2 KO). In einem gerichtlichen Prüfungstermin werden die angemeldeten Forderungen einzeln erörtert (§ 141 KO). Forderungen, gegen die kein Widerspruch — weder vom Konkursverwalter noch von den Gläubigern — erhoben wird, gelten als festgestellt (§ 144 Abs. 1 KO). Das Gericht hat das Ergebnis in die Konkurstabelle einzutragen (§ 145 Abs. 1 KO). Die Eintragung hat die Wirkung eines rechtskräftigen Urteils gegenüber allen Konkursgläubigern (§ 145 Abs. 2 KO).

Im Feststellungsverfahren entscheidet das Konkursgericht jedoch nicht über einen materiellen zivilrechtlichen Anspruch. Die Eintragung der festgestellten Forderung in die Konkurstabelle hat nur die *Wirkung* eines rechtskräftigen Urteils. Dem Konkursgericht ist keine Entscheidungsbefugnis über die Berechtigung der einzelnen Konkursforderungen eingeräumt[108]. Die Funktion des Konkursgerichts ist hier im wesentlichen nur „registrierend[109]", beurkundend. Der Gesetzgeber hat diese Beurkundung (Protokollierung) des Prüfungsergebnisses aus

---

[106] Lent, Zwangsvollstreckung, § 38, Anm. I.
[107] Mentzel-Kuhn, Vorbem., Anm. 3.
[108] Schönke-Baur, § 55, Anm. A.
[109] Schönke-Baur, ebenda.

Gründen der Rechtssicherheit und Rechtsfürsorge dem Gericht als einer unabhängigen Behörde anvertraut.

Das Feststellungsverfahren nach der KO ist von dem Feststellungsprozeß zu unterscheiden. Wird die Forderung eines Gläubigers vom Konkursverwalter oder einem anderen Gläubiger bestritten, so muß der Gläubiger, will er am Konkursverfahren teilnehmen, *außerhalb* des Konkursverfahrens Klage auf Feststellung seines Anspruchs vor dem Gericht der ordentlichen streitigen Zivilgerichtsbarkeit erheben. In diesem Prozeß, der den Regeln des Erkenntnisverfahrens der ZPO untersteht, wird dann über den behaupteten zivilrechtlichen Anspruch des Gläubigers durch Urteil entschieden[110].

Das Konkursgericht trifft mithin im Konkursverfahren keine Feststellungen und Entscheidungen über „zivilrechtliche Ansprüche und Verpflichtungen" i. S. des Art. 6 Abs. 1 EK. Im Konkursverfahren gilt daher die Konventionsnorm nicht.

II. Das Verfahren der Arbeitsgerichtsbarkeit

Das Arbeitsgerichtsgesetz (ArbGG) kennt zwei verschiedene Verfahrensarten: Das Urteils- und das Beschlußverfahren.

1. Soweit die Arbeitsgerichte im Urteilsverfahren tätig werden (§§ 46ff. ArbGG), handelt es sich um streitige Zivilgerichtsbarkeit[111]. Nach § 46 Abs. 1 ArbGG findet das Urteilsverfahren in den in § 2 Abs. 1 Nr. 1 bis 3 und in § 3 ArbGG bezeichneten „bürgerlichen Rechtsstreitigkeiten" statt. Im Urteilsverfahren nach dem ArbGG geht es, wie im Erkenntnisverfahren der ZPO, um die streitentscheidende richterliche Feststellung „zivilrechtlicher Ansprüche und Verpflichtungen", und zwar hier auf dem besonderen Gebiet des Arbeitsrechts. In § 46 Abs. 2 ArbGG ist daher auch die entsprechende Anwendung der Vorschriften der ZPO vorgesehen, soweit das ArbGG selbst nicht etwas anderes bestimmt.

Entscheidet das Arbeitsgericht im Rahmen seiner sachlichen Zuständigkeit (§ 2 Abs. 1 Nr. 1 bis 3, § 3 ArbGG) im Urteilsverfahren (§§ 46ff. ArbGG) über „bürgerliche Rechtsstreitigkeiten", so ist Art. 6 Abs. 1 EK anwendbar.

2. Im Beschlußverfahren (§§ 80ff. ArbGG) entscheiden die Arbeitsgerichte über betriebsverfassungsrechtliche Streitigkeiten[112] und über die Tariffähigkeit von Vereinigungen[113]. Über die Rechtsnatur des

---

[110] Auch die Auseinandersetzung über die Aussonderung von Gegenständen der Konkursmasse (§ 43 KO) sowie die abgesonderte Befriedigung (§ 47 KO) erfolgen außerhalb des Konkursverfahrens.

[111] Hueck-Nipperdey, § 91, Anm. II, 1 mit Literaturhinweisen; h. M.

[112] Vgl. § 80 Abs. 1 i. V. m. § 2 Abs. 1 Nr. 4 ArbGG.

[113] Vgl. § 97 Abs. 1 i. V. m. § 2 Abs. 1 Nr. 5 ArbGG. Außerdem entscheiden im Beschlußverfahren der Vorsitzende des Arbeitsgerichts über die

Beschlußverfahrens herrscht im Schrifttum seit längerem Streit[114]. Einigkeit besteht lediglich darüber, daß das Beschlußverfahren kein Verfahren der Verwaltung, sondern ein Verfahren der Rechtsprechung ist[115]. Ob das Beschlußverfahren seinem Wesen nach ein Teil der Zivil-, Verwaltungs- oder gar der freiwilligen Gerichtsbarkeit ist, kann hier dahingestellt bleiben. Denn jedenfalls ist sein Zweck nicht auf die Feststellung von bürgerlichrechtlichen Rechten und Rechtsverhältnissen gerichtet[116]. Nach einer Entscheidung des Bundesarbeitsgerichts[117] „darf nicht verkannt werden, daß das Beschlußverfahren nicht die Geltendmachung eines bürgerlich-rechtlichen Anspruchs zum Gegenstand hat, sondern im wesentlichen die betriebsverfassungsrechtliche Ordnung im weitesten Sinne im Streitfall durch gerichtliche Entscheidung sicherstellen soll[118]".

Es kann daher festgestellt werden: Soweit die Arbeitsgerichte im Urteilsverfahren nach dem ArbGG über bürgerliche Rechtsstreitigkeiten entscheiden, ist Art. 6 Abs. 1 EK anwendbar. Im Beschlußverfahren des ArbGG gilt Art. 6 Abs. 1 EK hingegen nicht.

III. Das Verfahren der Verwaltungsgerichtsbarkeit

1. Das Verwaltungsstreitverfahren

a) Ist die Feststellung „zivilrechtlicher Ansprüche und Verpflichtungen" Aufgabe der Gerichte der streitigen Zivilgerichtsbarkeit, so entscheiden die Verwaltungsgerichte im Verwaltungsstreitverfahren nach der VwGO über „öffentlichrechtliche Rechtsstreitigkeiten[119]", über „öffentlichrechtliche Ansprüche und Verpflichtungen". Da Art. 6 Abs. 1 EK in dem bislang dargelegten Sinne nur in solchen Verfahren Anwendung findet, in denen über „zivilrechtliche Ansprüche und Verpflichtungen" entschieden wird, wäre seine Geltung im Verwaltungsstreitverfahren ausgeschlossen.

Diese allem Anschein nach zwingende Folgerung ist jedoch nicht unwidersprochen geblieben. Die Erörterung der Frage, ob Art. 6 Abs. 1 EK im Verwaltungsstreitverfahren anwendbar sei oder nicht, nimmt

---

in § 2 Abs. 2 ArbGG und der Präsident des Arbeitsgerichts über die in § 2 Abs. 3 ArbGG genannten Angelegenheiten des BetriebsverfassungsG, vgl. §§ 98 bis 100 ArbGG.

[114] Hierzu im einzelnen Hueck-Nipperdey, § 91, S. 805 ff.

[115] König, ArbR-Blattei, VII A 3; Pohle, S. 175.

[116] König, ebenda.

[117] BAG in BB 1955, 65 lSp.; vgl. auch Gros, ArbR-Blattei, II 2.

[118] Vgl. auch Maus, § 80, Anm. I, 1. „... Streitgegenstand des Beschlußverfahrens ist im Grunde allein die gesetzmäßige Durchführung der Betriebsverfassung, d. h. die betriebsverfassungsrechtliche Beziehung der Organe der Betriebsverfassung zueinander ..."

[119] Eduard Kern, GV-Recht, § 36, Anm. A, I.

seit längerem in Schrifttum und Rechtsprechung einen breiten Raum ein. In der Tat ist die Entscheidung dieser Frage von erheblicher praktischer Bedeutung. Wäre nämlich Art. 6 Abs. 1 EK auch im Verwaltungsstreitverfahren anwendbar, so müßten etwa die in diesem Verfahren ergehenden Urteile, entgegen der in § 116 Abs. 2 VwGO getroffenen Regelung, öffentlich verkündet werden (Art. 6 Abs. 1 Satz 2 EK). Eine Änderung der VwGO wäre unumgänglich.

Vor einer eigenen Stellungnahme zu der hier vorgetragenen Streitfrage erscheint es erforderlich, die im Schrifttum herrschenden Ansichten und den von der Rechtsprechung vertretenen Standpunkt kurz darzustellen.

aa) Ein Teil des Schrifttums hält Art. 6 Abs. 1 EK auch im Verwaltungsstreitverfahren für anwendbar. So vertritt Guradze[120] die Auffassung, Art. 6 EK beziehe sich nicht nur auf das Strafverfahren und auf Zivilprozesse. Man werde vielmehr Art. 6 EK auf die gesamte rechtsprechende Gewalt i. S. des Art. 92 GG — also auch auf das Verfahren der Verwaltungsgerichtsbarkeit — ausdehnen müssen. Gegenüber der kurzen Vorschrift des Art. 103 Abs. 1 GG, daß vor Gericht jedermann Anspruch auf rechtliches Gehör habe, enthalte Art. 6 EK ausführliche Bestimmungen darüber, wie dieses rechtliche Gehör beschaffen sein müsse. Infolgedessen sei Art. 6 EK auf alle Gerichtsverfahren anwendbar, in denen Art. 103 Abs. 1 GG gelte. Auch Maunz-Dürig[121] sind der Meinung, die in Art. 6 EK festgelegten Grundsätze seien in sämtlichen gerichtlichen Verfahren, insbesondere auch im Verfahren der Verwaltungsgerichtsbarkeit, zumindest entsprechend anwendbar. Zwar sei in Art. 6 EK nur von der Straf- und Zivilgerichtsbarkeit die Rede. Diese Beschränkung beruhe jedoch darauf, daß das englische und französische Recht eine dem deutschen Recht vergleichbare Verwaltungsgerichtsbarkeit nicht kenne. Wiebringhaus[122] scheint gelichfalls der Ansicht zu sein, daß Art. 6 EK auf das Verfahren der Verwaltungsgerichtsbarkeit anzuwenden sei. Die MRKomm. habe in verschiedenen Entscheidungen, so meint Wiebringhaus, die Anwendbarkeit des Art. 6 Abs. 1 EK auf das Verfahren der Verwaltungsgerichtsbarkeit indirekt anerkannt.

Demgegenüber lehnen Echterhölter, Hodler, Herzog, Morvay, Schwarz-Kleinknecht und vor allem Geck die Anwendbarkeit des Art. 6 Abs. 1 EK auf das Verfahren der Verwaltungsgerichtsbarkeit ab. Während Echterhölter[123] dabei die Frage der analogen Anwendung des Art. 6 Abs. 1 EK auf das Verwaltungsstreitverfahren offen läßt, hält Morvay[124] die Anwendbarkeit des Art. 6 Abs. 1 EK auf andere

---

[120] Guradze, Menschenrechte, S. 196.
[121] Maunz-Dürig, Art. 1 Abs. 2 GG, RZ 67.
[122] Wiebringhaus, Art. 6 EK, Anm. II A und Anm. III B.
[123] Echterhölter, Praxis, S. 145.
[124] Morvay, S. 333 ff.

Verfahren als die der Zivil- und Strafjustiz generell für ausgeschlossen. Seiner Meinung nach ist die Geltung des Art. 6 EK nach dem Prinzip der restriktiven Interpretation völkerrechtlicher Verpflichtungen auf strafrechtliche Anklagen und zivilrechtliche Ansprüche zu beschränken. Es sei auch nicht möglich, Art. 6 EK auf die deutsche Verwaltungsgerichtsbarkeit, nicht jedoch auf die mit ihr nicht zu vergleichende britische und französische anzuwenden. Die Konvention erlege als völkerrechtlicher Vertrag den Staaten im Zweifel gleiche Verpflichtungen auf[125].

Herzog[126], Hodler[127] und Schwarz-Kleinknecht[128] lehnen die Anwendbarkeit des Art. 6 EK auf das Verfahren der Verwaltungsgerichtsbarkeit ohne nähere Begründung ab.

Ausführlich befaßt sich Geck[129] mit der vorliegenden Streitfrage. Auch er ist der Ansicht, daß die Verpflichtungen, die ein völkerrechtliches multilaterales Abkommen den Mitgliedstaaten auferlege, restriktiv zu interpretieren seien. Vor allem aber sei in verschiedenen Mitgliedstaaten der Konvention der Unterschied zwischen zivilrechtlichen und öffentlich-rechtlichen Ansprüchen und Verpflichtungen bekannt gewesen, so etwa in Frankreich, aber auch — zumindest in der Praxis — in Großbritannien. Hätten die Vertragsstaaten Art. 6 EK auch auf das Verfahren vor den Verwaltungsgerichten erstrecken wollen, so hätte dies besonders erwähnt werden müssen.

Die Rechtsprechung kommt in verschiedenen Entscheidungen einheitlich zu der Auffassung, daß Art. 6 EK im Verwaltungsstreitverfahren nicht anwendbar sei. Anlaß zu dieser Stellungnahme war die Frage, ob die im Verwaltungsstreitverfahren ergehenden Urteile auf Grund des Art. 6 Abs. 1 Satz 2 EK nunmehr in öffentlicher Sitzung zu verkünden seien. Mit eingehender Begründung hat das OVG Münster[130] die Geltung des Art. 6 EK im Verwaltungsstreitverfahren verneint. Über „zivilrechtliche Ansprüche und Verpflichtungen“ sowie über die „Stichhaltigkeit strafrechtlicher Anklagen“ seien nach feststehendem deutschen Sprachgebrauch die Zivil- und Strafgerichte, nicht aber die Verwaltungsgerichte zur Entscheidung berufen. Auch der französische und der englische Text ließen eine andere Auslegung nicht zu. In einigen vertragsschließenden Staaten habe es eine Staats- und Verwaltungsgerichtsbarkeit gegeben. Es hätte demnach die Möglichkeit bestanden und nahegelegen, auch die Entscheidungen solcher Gerichte in Art. 6 EK einzubeziehen. Da dies nicht geschehen sei, könne daraus

---

[125] Morvay, S. 335.

[126] Herzog, Freiheit, S. 213, FN 78.

[127] Hodler, Diss. S. 93.

[128] Schwarz-Kleinknecht, EK, Art. 6, Anm. 1.

[129] Geck, Anmerkung, S. 526.

[130] OVG Münster, Bescheid vom 24. Juni 1955, DVBl. 1956, 524, und Urt. vom 25. Nov. 1955, NJW 1956, 1374, 1375.

geschlossen werden, daß man Art. 6 EK nicht auf das Verfahren vor den Verwaltungsgerichten habe ausdehnen wollen. Für diese Auslegung spreche auch Art. 13 EK. Die dort vorgesehene „nationale Instanz" zur Entscheidung von Beschwerden gegen die Verletzung von Konventionsrechten brauche noch nicht einmal ein Gericht zu sein. Demgegenüber sei der Rechtsschutz innerhalb der BRD für die durch die Konvention geschützten „völkerrechtlichen" Grundrechte sehr viel umfassender, da jedermann bei den Verwaltungsgerichten eine gerichtliche Entscheidung beantragen könne. Dafür das Bundesverfassungsgericht und die Verwaltungsgerichte auch noch den erschwerenden Verfahrensvorschriften des Art. 6 EK zu unterwerfen, hätten offensichtlich die vertragsschließenden Staaten keine Veranlassung gegeben.

Das Bundesverwaltungsgericht[131] hat in seinen bisher ergangenen Entscheidungen gleichfalls die Geltung des Art. 6 EK im Verwaltungsstreitverfahren verneint, und zwar mit der Begründung, Art. 6 EK beziehe sich nur auf zivilrechtliche Ansprüche (und Verpflichtungen) sowie auf strafrechtliche Anklagen, was sich insbesondere aus dem französischen Text ergebe[132].

bb) Der hier vorgetragene Meinungsstreit berührt in besonderem Maße die Frage der Interpretation völkerrechtlicher multilateraler Verträge. Die Konvention ist ein völkerrechtlicher Vertrag und unterliegt daher den für einen solchen Vertrag geltenden Auslegungsregeln[133].

Den wahren Willen der Parteien zu erforschen, ist der leitende Grundsatz einer Vertragsauslegung[134]. Einen Vertrag auslegen heißt, seinen Sinn näher bestimmen. Dieser Sinn ist in den Worten des Vertrages, in seinem Text enthalten[135].

Zur Auslegung der Konvention können nur der englische und französische Text herangezogen werden. Der im Bundesgesetzblatt mitverkündete deutsche Text ist nicht maßgebend[136], d. h. er kann nicht als Grundlage einer Auslegung dienen[137].

---

131 BVerwG, Beschl. vom 16. Sep. 1957, MdR 1957, 697; Beschl. vom 13. Jan. 1958, MdR 1958, 446; unveröff. Beschl. vom 13. Dez. 1957 — VI C 270/57 —, zit. bei Morvay, S. 334, FN 172.

132 BVerwG, MdR 1957, 697.

133 Herzog, Freiheit, S. 196.

134 Verdross, S. 114.

135 Bülck, S. 547.

136 Herzog, Freiheit, S. 197. Vgl. BT-Drucks. Nr. 3338, S. 3: „... Nach Art. 12 der Satzung des Europarates sind die Amtssprachen des Europarates Englisch und Französisch. Es kann also auf Grund dieser positiv-rechtlichen Bestimmung ... kein Zweifel daran bestehen, daß im Zweifelsfall deutsche Behörden und Gerichte nach dem englischen und französischen Text zu verfahren haben ..."

137 Vgl. aber BT-Drucks., a. a. O.: „... Der Ausschuß ist jedoch in Übereinstimmung mit der Praxis des internationalen Privatrechts zu der Auf-

Ziel der Auslegung ist es, den Sinn der Begriffe „civil rights and obligations" („droits et obligations de caractère civil") näher zu bestimmen. In den bislang behandelten Fällen wurden diese Begriffe schon insoweit ausgelegt, als jedenfalls in den Verfahren, in denen über „bürgerlichrechtliche Ansprüche und Verpflichtungen" entschieden wird, Art. 6 Abs. 1 EK unmittelbar anzuwenden ist. Die deutsche Übersetzung schließt Streitigkeiten über öffentlichrechtliche Ansprüche und Verpflichtungen, über die nach deutschem Recht im Verwaltungsgerichtsverfahren entschieden wird, nicht ein. Es fragt sich, ob die deutsche Übersetzung, d. h. die hierdurch vom deutschen Gesetzgeber implicite vorgenommene Auslegung des Art. 6 Abs. 1 EK, nicht zu eng ist.

Der Inhalt von Begriffen mehrsprachiger authentischer Vertragstexte läßt sich nur im Zusammenhang mit den nationalen Rechtssystemen ermitteln, aus denen diese Begriffe stammen. Wie oben dargelegt[138], gehen die Vorstellungen darüber, ob es im englischen und französischen Recht eine dem deutschen Recht vergleichbare Verwaltungsgerichtsbarkeit gebe, in der von Verwaltungsgerichten über „öffentlichrechtliche Ansprüche und Verpflichtungen" entschieden wird, auseinander. Dies bedarf einer Klärung.

Nach französischem Recht sind zur Entscheidung streitiger Verwaltungssachen besondere Verwaltungsgerichte berufen[139]. Zivilprozeß und Verwaltungsstreitverfahren sind streng getrennt[140]. Im Verwaltungsstreitverfahren wird über „öffentlichrechtliche Ansprüche und Verpflichtungen" entschieden[141]. Als Kriterium für die Zuordnung einer Streitigkeit zum öffentlichen Recht dient der Begriff des „service public": Alle Handlungen, die von öffentlichrechtlichen Trägern (organisme public) zur Wahrnehmung öffentlichrechtlicher Aufgaben vorgenommen werden, sind einem vom Privatrecht verschiedenen Recht, nämlich dem öffentlichen Recht unterstellt und fallen somit in den Bereich der verwaltungsgerichtlichen Kontrolle[142].

---

fassung gekommen, daß der hilfsweise zu benutzende deutsche Text auch in der Begriffssprache des deutschen Rechts zu lesen ist ..."

138 Siehe oben S. 24 f.

139 LEDERER, S. 450.

140 LEDERER, ebenda; JÜRGEL, S. 191.

141 LEDERER, S. 452 ff.; MARTIN, DÖV 1954, 516 lSp.: „... Die Aufgabe der Verwaltungsgerichtsbarkeit in Frankreich besteht darin, in Streitigkeiten zu entscheiden, in welchen der Staat oder die öffentliche Gewalt Partei sind ..."

142 LEDERER, ebenda. Diese klare und strenge Trennung zwischen privatem und öffentlichem Recht durch den Begriff des „service public" besteht — trotz mancher Wandlungen — grundsätzlich auch noch im heutigen modernen französischen Verwaltungsrecht, vgl. LEDERER, ebenda, und THEIS, AöR 77, 1 ff.

In England ist die Lage insofern eine andere, als — zumindest in der Theorie — die Lehre Dicey's[143] von der „Rule of Law" auch heute noch weitgehend anerkannt ist[144]. Nach dieser Lehre, der „klassischen Theorie", gibt es in England kein Verwaltungsrechtssystem, weil das englische Rechtsdenken den Staat, den Träger der öffentlichen Gewalt, als eigene selbständige Größe und unabhängigen Verwaltungsapparat nicht kennt[145]. Das Parlament ist als Legislativorgan zugleich für die Verwaltung allein zuständig[146]. Das Parlament als Träger der Verwaltung unter ein besonderes rechtliches Normensystem zu stellen, bestand nach englischer Auffassung kein Anlaß. Da das Parlament als Träger der Verwaltung zugleich Organ der Legislative ist und ein eigenständiger Verwaltungsapparat, gegen dessen Willkür es sich wehren müßte, fehlt, bedarf es auch — nach der „klassischen Theorie" — keiner Kontrolle des Staates durch eine Verwaltungsgerichtsbarkeit[147].

Die heute in England geübte Praxis steht jedoch zu der „klassischen Theorie" seit langem schon in offenem Widerspruch. Je mehr nämlich die englische bürgerliche Gesellschaft vom Staat Leistungen, insbesondere Leistungen sozialer Art forderte, desto mehr Verwaltungseinrichtungen mußten geschaffen werden. Das Parlament wurde bei der fast unübersehbaren Fülle neuer Aufgaben gezwungen, Befugnisse, die bisher nur ihm allein zustanden, an die Bürokratie der Ministerien abzutreten. Das Parlament übertrug daher einen Teil seiner Gesetzgebungskompetenz den Ministerien als den obersten Zentralstellen der Verwaltung. Es beschränkt sich heute in vielen Bereichen auf den Erlaß von Rahmengesetzen und überläßt es den Ministerien, diese durch Verwaltungsverordnungen auszufüllen[148]. Die Verwaltungsstellen der Ministerien setzen also Verwaltungsrecht, „administrative law", ein Begriff, der im englischen Rechtsdenken immer mehr an Bedeutung gewinnt[149].

Für das neuentstehende und neuentstandene englische Verwaltungsrecht ist der Unterschied zwischen öffentlichem und privatem Recht kennzeichnend[150]. Zugleich mit dem neuen Verwaltungsrecht ist eine neue Verwaltungsgerichtsbarkeit entstanden. Sie wird ausgeübt von den „administrative tribunals[151]", die von den Ministerien, den Zentralverwaltungsbehörden, eingesetzt werden. Die Tätigkeit dieser Ge-

[143] In: Dicey, A. V.: „Introduction of the Study of the Law of the Constitution", 9. Aufl., London 1952.

[144] Höhn, S. 46.

[145] Im einzelnen Höhn, S. 35 ff.; Robson, S. 28 f.

[146] Höhn, S. 33.

[147] Höhn, S. 39; Aris, S. 370 ff.

[148] Höhn, S. 47; Aris, S. 381.

[149] Vgl. die grundlegenden Werke von Robson „Justice and Administrative Law" und Wade „Administrative Law".

[150] Höhn, S. 54; Aris, S. 388.

[151] Robson, S. 89 ff.; Aris, S. 381 ff.

richte kann daher auch als „Ministerialgerichtsbarkeit" bezeichnet werden[152]. Die „administrative tribunals" („special tribunals[153]") entscheiden über Streitigkeiten zwischen dem Einzelnen und der Verwaltung, die das „öffentliche Interesse" vertritt, auf dem weiten, neugeschaffenen Gebiet des englischen Verwaltungsrechts[154]. Ihre Rechtsprechungstätigkeit ist wesentlich verschieden von der der „courts of law", den Gerichten der ordentlichen Gerichtsbarkeit, die über Streitigkeiten zwischen Gleichgestellten („between man and man") entscheiden.

Es zeigt sich somit, daß sowohl in Frankreich als auch in England zwischen „privatrechtlichen" und „öffentlichrechtlichen Streitigkeiten" und zwischen ordentlicher und Verwaltungsgerichtsbarkeit — zumindest in der Praxis, wie das Beispiel Großbritanniens zeigt — unterschieden wird. Es kann daher der Ansicht des OVG Münster und der Auffassung von Geck darin zugestimmt werden, daß, hätten die vertragsschließenden Staaten die Garantien des Art. 6 Abs. 1 EK auch auf das Verfahren über „öffentlichrechtliche Streitigkeiten" vor den Verwaltungsgerichten erstrecken wollen, dies einer besonderen Erwähnung bedurft hätte.

Daraus, daß dies nicht geschah, kann geschlossen werden, daß man Art. 6 EK nicht auf das Verfahren der Verwaltungsgerichtsbarkeit hat ausdehnen wollen. Dies erscheint verständlich, wenn man folgendes bedenkt: Das Verfahren vor den französischen Verwaltungsgerichten (dem Conseil d'Etat und dem Conseil de préfecture) kennt keine mündliche Verhandlung[155]. Die Verwaltungsrichter besitzen keine persönliche Unabhängigkeit[156]. Die Verhandlung vor den „administrative tribunals" ist weder öffentlich noch mündlich[157]. Die Unabhängigkeit ihrer Richter ist nicht garantiert[158]. Diese Verfahren vor den Verwaltungsgerichten den Grundsätzen des Art. 6 Abs. 1 EK zu unterstellen und anzupassen, dazu hätte es einer einschneidenden Änderung der Struktur dieser Verfahren bedurft. Hierfür sahen die vertragsschließenden Staaten offenbar keine Veranlassung.

Gegen eine Ausdehnung des Art. 6 Abs. 1 EK auf das Verwaltungsstreitverfahren spricht auch die Entstehungsgeschichte dieser Konventionsbestimmung. Art. 6 Abs. 1 EK geht in seiner Fassung weitgehend auf Art. 10 der UN-Decl. zurück. Dort heißt es: „Everyone is entitled in full equality to a fair and public hearing by an independent and

---

[152] Höhn, S. 55.

[153] Wade, S. 197.

[154] Eine Aufzählung der verschiedenen „administrative tribunals" und ihrer zahlreichen Aufgaben bei Robson, S. 89 bis 313; vgl. auch Aris, S. 381 ff.

[155] Landron, DVBl. 1954, 105, 107 f.; Martin, DÖV 1954, 513, 517.

[156] Landron, ebenda; Martin, ebenda.

[157] Robson, S. 573 und 586.

[158] Robson, S. 585 f.; Aris, S. 398.

impartial tribunal, in the determination of his *rights and obligations* and of any criminal charge against him." Der Vergleich mit Art. 6 Abs. 1 EK zeigt einmal, daß die Konventionsbestimmung Inhalt und Umfang der einzelnen Garantien eingehender und präziser faßt als Art. 10 der UN-Decl. Stellt die Deklaration nach herrschender Auffassung lediglich eine Empfehlung an die Staaten der Welt ohne rechtsverbindlichen Charakter dar, so sollte die Konvention durch ein System der kollektiven Garantie die Staaten zwingen, die Menschenrechte zu achten[159]. Die programmatischen Formulierungen der UN-Decl. waren dabei nicht geeignet, die Grundlage für die unmittelbare Rechtsanwendung durch ein nationales Gericht zu bilden[160]. Aus diesem Grunde entschlossen sich die vertragsschließenden Staaten des Europarates nach längeren Beratungen zu einer Definition der einzelnen Rechte. In positiven Aussagen sollte bestimmt werden, was in den einzelnen Rechten eingeschlossen sei und was sie nicht enthalten sollten[161]. Dieses „förmliche" Kodifikationsverfahren stand im Gegensatz zu dem Vorschlag, daß eine bloße Aufzählung der Rechte mit einem kurzen Hinweis auf die UN-Decl. genüge[162]. Der Vergleich zwischen den „unverbindlichen" und programmatischen Rechten der UN-Decl. und den Menschenrechten der Konvention ist daher für die Auslegung der einzelnen Bestimmungen der EK von besonderem Interesse. In Art. 10 der UN-Decl. ist ganz allgemein von „rights and obligations" die Rede. Es muß davon ausgegangen werden, daß die vertragsschließenden Staaten — erinnert man sich des erwähnten „förmlichen" Verfahrens bei der Schaffung der Konvention — die in Art. 6 Abs. 1 EK gewährten Garantien im Gegensatz zu Art. 10 der UN-Decl. eben nicht auf alle Verfahren erstrecken wollten, sondern nur auf solche, in denen über „*civil* rights and obligations" („droits et obligations *de caractère civil*") entschieden wird. Die Beschränkung auf diese Verfahren kann nicht ohne besondere Absicht erfolgt sein. Andernfalls hätte man Wortlaut und Fassung des Art. 10 der UN-Decl. übernommen[163].

---

[159] Weiss, S. 3.

[160] Partsch, Entstehung, S. 644.

[161] Weiss, S. 11 lSp.

[162] Weiss, ebenda.

[163] Zum selben Ergebnis gelangt auch Velu, S. 170f. Er beschließt dort seine ausführliche Abhandlung über die hier behandelte Frage mit der folgenden Zusammenfassung: „Les règles de la publicité des audiences et des jugements énoncées par cet article, n'auraient pas à s'appliquer dans les nombreux cas où les juridictions administratives ne sont pas appelées à juger essentiellement du bien-fondé soit d'une action portant sur des droits et obligations à caractère civil (au sens restreint), soit d'une accusation en matière pénale." Dies kann nichts anderes bedeuten, als daß die Konventionsbestimmung des Art. 6 Abs. 1 EK in keinem Falle im Verwaltungsstreitverfahren anwendbar ist. Mit gleicher Entschiedenheit lehnt auch

Der Ansicht von Wiebringhaus[164], die MRKomm. habe in verschiedenen Fällen die Anwendbarkeit des Art. 6 Abs. 1 EK auf das Verwaltungsstreitverfahren indirekt anerkannt, kann nicht gefolgt werden. Die MRKomm. hat die hier behandelte Frage nicht entschieden, sie hat die Anwendbarkeit des Art. 6 Abs. 1 EK im Verfahren der Verwaltungsgerichtsbarkeit nicht anerkannt, weder ausdrücklich noch indirekt, weil die von ihr entschiedenen Beschwerden bereits aus anderen Gründen unzulässig waren[165]. Mit Recht weist Wiebringhaus an anderer Stelle darauf hin, daß es für die Anwendbarkeit des Art. 6 Abs. 1 EK entscheidend auf den materiellrechtlichen Charakter der in den einzelnen Verfahren verhandelten Ansprüche und Verpflichtungen ankomme[166]. Dies hätte die MRKomm. in ihren Entscheidungen zumindest erwägen müssen. Es erscheint daher ausgeschlossen, daß die MRKomm. die hier behandelte bedeutsame und umstrittene Frage in den genannten Beschwerdeentscheidungen auch nur mittelbar berühren wollte. In keiner dieser Entscheidungen setzt sich die MRKomm. in irgendeiner Form mit dem Wortlaut des Art. 6 Abs. 1 EK („civil rights and obligations") auseinander, was sicherlich notwendig gewesen

---

Schwelb, S. 574, mit der hier vorgetragenen Begründung die Anwendbarkeit des Art. 6 Abs. 1 EK im Verwaltungsstreitverfahren ab, wenn er schreibt: „The Universal Declaration of Human Rights provides that everyone is entitled to a fair and public hearing by an independent and impartial tribunal in the determination of his rights and obligations and of any criminal charge against him. In the course of the transformation of this provision (Art. 10 Decl.) into the law of the Convention a very substantial restriction on this fundamental tenet of the rule of law crept in. Art. 6 of the Convention provides that only in the determination of his civil rights and obligations or for any criminal charge against him is everyone entitled to a fair and public hearing."

[164] Wiebringhaus, Art. 6 EK, Anm. II A und Anm. III B.

[165] Vgl. die von Wiebringhaus, Art. 6 EK, Anm. III B zitierte Entscheidung Appl. Nr. 331/57: „... in Anbetracht dessen, daß es ... die Prüfung der Akten nicht erlaubt, den Anschein einer Verletzung ... des in Art. 6 EK definierten ... Rechts auf eine angemessene Verwaltung der Rechtspflege zu erkennen; ... daß, insoweit der BeschwerdeF die Begründetheit der Entscheidung des Verwaltungsgerichts ... anzweifelt, es ganz besonders hervorzuheben ist, daß die MRKomm. nicht dazu geschaffen ist, als übergeordnete Instanz ... über Irrtümer innerstaatlicher Gerichte zu befinden ..., daß daher in dieser Hinsicht die Beschwerde offensichtlich unbegründet ist ..."

Im übrigen darf bemerkt werden, daß die von Wiebringhaus a. a. O. zitierten Entscheidungen der MRKomm., außer der bereits zitierten die Entscheidungen Appl. Nr. 306/57 und Nr. 310/57, im „Yearbook of the European Convention on Human Rights" nicht veröffentlicht worden sind. Käme den Entscheidungen tatsächlich die von Wiebringhaus beigelegte Bedeutung zu, so hätte eine Veröffentlichung nahegelegen.

[166] Wiebringhaus, Art. 6 EK, Anm. II, A.

wäre. Die von Wiebringhaus gezogene Schlußfolgerung ist daher nicht haltbar.

Die Auslegung führt somit zu dem Ergebnis, daß Art. 6 Abs. 1 EK im Verwaltungsstreitverfahren nicht anwendbar ist. Die vertragschließenden Staaten des Europarates haben die Garantien des Art. 6 Abs. 1 EK nur in solchen Verfahren gewähren wollen, in denen über „zivilrechtliche Ansprüche und Verpflichtungen" entschieden wird[167]. Der Wille der Vertragsstaaten findet im Wortlaut des Art. 6 Abs. 1 EK seinen vollen und abschließenden Ausdruck.

Daher ist es auch nicht erforderlich, auf die von Geck und Morvay herangezogene Auslegungsregel zurückzugreifen, wonach die den Staaten in völkerrechtlichen Verträgen auferlegten Verpflichtungen restriktiv zu interpretieren seien. Einmal abgesehen davon, daß im Schrifttum umstritten ist, ob diese Auslegungsregel uneingeschränkt gilt[168], ist sie jedenfalls nur dann anwendbar, wenn der Wille der Vertragsstaaten nicht eindeutig ermittelt werden kann[169]. Dies ist jedoch, wie darzulegen versucht wurde, nicht der Fall.

b) Zu erwägen bleibt noch, ob eine *analoge* Anwendung des Art. 6 Abs. 1 EK auf das Verwaltungsstreitverfahren in Betracht kommt.

Wo die Bestimmung eines völkerrechtlichen Vertrages, nach Sinn und Zweck ausgelegt, nicht unmittelbar anwendbar ist, kann unter Umständen die Analogie weiterhelfen[170]. Bei der Analogie wird aus der Gleichartigkeit der Voraussetzungen auf die Gleichheit der Rechtsfolgen geschlossen[171]. Wie bei der Auslegung, so ist aber auch bei der Analogie der Wille der Parteien zu ermitteln. Nur dann kann eine Vertragsbestimmung entsprechend, analog angewendet werden, „wenn dies dem vernünftig ausgelegten Willen der Parteien entspricht. Nur soweit sie den Willen der Parteien zu Ende denkt, ist die analoge Anwendung ... gestattet ...[172]".

Aus den gleichen Gründen, aus denen die unmittelbare Anwendbarkeit des Art. 6 Abs. 1 EK auf das Verwaltungsstreitverfahren scheiterte, verbietet sich auch die analoge Anwendung. Der Wille der Vertragsstaaten hat im Wortlaut des Art. 6 Abs. 1 EK seinen vollen, definitiven Ausdruck gefunden. Er kann deshalb über die Erklärung, über den im Wortlaut des Art. 6 Abs. 1 EK verkörperten Erklärungsinhalt hinaus nicht „zu Ende" gedacht werden. Die Bestimmung des

---

[167] Vgl. SCHWARZ-KLEINKNECHT, EK, Vorbem. Anm. 3 c): „... die Vertragsschließenden (haben) ihre Gesetzesautonomie nur in dem eindeutig bezeichneten Umfange beschränken wollen ..."

[168] Bedenken äußern DAHM, Bd. I, S. 160 f., Bd. III, S. 54; HERZOG, Freiheit, S. 197 f.

[169] VERDROSS, S. 115

[170] DAHM, Bd. I, S. 46.

[171] DAHM, ebenda.

[172] DAHM, ebenda.

Art. 6 Abs. 1 EK hat erkennbar Ausnahmecharakter: Sie soll nach dem Willen der Vertragsstaaten nicht allgemein, nicht in allen gerichtlichen Verfahren, sondern nur in bestimmten, in besonders aufgeführten anwendbar sein. Für die Analogie ist kein Raum, wo, wie hier, bewußt eine enge Fassung gewählt ist, durch die einem eindeutig abgegrenzten Personenkreis[173] Rechte zugebilligt werden. Hier ist nur der Umkehrschluß (argumentum e contrario) erlaubt, der dahin geht, daß der nichtgeregelte Fall die entgegengesetzte Rechtsfolge haben soll, daß sich also Art. 6 Abs. 1 EK nicht auf andere Verfahren als auf solche erstreckt, in denen über „zivilrechtliche Ansprüche und Verpflichtungen" entschieden wird[174].

2. Die Verfahren der Finanz- und Sozialgerichtsbarkeit

Gleiches wie für das Verwaltungsstreitverfahren gilt auch für die Verfahren der Finanz- und der Sozialgerichtsbarkeit. In diesen beiden Verfahren wird über „öffentlichrechtliche Ansprüche und Verpflichtungen" entschieden[175]. Art. 6 Abs. 1 EK ist nicht anwendbar[176].

3. Zusammenfassend kann daher festgestellt werden: Im Verfahren der Verwaltungsgerichtsbarkeit nach der VwGO sowie in den Verfahren der Finanz- und der Sozialgerichtsbarkeit gilt Art. 6 Abs. 1 EK nicht.

IV. Das Verfahren der Verfassungsgerichtsbarkeit

Weder im Verfahren des Bundesverfassungsgerichts[177] noch in den Verfahren der Verfassungsgerichte der Länder[178] wird über „zivilrechtliche Ansprüche und Verpflichtungen" entschieden, sondern über verfassungsrechtliche Streitigkeiten, über die Verfassungsmäßigkeit von

---

[173] Nämlich solchen Personen, die vor Gericht über ihre „zivilrechtlichen Ansprüche und Verpflichtungen" streiten und um die Entscheidung des Gerichts nachsuchen.

[174] Zu den Grundsätzen der Rechtsfindung durch Auslegung, Analogie- und Umkehrschluß vgl. PALANDT, Einl., Anm. V. Es mag fraglich erscheinen, ob diese im Zivilrecht entwickelten Grundsätze auch im Völkerrecht ohne weiteres anwendbar sind. Hierzu MENZEL, JuS 1963, 44: „Überhaupt gehört die Überlegung, ob und in welchem Umfang zivilrechtliche Lösungen (in das Völkerrecht) übernommen werden können, ganz allgemein zu den wichtigsten methodischen Problemen, die noch einer Lösung harren." Von der h. M. wird zumindest der Analogieschluß im Völkerrecht für zulässig angesehen, vgl. etwa DAHM, Bd. I, S. 46. Dann muß aber auch der Umkehrschluß erlaubt sein.

[175] Eduard KERN, GV-Recht, § 37, Anm. B II, 1, S. 274 und § 38, S. 278.

[176] So auch GECK, Anmerkung, S. 527.

[177] Nach dem „Gesetz über das Bundesverfassungsgericht" (BVerfGG).

[178] Diese Verfahren sind in den einzelnen Ländern unterschiedlich geregelt, vgl. Eduard KERN, GV-Recht, § 42, Anm. C, S. 297.

Staatsakten. „Verfassungsgerichtsbarkeit ist Gerichtsbarkeit in Sachen der Verfassung als staatliche Ordnung zu deren Schutz und Gewährleistung[179]."

Auch im Verfahren über die Verfassungsbeschwerde nach den §§ 90 bis 95 BVerfGG ist Art. 6 Abs. 1 EK daher nicht anwendbar[180]. Dies gilt auch für das sog. Vorprüfungsverfahren. Nach § 91 a Abs. 1 BVerfGG prüft ein aus drei Richtern bestehender Ausschuß die Verfassungsbeschwerde vor. Der Ausschuß ist befugt, auch ohne mündliche Verhandlung und Verkündung seiner Entscheidung die Beschwerde a-limine abzuweisen (§ 24 Satz 2 BVerfGG). Die MRKomm. hat Gelegenheit gehabt, sich mit der Frage zu befassen, ob § 91 a Abs. 1 BVerfGG gegen Art. 6 Abs. 1 EK verstößt. Die Kommission hat eine Verletzung des Art. 6 Abs. 1 EK verneint[181]. Der Vorprüfungsausschuß entscheide weder über „zivilrechtliche Ansprüche und Verpflichtungen" noch über „die Stichhaltigkeit strafrechtlicher Anklagen" i. S. des Art. 6 Abs. 1 EK. Die MRKomm. hat diese ihre Ansicht in späteren Entscheidungen nachdrücklich bestätigt[182].

B. Zusammenfassung

I. In den folgenden Verfahren der deutschen Rechtsordnung wird über „zivilrechtliche Ansprüche und Verpflichtungen" i. S. des Art. 6 Abs. 1 EK entschieden:

1. Im Erkenntnisverfahren der ZPO
2. In den Verfahren in Ehesachen
3. In den „echten Streitverfahren" der freiwilligen Gerichtsbarkeit
4. Im Urteilsverfahren nach dem ArbGG

II. Die deutschen Gerichte treffen *keine* Entscheidungen über „zivilrechtliche Ansprüche und Verpflichtungen" i. S. des Art. 6 Abs. 1 EK in folgenden Verfahren:

1. Im Vollstreckungs- und (zivilrechtlichen) Sicherungsverfahren der ZPO, im Armenrechtsverfahren, im Entmündigungs- und Aufgebotsverfahren sowie in den Verfahren der „Zivilprozeßsachen kraft Zuweisung"
2. Im Konkursverfahren
3. Im Beschlußverfahren nach dem ArbGG
4. Im Verwaltungsstreitverfahren sowie in den Verfahren der Finanz- und der Sozialgerichtsbarkeit
5. Im Verfassungsgerichtsverfahren.

---

[179] Bonner Kommentar (Holtkotten), Art. 93 GG, Anm. II A.

[180] So auch Geck, Anmerkung, S. 527.

[181] Entsch. der MRKomm. vom 7. Juli 1959, Appl. Nr. 436/58, YB II, 386 ff. (390) = NJW 1959, 2088 (Leitsatz).

[182] Entsch. der MRKomm. vom 7. Juli 1959, Appl. Nr. 441/58, YB II, 391 ff. (396); Entsch. vom 7. Juli 1959, Appl. Nr. 462/59, YB II, 382 ff. (386);

4. Kapitel

Die Entscheidungen über „die Stichhaltigkeit strafrechtlicher Anklagen“

A. Die einzelnen Verfahren

I. Das Verfahren der ordentlichen Strafgerichtsbarkeit

1. Das ordentliche Erkenntnisverfahren der StPO

Die Regeln des deutschen Strafverfahrensrechts sind im wesentlichen in der Strafprozeßordnung (StPO) enthalten. Wie der Zivilprozeß, so zerfällt auch der Strafprozeß in zwei große Verfahrensabschnitte: Das Erkenntnisverfahren und das Vollstreckungsverfahren[183]. Das Vollstreckungsverfahren kann auch hier außer Betracht bleiben; denn in ihm werden keine Entscheidungen über „die Stichhaltigkeit strafrechtlicher Anklagen“ getroffen. Das Vollstreckungsverfahren (§§ 449 ff. StPO) schließt sich vielmehr an die rechtskräftige, im Erkenntnisverfahren getroffene Sachentscheidung an.

Das Erkenntnisverfahren der StPO ist entweder das sog. ordentliche (gewöhnliche)[184] Erkenntnisverfahren oder eine besondere Verfahrensart, wie etwa das Privatklage- oder das Strafbefehlsverfahren.

Innerhalb des ordentlichen Erkenntnisverfahrens sind wiederum drei Verfahrensabschnitte zu unterscheiden: Das Vorverfahren (oder Ermittlungsverfahren), das Zwischenverfahren und das Hauptverfahren (Hauptverhandlung).

a) Im Vorverfahren ist Art. 6 Abs. 1 EK nicht anwendbar. In ihm wird nicht über „die Stichhaltigkeit der strafrechtlichen Anklage“ entschieden. Das Vorverfahren dient allein der Sammlung des Belastungs- und Entlastungsstoffes (§ 160 StPO)[185] durch die Staatsanwaltschaft und damit erst, bei hinreichendem Tatverdacht, der Erhebung der öffentlichen Anklage. Die Erhebung der Anklage ist aber Voraussetzung für die richterliche Entscheidungstätigkeit[186], oder, anders ausgedrückt, die richterliche Entscheidung ist durch die Anklage bedingt. Solange also die Anklage noch nicht erhoben und das Erkenntnisverfahren noch nicht in das Stadium der richterlichen Entscheidungstätigkeit getreten ist, kann Art. 6 Abs. 1 EK keine Anwendung finden.

Entsch. vom 28. Juli 1961, Appl. Nr. 673/59, YB II, 286 ff. (294 f.); Entsch. vom 28. Juli 1961, Appl. Nr. 724/60, YB IV, 296 ff. (300 f.). Vgl. hierzu auch WEIL, S. 54.

[183] Eduard KERN, StV-Recht, § 5, Anm. B, S. 15.

[184] Eduard KERN, ebenda.

[185] SCHWARZ-KLEINKNECHT, StPO, Einl., Anm. 2 B.

[186] HENKEL, § 25, Anm. II, 2.

b) Aber auch im Zwischenverfahren (§§ 198 bis 212b StPO) gilt Art. 6 Abs. 1 EK nicht. Im Zwischenverfahren wird dem Angeschuldigten die Anklageschrift zugestellt. Dieser kann Einwendungen gegen die Eröffnung des Hauptverfahrens erheben und Beweisanträge stellen. Das Zwischenverfahren endet entweder mit der Ablehnung oder mit der Eröffnung des Hauptverfahrens. Zwar geht mit der Einreichung der Anklage durch die Staatsanwaltschaft die Verfahrensherrschaft auf das Gericht über. Das Gericht entscheidet jedoch im Zwischenverfahren nicht über die Tat des Angeschuldigten, sondern darüber, ob in einem weiteren Verfahrensabschnitt, dem Hauptverfahren, über die Tat, über „die Stichhaltigkeit der strafrechtlichen Anklage" entschieden werden soll[187].

c) Mit dem Eröffnungsbeschluß (§ 203 StPO) beginnt das Hauptverfahren (§§ 226ff. StPO). Es schließt mit dem Erlaß der materiellen Entscheidung, dem Urteil (§ 260 StPO). In diesem Teil des Erkenntnisverfahrens ist Art. 6 Abs. 1 EK anwendbar, da das Gericht hier über „die Stichhaltigkeit der strafrechtlichen Anklage" entscheidet.

2. Die besonderen Verfahrensarten

a) Das Privatklageverfahren

Die öffentliche Anklage durch die Staatsanwaltschaft bildet die Regel. Bei bestimmten Delikten sieht die StPO jedoch ein Privatklageverfahren vor (§§ 374ff. StPO): Der Verletzte ist befugt, selbst Strafanklage zu erheben, ohne daß es einer vorgängigen Anrufung der Staatsanwaltschaft bedarf (§ 374 Abs. 1 StPO).

Im Privatklageverfahren wird jedoch, wie im ordentlichen Erkenntnisverfahren, über „die Stichhaltigkeit einer strafrechtlichen Anklage" entschieden. Wie im Offizialverfahren, so geht es auch im Privatklageverfahren um die Frage, ob ein staatlicher Strafanspruch entstanden ist. Nur die auf Verwirklichung dieses staatlichen Strafanspruchs gerichtete *prozessuale* Tätigkeit ist Privatpersonen überlassen[188]. Nur der Impuls, der Anstoß zur Eröffnung des Hauptverfahrens also geht nicht, wie gewohnt, von der Staatsanwaltschaft, sondern vom Verletzten aus. Man spricht daher von einer „Verlagerung des Antragsrechts[189]". Der Gang des Hauptverfahrens in Privatklagesachen richtet sich dabei im wesentlichen nach den Regeln des Offizialverfahrens. Die Strafe im Privatklageurteil ist ebenso öffentliche (kriminelle) Strafe wie die, welche im Urteil auf die Anklage des Staatsanwalts

---

[187] Der Vierte Abschnitt der StPO hat deshalb auch die Überschrift „Entscheidung über die Eröffnung des Hauptverfahrens".

[188] Eb. SCHMIDT, LK, Teil II, Vorbem. 1 zu §§ 374ff. StPO.

[189] OLG Bremen, JZ 1952, 238 rSp.

hin ergeht[190]. Auf das Privatklageverfahren findet Art. 6 Abs. 1 EK mithin Anwendung[191].

b) Das Strafbefehlsverfahren

Auf Grund des Ermittlungsverfahrens kann die Staatsanwaltschaft in den Fällen des § 407 StPO Anklage in der besonderen Form eines schrifttlichen Antrags an den Amtsrichter auf Erlaß eines Strafbefehls stellen. Ist das Gericht nach Einsicht der von der Staatsanwaltschaft vorgelegten Akten bereit, dem Antrag zu entsprechen, so erläßt es den Strafbefehl (§ 408 StPO). Der Erlaß des Strafbefehls ist daher eine Entscheidung über „die Stichhaltigkeit einer strafrechtlichen Anklage[192]". Art. 6 Abs. 1 EK gilt somit im Strafbefehlsverfahren[193].

c) Das Strafverfügungsverfahren

Nach § 413 StPO können die Polizeibehörden auf Grund landesrechtlicher Vorschriften bei Übertretungen nach Vernehmung des Beschuldigten ihre Akten statt der Staatsanwaltschaft (§ 163 Abs. 3 StPO) unmittelbar dem Amtsrichter übersenden. Mit der Übersendung der Akten an das Amtsgericht hat die Polizei den Antrag auf Erlaß einer Strafverfügung zu verbinden. Dieser Antrag ist unerläßlich, um das Strafverfügungsverfahren in Lauf zu setzen. Denn die Polizei unterliegt in gleichem Maße wie die Staatsanwaltschaft dem Anklagegrundsatz, den sie durch einen der Anklage entsprechenden Antrag auf Erlaß einer Strafverfügung verwirklichen muß[194]. Ihr ist im Rahmen des § 413 StPO die Anklagebefugnis übertragen[195].

Erläßt das Amtsgericht auf Antrag der Polizeibehörde die Strafverfügung, so entscheidet es im Strafverfügungsverfahren gemäß § 413 StPO über „die Stichhaltigkeit einer strafrechtlichen Anklage" i. S. des Art. 6 Abs. 1 EK.

d) Das (strafrechtliche) Sicherungsverfahren

Nach § 429a ff. StPO i. V. m. § 42b StGB kann das Gericht bei Schuldunfähigen, d. h. bei Tätern, die unter die Vorschriften der §§ 51,

---

[190] Schwarz-Kleinknecht, StPO, vor § 374, Anm. 5. Eb. Schmidt, LK, Teil II, Vorbem. 1 zu §§ 374 ff. StPO.

[191] Unklar Wiebringhaus, Art. 6, Anm. II, A, S. 82. Seiner Meinung nach dürfte Art. 6 EK bei solchen Privatklagesachen unanwendbar sein, in denen der angeblich Verletzte Privatkläger war und in denen keine etwaigen zivilrechtlichen Ansprüche in Frage stehen.

[192] So auch v. Weber, Durchsetzung, S. 387 rSp.

[193] v. Weber, ebenda.

[194] Schorn, Strafbefehl, S. 156.

[195] Schorn, ebenda; OLG Bremen, JZ 1952, 238 rSp.

58 StGB fallen, die Unterbringung in eine Heil- oder Pflegeanstalt anordnen. In diesem sog. Sicherungsverfahren tritt an die Stelle der Anklage der Antrag der Staatsanwaltschaft auf Unterbringung des Beschuldigten in eine Heil- oder Pflegeanstalt[196]. Das Ergebnis des Verfahrens ist entweder die Ablehnung des Antrags oder die Anordnung der Unterbringung. Das Gericht entscheidet also im Sicherungsverfahren nicht über „die Stichhaltigkeit einer strafrechtlichen Anklage" i. S. des Art. 6 Abs. 1 EK, sondern lediglich über den staatsanwaltschaftlichen Antrag auf Anordnung einer sichernden Maßnahme, der kein strafrechtlicher, diskriminierender Charakter zukommt[197]. Die Feststellung einer mit Strafe bedrohten Handlung (§ 429 a StPO) ist nur der Anlaß für das Gericht zu prüfen, „ob aus der Tatbegehung und den sonst vorhandenen Indizien auf eine Gefährdung der Allgemeinheit zu schließen ist, die vorbeugende Maßnahmen ohne Strafcharakter erforderlich macht[198]".

Im Sicherungsverfahren gemäß § 429 a StPO i. V. m. § 42 b StGB ist Art. 6 Abs. 1 EK mithin nicht anwendbar.

II. Die strafrechtlichen Sonderverfahren

1. Die Verwaltungsstrafverfahren

a) Das Steuerstrafverfahren

Die Finanzämter sind nach den Vorschriften der §§ 421 ff. RAbgO befugt, bei Steuervergehen Geldstrafen zu verhängen (§ 421 Abs. 2 RAbgO). Das Steuerstrafverfahren weist im Vergleich zum Strafprozeß verschiedene Besonderheiten auf. So führen die Finanzämter die notwendigen Ermittlungen selbst durch oder lassen sie durch ihre Hilfsstellen und Beamten vornehmen (§ 441 Abs. 3 RAbgO). Erscheint dem Finanzamt nach Abschluß der Ermittlungen der Verdacht eines Steuervergehens begründet, so kann es, will es in der Sache selbst entscheiden (§ 447 RAbgO), einen Strafbescheid erlassen (Strafbescheidsverfahren). Räumt der Beschuldigte hingegen die Zuwiderhandlung vorbehaltlos ein und unterwirft er sich der Strafe (Unterwerfungsverfahren), so ergeht kein Strafbescheid.

aa) Im Strafbescheidsverfahren (§§ 442, 447 RAbgO) entscheiden die Finanzämter über „die Stichhaltigkeit strafrechtlicher Anklagen" i. S. des Art. 6 Abs. 1 EK. Dabei ist es ohne Bedeutung, daß hier der strafrechtliche Vorwurf nicht in Form der staatsanwaltschaftlichen Anklage erhoben wird. Der Begriff „Anklage" in der deutschen Übersetzung ist nicht in technischem Sinne, als Anklage der Staatsanwalt-

---

[196] Eduard KERN, StV-Recht, § 67, Anm. A.

[197] PETERS, § 64, Anm. I, 4.

[198] HENKEL, § 116, Anm. I.

schaft, zu verstehen, worauf bereits Guradze[199] zutreffend hingewiesen hat. Mit „any criminal charge" ist jede strafrechtliche Beschuldigung gemeint, gleichviel, von welcher Behörde und in welcher Form sie erhoben wird[200]. Im Steuerstrafverfahren erhebt das Finanzamt selbst die strafrechtliche „Anklage". Durch den Erlaß des Strafbescheides entscheidet es über das „angeklagte" Steuervergehen des Beschuldigten. Die in der Entscheidung ausgesprochene Geldstrafe ist echte Strafe, Kriminalstrafe, nicht Ordnungsstrafe[201].

bb) Art. 6 Abs. 1 EK gilt aber auch im Unterwerfungsverfahren. Auch hier entscheidet das Finanzamt über eine strafrechtliche Beschuldigung („Anklage") i. S. des Art. 6 Abs. 1 EK. Daß im Unterwerfungsverfahren von den Finanzämtern rechtsprechende Entscheidungen getroffen werden, materiell Rechtsprechung geübt wird, ist anerkannt[202]. Ebenso wie im Strafbescheidsverfahren wendet das Finanzamt das Strafgesetz auf einen Unrechtstatbestand an[203]. Die Entscheidung über die „Anklage" liegt in der Straffestsetzung durch den Beamten der Strafsachenstelle[204].

b) Das Poststrafverfahren

Das Postgesetz (PostG) enthält in den Bestimmungen der §§ 34 ff. ein eigenes Strafverfahren. In diesem Verfahren, das ähnlich wie das Steuerstrafverfahren gestaltet ist, verhängen die Postbehörden wegen Post- und Portodefraudationen in den Fällen der §§ 27 ff. PostG Geldstrafen. Diese sind echte Kriminalstrafen. Wie im Steuerstrafver-

---

[199] GURADZE, Rechtshilfe I, S. 818 rSp.

[200] So auch APPELL, Diss. S. 33; MOSER, JBl. 1954, 451.

[201] BGH in NJW 1959, 1230 = JZ 1960, 165; Eduard KERN, StV-Recht, § 73, Anm. A; HENKEL, § 111, Anm. I und II; h. M.

[202] BGHSt 13, 102, 104 = NJW 1959, 1230; BGH in NJW 1960, 1959 rSp.; BUSCHMANN, NJW 1961, 1561 lSp.; MENGER, JZ 1960, 168 lSp.; v. WEBER, Durchsetzung, S. 388 lSp.

[203] BGH in NJW 1959, 1230; BUSCHMANN, NJW 1961, 1561.

[204] v. WEBER, Durchsetzung, S. 388 lSp. Die Rechtsnatur des Unterwerfungsverfahrens ist umstritten. JESCHEK, Konvention, S. 783 ff., nimmt an, daß zwischen Beschuldigtem und Finanzamt ein öffentlichrechtlicher Vertrag zustande kommt. Hiergegen mit Recht ECHTERHÖLTER, Praxis, S. 145 rSp., FN 67; TERSTEGEN, S. 247. Klarheit läßt sich gewinnen, wenn man die drei Einzelakte des Unterwerfungsverfahrens deutlich unterscheidet:

1. Der Beschuldigte räumt seine Tat ein (Eingeständnis).
2. Sodann spricht ihn das Finanzamt schuldig und setzt die Strafe fest (Entscheidung).
3. Der Beschuldigte nimmt die Strafe an, und zwar unter Verzicht auf einen Strafbescheid (Unterwerfung).

vgl. TERSTEGEN, ebenda.

fahren, so ist auch im Poststrafverfahren Art. 6 Abs. 1 EK anwendbar[205].

2. Das Disziplinarverfahren

Ziel des Disziplinarrechts ist es, Angehörige bestimmter Stände, Berufe und Organisationen durch Zufügung eines Übels zur ordnungsmäßigen Erfüllung ihrer Pflichten anzuhalten[206]. Nach heute herrschender Auffassung ist das Disziplinarrecht[207] kein Teil des Strafrechts[208]. Die Disziplinar„strafe" ist weder Rechtsstrafe noch Zwangsmittel, sondern Erziehungsmittel[209]. Das Disziplinarrecht dient der Reinhaltung des Standes durch Erziehung, notfalls durch Ausmerzung[210].

Da die Disziplinargerichte keine Strafen verhängen und keine Verstöße gegen kriminelle Straftatbestände ahnden[211], entscheiden sie auch nicht über „die Stichhaltigkeit strafrechtlicher Anklagen" i. S. des Art. 6 Abs. 1 EK. Sowohl der englische Text („any criminal charge") als auch der französische („toute accusation en matière pénale") lassen

---

205 Die den Seemannsämtern eingeräumte Befugnis, auf Grund der §§ 93 ff. Seemanns-Ordnung echte Strafen (Geldstrafen) zu verhängen, ist durch G vom 26. Juli 1959 (SeemannsG), BGBl. II, 713, aufgehoben worden. Die Seemannsämter können nach § 132 SeemannsG nur noch Ordnungsstrafen verhängen. Im Ordnungsstrafverfahren (Bußgeldverfahren) ist Art. 6 Abs. 1 EK jedoch nicht anwendbar, vgl. unten S. 41 f.

206 Schmidt-Räntsch, §§ 63, 64, Vorbem., RZ 2.

207 So etwa das Disziplinarrecht für Bundesbeamte, geregelt in der Bundesdisziplinarordnung (BDO) vom 29. Nov. 1952, BGBl. I, 761 i. d. F. vom 14. Juli 1953, BGBl. I, 551 und vom 1. Juli 1957, BGBl. I, 667. Wehrdisziplinarordnung (WDO) vom 15. März 1957, BGBl. I, 189. Eine Übersicht über die Disziplinarverfahrensgesetze bei Wolff, § 115, Anm. II, b). Vgl. auch Thieme, DVBl. 1957, 772.

208 Behnke, Einf., Anm. I, 6; Bettermann, Schutz der Grundrechte, S. 877; Dernedde, DVBl. 1952, 711 lSp.; Lange, Sanktionen, S. 222; Römer, Einl., Anm. I, 3; Schmidt-Räntsch, §§ 63, 64 Vorbem., RZ 2; Thieme, DVBl. 1957, 772 f.; Maurach, § 1 Anm. II, C, 2: „... Das Disziplinarunrecht (ist) nicht ein bloßes Minus gegenüber dem kriminellen Unrecht, sondern bei aller Ähnlichkeit ein grundsätzliches Aliud ..."

209 Römer, Einl., Anm. I, 3.

210 Eduard Kern, GV-Recht, § 40, S. 284.

211 Bei der Schaffung der Bundesdisziplinarordnung war der Beamtenrechtsausschuß des BT einhellig der Auffassung, daß der in der Zeit des Nationalsozialismus geprägte Begriff „Dienststrafrecht" der Sache nicht gerecht werde. Der Begriff „Strafe" eigne sich nur für kriminelle Tatbestände. Gegenstand des Disziplinarrechts sei aber „die Verletzung jener inneren Ordnung der Beamtenschaft, welche aus dem besonderen Treuverhältnis erwächst, das der Beamte freiwillig eingeht", vgl. Dernedde, DVBl. 1952, 710 rSp.

eindeutig erkennen, daß Art. 6 Abs. 1 EK nur in solchen Verfahren gelten soll, in denen über kriminelle Anklagen, kriminelle Beschuldigungen entschieden wird[212]. Es muß sich also um Anklagen, um Beschuldigungen aus dem Gebiet des Strafrechts handeln. Welche Beschuldigungen dem Gebiet des Strafrechts angehören, läßt sich von der im Einzelfall angedrohten Sanktion her bestimmen. Strafrechtliche Unrechtstatbestände werden durch Kriminalstrafen geahndet, Strafen ethisch-disqualifizierenden Charakters[213] also, in denen Sühneidee und Schutzgedanke zum Ausdruck kommen[214]. Solche Strafen kennt das Disziplinarrecht jedoch nicht. Gerade die Sühne für begangenes Unrecht, ein Gedanke, der das gesamte Strafrecht durchzieht, strebt das Disziplinarrecht nicht an[215].

3. Das Bußgeldverfahren

In verschiedenen neueren Gesetzen[216] werden sog. Ordnungswidrigkeiten mit Geldbuße geahndet. Verstöße gegen die in diesen Gesetzen normierten Ordnungswidrigkeiten bezeichnet man als „Verwaltungsunrecht“. Vom Kriminalunrecht unterscheidet sich das Verwaltungsunrecht bereits in der Richtung und Wirkungsweise des Rechtsgutangriffes. Wesen der Ordnungswidrigkeit ist der Ungehorsam gegenüber zeit- und verhältnisbedingten Sicherungsanordnungen des Verwaltungsstaates, nicht, wie bei der Kriminalstrafe, ein Angriff auf materielle, überwiegend zeitlos geschützte Rechtsgüter[217]. Der durch die Ordnungswidrigkeit drohende Nachteil ist Verwaltungsschaden, nicht Sozialschaden[218].

Auch in den Sanktionen unterscheiden sich Verwaltungsunrecht und Kriminalunrecht. Der Geldbuße fehlt völlig der tragende Gedanke der Sühne, der das Wesen der Kriminalstrafe bestimmt[219]. Aber auch eine Erziehungsaufgabe — wie etwa den Dienstordnungsmitteln des Disziplinarrechts — kommt der Geldbuße nicht zu. Sie ist nur ein

---

[212] So auch v. Weber, Durchsetzung, S. 387 lSp.; Echterhölter, Praxis, S. 145 rSp.

[213] Thieme, DVBl. 1957, 769.

[214] Lange in: Kohlrausch-Lange, vor § 13 StGB, Anm. III.

[215] Ausführlich Thieme, DVBl. 1957, 772 f.

[216] Gesetz über die Ordnungswidrigkeiten (OwiG) vom 20. März 1952, BGBl. I, 177. Gesetz zur Vereinfachung des Wirtschaftsstrafrechts (WiStG) vom 9. Juli 1954, BGBl. I, 175. Eine Übersicht über die Gesetze, in denen bei Ordnungswidrigkeiten Geldbußen angedroht werden, bei Merk, § 39, S. 1010.

[217] Maurach, § 1, Anm. III, B, 2; Patzig, Einf., S. 5 f.

[218] Maurach, ebenda.

[219] Maurach, ebenda; Rotberg, Einf., Anm. I, b), S. 27.

Verwaltungsmittel, um den gesetzlichen Verboten und Geboten Achtung zu verschaffen[220].

Im Bußgeldverfahren wird mithin nicht über „die Stichhaltigkeit strafrechtlicher Anklagen" entschieden[221]. Art. 6 Abs. 1 EK ist nicht anwendbar[222].

4. Die gebührenpflichtige polizeiliche Verwarnung

Nach § 22 StVG kann die Polizei bei leichteren Verkehrsübertretungen den Täter verwarnen und eine Gebühr erheben. Die Verwarnung ist keine kriminelle Strafe[223]. Die Polizei entscheidet daher nicht über eine kriminelle Beschuldigung i. S. des Art. 6 Abs. 1 EK[224].

5. Das Rechts- und Amtshilfeverfahren

Um den innerdeutschen Rechtshilfeverkehr in Strafsachen trotz der gegenwärtigen Spaltung Deutschlands in möglichst weitem Umfange fortzuführen, beschloß der Bundestag mit Zustimmung des Bundesrates am 2. Mai 1953 das „Gesetz über die innerdeutsche Rechts- und Amtshilfe in Strafsachen" (RHG)[225]. Man war sich bewußt, daß die Rechtsanwendung in der sowjetischen Besatzungszone von der — rechtsstaatlichen Grundsätzen folgenden — in der Bundesrepublik erheblich abweiche[226]. So wurde erkannt, daß von einer unabhängigen Rechtsprechung in der Zone nicht die Rede sein könne[227]. Dennoch fühlte sich der Gesetzgeber dem Gedanken der Rechtseinheit Deutschlands

---

[220] Rotberg, ebenda.

[221] BVerfG in NJW 1958, 1963, 1964 rSp. = JZ 1959, 22: „... Das Bußgeldverfahren ist kein Strafverfahren ...". Siehe auch Gossrau, NJW 1958, 929.

[222] So auch OLG Celle in NJW 1960, 880; Schwarz-Kleinknecht, EK, Art. 6, Anm. 1; v. Weber, Durchsetzung, S. 387 lSp.; Woesner, Strafrechtspraxis, S. 1384.

[223] Müller, Straßenverkehrsrecht, § 22, S. 425. Vgl. die amtliche Begründung zu § 22 StVG bei dem Erlaß des „Gesetzes zur Sicherung des Straßenverkehrs" vom 19. Dez. 1952, BGBl. I, 832, BT-Drucks. 1. Wahlperiode Nr. 2674, abgedr. bei Floegel-Hartung, § 22, Anm. 2, a): „... Als ein erfolgreiches Erziehungsmittel bei leichteren Verkehrszuwiderhandlungen, bei denen die Verhängung von Strafen entbehrlich erscheint, ... hat sich die gebührenpflichtige Verwarnung bewährt ...". A. A. Floegel-Hartung, § 22, Anm. 1, b); Appell, Diss. S. 34.

[224] A. A. Appell, ebenda.

[225] Amtl. Begründung zum Regierungsentwurf des RHG, abgedr. in DRiZ 1953, 27.

[226] Amtl. Begründung, ebenda.

[227] Bulletin des Bundesjustizministers 1953, Nr. 11, vom 17. Jan. 1953, S. 81, zit. in DRiZ 1953, 27; Guradze, Rechtshilfe I, S. 817. Vgl. auch BVerfG in NJW 1960, 1611.

verpflichtet. Rechts- und Amtshilfe sollten jedoch nur geleistet werden, wenn dabei nicht rechtsstaatliche Grundsätze verletzt würden. Das RHG sieht daher Verfahren vor, in denen Ersuchen ostzonaler Behörden und Gerichte um Rechts- und Amtshilfe daraufhin überprüft werden, ob ihre Gewährung mit rechtsstaatlichen Grundsätzen in Einklang steht.

Guradze[228] hat erstmals die Frage gestellt, ob das Verfahren zur Vollstreckung ostzonaler Urteile nach dem RHG mit Art. 6 Abs. 1 EK vereinbar sei. Dies soll zunächst untersucht werden. Sodann wird zu prüfen sein, ob das Strafregisterverfahren nach dem RHG in den Anwendungsbereich des Art. 6 Abs. 1 EK fällt.

a) Das Vorvollstreckungsverfahren

Art. 6 Abs. 1 EK findet in diesem Verfahren Anwendung, wenn die zuständigen Organe der Bundesrepublik über „die Stichhaltigkeit einer strafrechtlichen Anklage“ entscheiden.

aa) Das Genehmigungsverfahren (§§ 3, 4 RHG)

Nach § 3 Abs. 1 RHG bedarf die Rechts- und Amtshilfe der Genehmigung, wenn sich das Ersuchen sowjetzonaler Gerichte und Behörden u. a. auf die Vollstreckung einer gerichtlichen Entscheidung richtet. Die Genehmigung erteilt nach § 3 Abs. 2 RHG der Generalstaatsanwalt. Dieser prüft nach § 2 RHG, ob dem Ersuchen stattgegeben werden kann. Der Betroffene ist vor Erteilung der Genehmigung zu hören (§ 4 Abs. 1 RHG). Er wird von der Verfügung des GenStA gemäß § 4 Abs. 5 RHG in Kenntnis gesetzt.

Man könnte annehmen, der GenStA werde bei der Genehmigung zur Vollstreckung sowjetzonaler Entscheidungen nach dem RHG ausschließlich im Vollstreckungsverfahren tätig, in dem, wie dargelegt[229], Art. 6 Abs. 1 EK nicht anwendbar ist. Das Genehmigungsverfahren stellt jedoch, wie Guradze[230] zutreffend bemerkt, eine Art Kompromiß zwischen Vollstreckungsverfahren und Nachprüfungsverfahren dar. Es hat die Überprüfung sowjetzonaler Urteile *vor* ihrer Vollstreckung zum Ziel. Insofern kann es als Vorvollstreckungsverfahren, als Vollstreckungsfreigabeverfahren bezeichnet werden.

Bei der Genehmigung des Ersuchens zur Vollstreckung ostzonaler Urteile entscheidet der GenStA über „die Stichhaltigkeit einer strafrechtlichen Anklage“ i. S. des Art. 6 Abs. 1 EK. Die dem GenStA nach § 2 RHG auferlegte Prüfung, ob die Gewährung der Rechts- und Amtshilfe mit rechtsstaatlichen Grundsätzen in Einklang steht, schließt

---

[228] Guradze, Rechtshilfe I, S. 817 f.; ders. in: Rechtshilfe II, S. 1912 f.

[229] Siehe oben S. 35.

[230] Guradze, Rechtshilfe I, S. 817.

die Entscheidung über „die Stichhaltigkeit der strafrechtlichen Anklage" ein. Dies bedarf einiger Ausführungen.

Bei der Prüfung, ob Rechts- und Amtshilfe zu gewähren sind oder ob Bedenken bestehen, wird der GenStA einmal zu fragen haben, ob das ostzonale materielle Strafgesetz, dessen Verletzung verfolgt wird, schon seinem Inhalt nach rechtsstaatlichen Grundsätzen widerspricht. Das ist dann der Fall, wenn etwa der Verstoß nach rechtsstaatlicher Auffassung nicht als strafwürdiges Unrecht erscheint, oder wenn es an deutlich umschriebenen Tatbestandsmerkmalen fehlt[231]. In diesen Fällen hat der GenStA das Ersuchen ohne weitere Prüfung der Umstände des Einzelfalles abzulehnen. Versagt er die Genehmigung, so erklärt er damit die dem Urteil zugrunde liegende Anklage für nicht stichhaltig, für „unhaltbar", eben weil die Verurteilung auf Grund *dieser* Anklage rechtsstaatlichen Grundsätzen widerspricht[232]. Genehmigt er das Ersuchen, so erklärt er mit dieser Entscheidung zugleich, daß das Urteil auf einer „rechtsstaatlichen", also begründeten und stichhaltigen Anklage ergangen sei.

Der GenStA hat aber auch das gesamte ostzonale Gerichtsverfahren von der Anklageerhebung bis zum Erlaß des Urteils unter dem Gesichtspunkt der Rechtsstaatlichkeit neu zu werten. Denn ein Widerspruch zu rechtsstaatlichen Grudsätzen i. S. des § 2 RHG liegt auch dann vor, wenn das Urteil in einem nicht rechtsstaatlich geordneten oder geführten Verfahren gefällt wurde[233]. Genehmigt der GenStA das Ersuchen, so läßt er die Vollstreckung aus einem Urteil zu, das seinem Befinden nach in Einklang mit rechtsstaatlichen Grundsätzen zustande gekommen ist. Dies ist jedoch nur ein Teil seiner Entscheidung. Erklärt er nämlich das ostzonale Verfahren für rechtsstaatlich einwandfrei, so spricht er mit dieser seiner Entscheidung zugleich die *Vermutung* aus, daß der Urteilsspruch des sowjetzonalen Gerichts auf Grund einer stichhaltigen und begründeten Anklage gefällt, daß der Betroffene zu Recht verurteilt wurde. Der Betroffene hat — außer in dem besonderen Falle des § 11 RHG — keinen Anspruch darauf, daß über die gegen ihn in der Zone erhobene Anklage in der Bundesrepublik in einem neuen Prozeß entschieden wird. Das RHG gestattet es dem GenStA jedoch, von der Rechtsstaatlichkeit des Gerichtsverfahrens auf die Stichhaltigkeit der dem Urteil zugrunde liegenden Anklage zu

---

[231] BVerfG in NJW 1960, 1612 rSp.; Löwe-Rosenberg (Schäfer), RHG, § 2, Anm. 4.

[232] Daß die Genehmigung (der Versagung) eines Ersuchens durch den GenStA über die ausdrückliche Erklärung hinaus noch eine weitere Erklärung enthalten kann, zeigt folgender Fall: Ergeht an die Polizeibehörden ein Ersuchen um Ausschreibung im Fahndungsbuch und genehmigt der GenStA dieses Ersuchen, so trifft er zugleich die Entsch. über die Zulässigkeit der Verhaftung, vgl. Löwe-Rosenberg (Schäfer), RHG, § 3, Anm. 1.

[233] Denkschrift des Bundesjustizministers zum RHG, Bundesanzeiger Nr. 122 vom 28. Juni 1951; Creifelds, Rechtshilfeverkehr, S. 206 lSp.

schließen. Denn von einem Urteil, das auf Grund einer rechtsstaatlichen materiellen Norm und in einem rechtsstaatlichen Gerichtsverfahren gefällt wurde, darf angenommen werden, daß — nach menschlichem Ermessen — Recht gesprochen wurde. Genehmigt der GenStA also das Ersuchen, so stellt er, als Ergebnis seiner Schlußfolgerung, die Vermutung auf, daß die Anklage stichhaltig war. Die Entscheidung über die Rechtsstaatlichkeit des sowjetzonalen Gerichtsverfahrens ist also zugleich Entscheidung über die „Stichhaltigkeit der strafrechtlichen Anklage" i. S. des Art. 6 Abs. 1 EK. Mit Recht stellt daher Guradze[234] fest, „daß (im Vorvollstreckungsverfahren) letzten Endes noch einmal über die Anklage des (sowjetzonalen) Staatsanwalts entschieden" werde. Die Genehmigung des Ersuchens steht daher einem neuen Strafausspruch gleich. Sie „setzt den Verurteilten in der Bundesrepublik allen mit der Verurteilung verbundenen Rechtsnachteilen aus[235]".

Im Genehmigungsverfahren trifft der GenStA auch eine „Entscheidung" i. S. des Art. 6 Abs. 1 EK. Das RHG bezeichnet sie selbst als „Entscheidung" (so in § 3 Abs. 3, § 4 Abs. 2 RHG) oder als „Verfügung" (§ 4 Abs. 5 RHG). Zorn[236] meint nun, es sei unerheblich, ob das im RHG vorgesehene Verfahren den Anforderungen des Art. 6 Abs. 1 EK entspreche. Denn in diesem Verfahren ergehe kein Urteil. Das ist nun allerdings kein Argument gegen die Anwendbarkeit des Art. 6 Abs. 1 EK im Vorvollstreckungsverfahren des RHG, sondern lediglich eine Feststellung, aus der sich für die hier behandelte Frage nichts folgern läßt. Von Bedeutung ist allein, daß der GenStA im Genehmigungsverfahren über „die Stichhaltigkeit einer strafrechtlichen Anklage" entscheidet[237]. Damit ist Art. 6 Abs. 1 EK im Genehmigungsverfahren anwendbar. Was daraus folgt, d. h. in welcher Form diese Entscheidung ergehen muß, kann an dieser Stelle dahinstehen. Soviel kann allerdings schon gesagt werden: Zorn übersieht, daß Art. 6 Abs. 1 EK in den Verfahren, in denen über „die Stichhaltigkeit einer strafrechtlichen Anklage" entschieden wird, das Urteil eines Gerichts verlangt. Gerade weil das RHG im Genehmigungsverfahren kein Gerichtsurteil fordert, liegt ein Verstoß gegen Art. 6 Abs. 1 EK[238].

Die MRKomm. hat zu der Frage, ob Art. 6 Abs. 1 EK im Genehmigungsverfahren des GenStA zur Vollstreckung ostzonaler Urteile anwendbar sei, bislang nicht Stellung genommen. In ihrer Entscheidung vom 2. Juni 1960[239] hatte die MRKomm. lediglich darüber zu erkennen, ob das RHG-Verfahren, in welchem die Rechtsstaatlichkeit eines

---

[234] Guradze, Rechtshilfe I, S. 818 rSp.
[235] BVerfG in NJW 1960, 1613 lSp.
[236] Zorn, NJW 1958, 1223 lSp.
[237] So auch Guradze, Rechtshilfe II, S. 1913 lSp.
[238] Vgl. die treffenden Ausführungen von Guradze, Rechtshilfe II, S. 1913 lSp.
[239] Appl. Nr. 448/59, YB III, 254 ff.

sowjetzonalen Urteils vor seiner Eintragung in das Strafregister zu prüfen ist (§§ 13 ff. RHG), unter Art. 6 Abs. 1 EK falle. Das hat die MRKomm. allerdings verneint. Mit Recht fragt Vasak[240], ob die Entscheidung genauso ausgefallen wäre, wenn es sich statt um die Eintragung eines Urteils in das Strafregister um die Vollstreckung eines ostzonalen Urteils gehandelt hätte.

Abschließend kann daher festgestellt werden, daß Art. 6 Abs. 1 EK im Genehmigungsverfahren des GenStA nach den §§ 3 ff. RHG, soweit es die Vollstreckung sowjetzonaler Urteile betrifft, anwendbar ist[241].

bb) Das Beschlußverfahren (§§ 5 ff. RHG)

Genehmigt der GenStA die Vollstreckung, so kann der Betroffene nach § 5 Abs. 1 RHG gerichtliche Entscheidung beantragen. Zuständig ist gemäß § 5 Abs. 4 RHG das Oberlandesgericht. Über die Zulässigkeit der Vollstreckung entscheidet das Gericht durch Beschluß (§ 8 Abs. 1 RHG).

Das Gericht entscheidet ebenso wie der GenStA über „die Stichhaltigkeit der Anklage", wenn es nach Prüfung der Rechtsstaatlichkeit des sowjetzonalen Urteils die Vollstreckung zuläßt oder versagt. Im Beschlußverfahren des Oberlandesgerichts ist also Art. 6 Abs. 1 EK gleichfalls anwendbar[242].

cc) Das Antragsverfahren (§ 15 RHG)

Schließlich kann der Verurteilte selbst nach § 15 RHG beantragen, die Unzulässigkeit der Vollstreckung des gegen ihn ergangenen ostzonalen Urteils festzustellen. Diesen Antrag kann er auch dann stellen, wenn die sowjetzonale Vollstreckungsbehörde noch nicht um die Vollstreckung des Urteils nachgesucht hat (was für das Genehmigungs- und Beschlußverfahren Voraussetzung ist), ja sogar dann, wenn die Strafe bereits (in der Ostzone) vollstreckt worden ist. Zuständig zur Entscheidung ist der GenStA (§ 15 Abs. 1 Satz 2 RHG). Weist dieser den Antrag zurück, so kann der Verurteilte die Entscheidung des Oberlandesgerichts verlangen (§ 15 Abs. 3 i. V. m. §§ 5, 7 und 9 RHG).

Auch in diesen Verfahren entscheiden GenStA und Gericht, wenn sie die Zulässigkeit der Vollstreckung prüfen, über „die Stichhaltigkeit der strafrechtlichen Anklage" i. S. des Art. 6 Abs. 1 EK.

---

[240] Vasak, ROW 1960, 110 rSp.

[241] So auch Guradze, Rechtshilfe I, S. 817 f.; ders. in: Rechtshilfe II, S. 1912 f.; der Ansicht Guradzes folgend Schorn, Menschenwürde, S. 138 ff. (140); ders. in: Rechtshilfe, S. 54. A. A. Zorn, NJW 1958, 1223; Stötter, S. 121, schließt sich der Ansicht Zorns ohne eigene Begründung an. Vgl. auch Dahlke (Fuhrmann), RHG, vor § 1.

[242] Die unter FN 241 zitierten Stimmen beziehen sich auch auf das Beschlußverfahren des OLG.

b) Das neue Strafverfahren (§ 11 RHG)

Gemäß § 11 RHG ist gegen einen in der Zone bereits Verurteilten in der Bundesrepublik ein neues Verfahren durchzuführen, „wenn durch ein deutsches Gericht außerhalb der Bundesrepublik eine rechtskräftige Verurteilung erfolgte, die Vollstreckung aber infolge Versagung der Vollstreckungshilfe ... unmöglich wird, während andererseits begangenes Unrecht nicht ungesühnt bleiben darf[243]". Das „neue Strafverfahren" ist ein normaler Strafprozeß, für den die Regeln der StPO gelten. Im Hauptverfahren dieses Prozesses ist Art. 6 Abs. 1 EK, wie in jedem Strafprozeß, anwendbar[244].

c) Das Strafregisterverfahren (§§ 13 ff. RHG)

„Die Vorschriften der §§ 13 bis 16 RHG sind maßgebend für die Frage, wieweit Vermerke über Verurteilungen, die in der Ostzone oder in Ostberlin gefällt wurden, in die Strafregister der Bundesrepublik einzutragen und wie sie dort zu behandeln sind[245]."

Drei Fälle sind zu unterscheiden:

aa) Die Eintragung in das Strafregister nach § 13 RHG

Die Entscheidungen des Gerichts und die abschließenden Verfügungen des GenStA's, durch welche u. a. die Genehmigung einer Vollstreckung erteilt oder versagt wird, sind gemäß § 13 Abs. 1 RHG dem Strafregister mitzuteilen und in ihm zu vermerken.

bb) Die Eintragung nach § 14 RHG

Einen anderen Fall regelt § 14 RHG. Diese Bestimmung will verhindern, daß es zur Aufnahme von Vermerken über ostzonale Verurteilungen, die rechtsstaatlichen Grundsätzen widersprechen, überhaupt kommt[246]. Voraussetzung ist hier, daß einer Strafregisterbehörde der Bundesrepublik die Nachricht über eine ostzonale Verurteilung zugegangen ist. Vor der Eintragung ist der Verurteilte zu hören (§ 14 Satz 1 RHG). Ergeben sich Bedenken gegen die Eintragung oder widerspricht ihr der Verurteilte, so entscheidet der GenStA (§ 14 Satz 2 RHG).

---

[243] Löwe-Rosenberg (Schäfer), RHG, § 11, Anm. 1.

[244] So ausdrücklich Zorn, NJW 1958, 1223 lSp.

[245] Hartung, zu §§ 13 bis 16 RHG, Anm. 1, S. 247.

[246] Hartung, zu § 14 RHG, S. 253. Löwe-Rosenberg (Schäfer), RHG, § 14, Anm. 1.

cc) Die Eintragung nach § 15 RHG

Schließlich sind die Entscheidungen des GenStA und des Oberlandesgerichts, die im Antragsverfahren nach § 15 RHG getroffen werden, dem Strafregister mitzuteilen und in ihm zu vermerken (§ 15 Abs. 4 RHG).

Zu aa) Bei der Eintragung nach § 13 RHG wird nicht über „die Stichhaltigkeit einer strafrechtlichen Anklage" entschieden. Die Eintragung erfolgt nämlich erst dann, wenn das Gericht oder der GenStA abschließend über die Vollstreckung entschieden haben. Die Entscheidung über die „Anklage" i. S. des Art. 6 Abs. 1 EK ist also bereits ergangen, sei es im Genehmigungsverfahren des GenStA, sei es im Beschlußverfahren des Oberlandesgerichts. Die Mitteilung an die Strafregisterbehörde und die Eintragung des Vermerks in das Strafregister sind keine neue, sondern Folge und Vollzug einer bereits getroffenen Entscheidung.

Zu bb) Im Falle des § 14 RHG ist zwar noch keine vorherige Entscheidung ergangen. Sie konnte nicht ergehen, weil die Strafregisterbehörde erstmals Nachricht von der Verurteilung erhält. Die Eintragung des Vermerks in das Strafregister durch die Registerbehörde (§ 14 Satz 1 RHG) stellt dennoch keine Entscheidung i. S. des Art. 6 Abs. 1 EK dar. Denn solange der Betroffene der Eintragung widersprechen kann (§ 14 Satz 2 RHG), liegt es an ihm, ob die Strafregisterbehörde den Vermerk eintragen darf oder nicht. Verzichtet der Betroffene auf sein Widerspruchsrecht und wird daraufhin der Vermerk eingetragen, so trifft der Betroffene die Entscheidung selbst, indem er „die Stichhaltigkeit der gegen ihn erhobenen strafrechtlichen Anklage" einräumt, sie anerkennt. Die Eintragung ist dann nur ein Vollzug dieser, vom Verurteilten selbst getroffenen Entscheidung.

Widerspricht der Betroffene der Eintragung oder stehen ihr (rechtsstaatliche) Bedenken entgegen, so entscheidet der GenStA, ob der Vermerk eingetragen wird (§ 14 Satz 2 RHG). Auch das ist keine Entscheidung über „die Stichhaltigkeit einer strafrechtlichen Anklage" i. S. des Art. 6 Abs. 1 EK, und zwar aus folgendem Grunde:

Wie bereits oben bei der Untersuchung des Disziplinarverfahrens dargelegt[247], muß es sich um „die Stichhaltigkeit einer *strafrechtlichen* Anklage" handeln. Ob die Anklage dem Gebiet des Strafrechts angehört, läßt sich von der im Einzelfall angedrohten Sanktion her bestimmen. Nur wenn eine kriminelle, „echte" Strafe angedroht wird, handelt es sich um eine strafrechtliche Anklage i. S. des Art. 6 Abs. 1 EK. Nun ist aber die Eintragung einer Verurteilung in das Straf-

---

[247] Siehe oben S. 40 f.

register keine Strafe[248]. Sie ist nur eine *Folge* der Verurteilung, allerdings keine gesetzliche Folge, da sie nicht Teil der Strafe ist[249]. „Der Staat hat ein lebhaftes Interesse daran, daß sich die soziale Reaktion gegen das Verbrechen stark erhalte, um für die Zukunft den Verurteilten selbst und andere von Verbrechen fern zu halten. Diesem Zweck dient das Strafregister. Es hält das Andenken an die Straftat — allerdings ausschließlich für die Organe des Staates — wach und bewirkt, daß der Verurteilte im Staatsleben den sozialen Wirkungen, die sich an das Verbrechen für ihn knüpfen, auch nach längerer Zeit und an anderen Orten nicht entgeht[250].“ Sicherlich ist der Verurteilte durch die Eintragung des Vermerks in das Strafregister „beschwert“. Art. 6 Abs. 1 EK bezieht sich jedoch nur auf solche Verfahren, in denen auf Strafe erkannt wird. Nicht jede Beschwer, nicht jede Einbuße, und sei sie auch Folge einer strafrechtlichen Verurteilung, fällt in den Schutzbereich des Art. 6 Abs. 1 EK.

Die MRKomm. hat in ihrer bereits zitierten Entscheidung[251] die Anwendung des Art. 6 Abs. 1 EK auf das Strafregisterverfahren verneint. Weder Art. 6 noch ein anderer Artikel der EK behandele ausdrücklich die Eintragung eines Urteils in das Strafregister. Eine solche Maßnahme könne nicht als „strafrechtliche Anklage“ („criminal charge“) i. S. des Art. 6 Abs. 1 EK angesehen werden[252]. Der Entscheidung ist im Ergebnis zuzustimmen.

Zu cc) Es versteht sich, daß hinsichtlich der Eintragung nach § 15 Abs. 4 RHG das gleiche gilt wie für die bereits besprochenen Fälle. Denn einmal ist die Entscheidung über „die Stichhaltigkeit der strafrechtlichen Anklage“ (wie im Falle des § 13 RHG) schon ergangen. Zum anderen ist Art. 6 Abs. 1 EK grundsätzlich im Strafregisterverfahren nicht anwendbar, da die Eintragung des Vermerks keine Strafe ist.

B. Zusammenfassung

I. In folgenden Verfahren der deutschen Rechtsordnung wird über „die Stichhaltigkeit einer strafrechtlichen Anklage“ i. S. des Art. 6 Abs. 1 EK entschieden:

---

[248] HARTUNG, Einl. Anm. B, I, S. 12.

[249] HARTUNG, ebenda. Gesetzliche Folge einer Verurteilung ist z. B. der Verlust der bürgerlichen Ehrenrechte (§ 32 StGB) oder die dauernde Amtsunfähigkeit bei Zuchthausstrafen (§ 31 StGB), vgl. HARTUNG, ebenda; SCHÖNKE-SCHRÖDER, zu § 31 StGB.

[250] HARTUNG, S. 10. Vgl. auch PETERS, § 79, Anm. II.

[251] Appl. Nr. 448/59 vom 2. Juni 1960, YB III, S. 254 ff.

[252] Appl. Nr. 448/59, YB III, S. 266.

1. Im Hauptverfahren (Hauptverhandlung) des Erkenntnisverfahrens der StPO
2. Im Privatklageverfahren
3. Im Strafbefehlsverfahren
4. Im Strafverfügungsverfahren
5. Im Steuerstrafverfahren, und zwar sowohl
   a) im Strafbescheidsverfahren als auch
   b) im Unterwerfungsverfahren
6. Im Poststrafverfahren
7. Im Vorvollstreckungsverfahren des RHG, und zwar
   a) im Genehmigungsverfahren (§§ 3, 4 RHG)
   b) im Beschlußverfahren (§§ 5 ff. RHG)
   c) im Antragsverfahren (§ 15 RHG)
8. Im „neuen Strafverfahren" des RHG (§ 11 RHG)

II. In folgenden Verfahren der deutschen Rechtsordnung werden *keine* Entscheidungen über „die Stichhaltigkeit einer strafrechtlichen Anklage" i. S. des Art. 6 Abs. 1 EK getroffen:

1. Im Vor- und im Zwischenverfahren der StPO
2. Im (strafrechtlichen) Sicherungsverfahren
3. Im Disziplinarverfahren
4. Im Bußgeldverfahren
5. Bei der gebührenpflichtigen polizeilichen Verwarnung
6. Im Strafregisterverfahren des RHG

5. Kapitel

Die Entscheidungen im Rechtsmittelverfahren

In den beiden vorgehenden Kapiteln wurde untersucht, in welchen Verfahren, in welchen Verfahrensarten Art. 6 Abs. 1 EK anwendbar ist. Zu prüfen bleibt noch, wieweit Art. 6 Abs. 1 EK in den Instanzen der Verfahren gilt.

I. Das Berufungsverfahren

Wo die deutschen Verfahrensordnungen gegen die Entscheidung des Erstgerichts das Rechtsmittel der Berufung zulassen[253], ist ihr Ziel in allen Fällen das gleiche: Der Rechtsstreit soll völlig neu verhandelt und entschieden werden. In den Verfahren über „zivilrechtliche Ansprüche und Verpflichtungen", also in den Verfahren der ordentlichen Zivilgerichtsbarkeit und im Urteilsverfahren der Arbeitsgerichtsbarkeit, sind Gegenstand der Verhandlung und Entscheidung alle in der

---

[253] §§ 511 ZPO, 312 StPO, 64 ArbGG.

Vorinstanz zu- oder aberkannten Ansprüche sowie alle diese Ansprüche betreffenden Streitpunkte, wie § 537 ZPO bestimmt[254]. Nichts anderes gilt für die Verfahren über „die Stichhaltigkeit einer strafrechtlichen Anklage". Hier sagt das Reichsgericht: „Das Berufungsgericht (hat) in völliger Unabhängigkeit von dem erstinstanzlichen Verfahren und seinen Ergebnissen über den Gegenstand der Anklage aufs neue zu verhandeln, dabei auch allen zutage tretenden Änderungen der Sachlage Rechnung zu tragen und schließlich auf Grund der Berufungsverhandlung nach eigener Überzeugung die Entscheidung zu treffen[255]."

Die Berufungsgerichte entscheiden also, wie das Erstgericht, über das Bestehen oder Nichtbestehen von Ansprüchen und über die Stichhaltigkeit von Anklagen. Im Berufungsverfahren ist Art. 6 Abs. 1 EK mithin anwendbar.

II. Das Revisionsverfahren

Anders als in der Berufungsinstanz wird im Revisionsverfahren das angefochtene Urteil grundsätzlich nur auf seine Gesetzmäßigkeit hin überprüft[256]. Es findet also lediglich eine Nachprüfung des Urteils nach der rechtlichen Seite statt, nicht aber in tatsächlicher Beziehung. Das Revisionsgericht ist an die tatsächlichen Feststellungen der Vordergerichte gebunden.

Entscheidet nun das Revisionsgericht über „zivilrechtliche Ansprüche und Verpflichtungen" oder über „die Stichhaltigkeit strafrechtlicher Anklagen" i. S. des Art. 6 Abs. 1 EK?

Im Revisionsverfahren kann das Gericht folgende Entscheidungen treffen:

1. Die Voraussetzungen für die Zulässigkeit der Revision sind nicht gegeben: Die Revision wird als unzulässig verworfen[257].
2. Die Revision ist zulässig, aber unbegründet: Die Revision wird als unbegründet verworfen.
3. Die Revision ist zulässig und begründet: In diesem Falle hebt das Revisionsgericht das Urteil auf[258] und
   a) verweist entweder die Sache zur anderweitigen Verhandlung und Entscheidung an das Gericht, dessen Urteil aufgehoben wird, zurück[259] oder
   b) entscheidet „in der Sache selbst[260]".

---

[254] Die Vorschriften der ZPO über die Berufung finden gemäß § 64 Abs. 2 ArbGG im Berufungsverfahren der Arbeitsgerichtsbarkeit entsprechende Anwendung.

[255] RGSt 62, 130, 132.

[256] Vgl. §§ 549 ZPO, 337 StPO, 73 ArbGG.

[257] Vgl. §§ 554 a Abs. 1 Satz 2 ZPO, 346 Abs. 1 StPO, 72 Abs. 2 ArbGG i. V. m. 554 a Abs. 1 Satz 2 ZPO.

[258] Vgl. §§ 564 ZPO, 353 StPO, 72 Abs. 2 ArbGG i. V. m. 564 ZPO.

Zu 1. Das Urteil (oder der Beschluß), mit dem das Gericht die Revision als unzulässig verwirft, ist keine Entscheidung über „zivilrechtliche Ansprüche und Verpflichtungen" oder über „die Stichhaltigkeit einer strafrechtlichen Anklage". Denn das Gericht erkennt nicht in der Sache selbst, sondern erklärt lediglich, daß es an den Voraussetzungen für die sachliche Prüfung der Revisionsanträge fehle.

Zu 2. Wird die Revision als unbegründet verworfen, so entscheidet das Gericht gleichfalls nicht über den Anspruch oder die Anklage i. S. des Art. 6 Abs. 1 EK. Denn Gegenstand des Revisionsverfahrens ist nicht, wie bei der Berufung, eine neue Verhandlung und Entscheidung über den Anspruch und das gesamte zur Begründung oder Abwehr des Anspruchs dienende Streitmaterial, auch keine neue Verhandlung und Entscheidung über die Straftat, die durch Anklage und Eröffnungsbeschluß bestimmt ist[261]. Gegenstand der Entscheidung im Revisionsverfahren ist vielmehr die Nachprüfung des angefochtenen Urteils auf seine Gesetzmäßigkeit hin. Das Revisionsgericht befindet im Rahmen der gestellten Anträge ausschließlich darüber, ob das Vordergericht das Gesetz auf den festgestellten Sachverhalt richtig angewendet hat[262]. Zutreffend bemerkt Less[263]: „(Das Revisionsgericht) hat es ... nicht mit der Erforschung der materiellen Wahrheit, sondern mit der Richtigkeit der Beurteilung zu tun, die das Tatgericht der von ihm festgestellten Wahrheit zuteil werden läßt." Hierin liegt nun der wesentliche Unterschied zu der Entscheidung des Tatgerichts, durch den die Anwendung des Art. 6 Abs. 1 EK im Revisionsverfahren ausgeschlossen wird. Dies soll näher ausgeführt werden.

Art. 6 Abs. 1 EK ist einmal in Verfahren anwendbar, in denen das Gericht über „zivilrechtliche Ansprüche und Verpflichtungen" entscheidet, d. h. in solchen Verfahren, in denen das Gericht feststellt, ob der vom Kläger geltend gemachte Anspruch besteht. Dazu ist aber erforderlich, daß das Gericht Klarheit gewinnt, welchen Lebenssachverhalt es seiner Entscheidung zugrunde legen darf. Die Feststellung und Entscheidung „zivilrechtlicher Ansprüche und Verpflichtungen" setzt somit zunächst die Feststellung „eines zutreffenden Bildes der Wirklichkeit[264]" voraus. Erst dann kann das Gericht das Gesetz auf

---

[259] Vgl. §§ 565 Abs. 1 Satz 1 ZPO, 354 Abs. 2 Satz 1 StPO, 72 Abs. 2 ArbGG i. V. m. 565 Abs. 1 Satz 2 ZPO.

[260] Vgl. §§ 565 Abs. 3 ZPO, 354 Abs. 1 StPO.

[261] RGSt 62, 132.

[262] Dies gilt jedenfalls insoweit, als materiellrechtliche Verstöße nachgeprüft werden. Nur diese sind hier von Interesse. Denn bei der Nachprüfung von revisiblen Verfahrensmängeln entscheidet das Revisionsgericht sicherlich nicht über den Anspruch oder die Anklage i. S. des Art. 6 Abs. 1 EK.

[263] Less, Sp. 68.

[264] Less, ebenda.

den festgestellten Sachverhalt anwenden. Die Entscheidung über Bestehen oder Nichtbestehen zivilrechtlicher Ansprüche und Verpflichtungen erfordert also die Feststellung der Sach- *und* Rechtslage.

Das gleiche gilt für die Verfahren, in denen über „die Stichhaltigkeit strafrechtlicher Anklagen" entschieden wird. Die Anklage ist nur dann stichhaltig und begründet, wenn zunächst der mit der Beschuldigung behauptete Geschehensablauf, der „geschichtliche Vorgang, innerhalb dessen der Angeklagte einen Straftatbestand verwirklicht hat[265]", als erwiesen festgestellt ist. Erst dann kann das Gericht prüfen, ob dieser festgestellte Vorgang nach Maßgabe der Gesetze eine mit Strafe bedrohte Tat war. Auch hier folgt also die Subsumtion der vorangegangenen Tatbestandsfeststellung.

Wie ausgeführt, kontrolliert das Revisionsgericht das angefochtene Urteil nur auf seine Gesetzmäßigkeit. Dabei legt es seiner Prüfung den in der Tatinstanz als erwiesen festgestellten Sachverhalt zugrunde. Es wendet also das Gesetz auf einen Tatbestand an, den es nicht selbst festgestellt hat. Weist es nun die Revision als unbegründet zurück, so kann die Entscheidung nur *eine* Feststellung enthalten, nämlich die, daß die konkrete rechtliche Beurteilung und Würdigung des Streitstoffes oder des „geschichtlichen (Straf-) Vorgangs" durch das Tatgericht nicht fehlerhaft sei. Damit ist aber über Bestehen oder Nichtbestehen des Anspruchs oder die Stichhaltigkeit der Anklage nichts ausgesagt. Denn dazu gehört — um es zu wiederholen — die Feststellung der Sachlage wie die rechtliche Beurteilung dieser Sachlage. Nur eine neue Verhandlung und Entscheidung über Anspruch und Anklage in sachlicher und rechtlicher Hinsicht, wie sie in der Tatinstanz durchgeführt werden, ist eine Entscheidung i. S. des Art. 6 Abs. 1 EK.

Zu 3. a) Auch wenn das Gericht die Revision für begründet erachtet und das Urteil der Tatinstanz aufhebt, erklärt es damit nicht, daß der Anspruch etwa begründet oder die Anklage nicht stichhaltig sei. Denn in der Regel weist das Revisionsgericht die Sache an die Tatinstanz zur erneuten Verhandlung und Entscheidung zurück, wenn es der Ansicht ist, daß eine Gesetzesverletzung durch das Tatgericht vorliegt. „Das Revisionsgericht ist nicht dazu berufen, tatsächliche Feststellungen zum abzuurteilenden Sachverhalt zu treffen oder die getroffenen zu ergänzen und Entscheidungen zu treffen, für die tatrichterliche Überzeugung oder tatrichterliches Ermessen erforderlich ist[266]." In der erneuten Verhandlung vor dem Tatgericht wird erst wieder über den Anspruch oder die Anklage sachlich und rechtlich erkannt.

b) Entscheidet das Revisionsgericht ausnahmsweise „in der Sache selbst", so geschieht dies nur dort, „wo tatsächliche Feststellungen nicht

[265] BGHSt 10, 396, 397.

[266] Eb. Schmidt, LK, Teil II, §§ 353—355, Erl. 24.

mehr erforderlich sind[267]", wo die Gesetzesverletzung ausschließlich die Subsumtion betrifft, weitere tatsächliche Erörterungen daher entfallen[268]. Auch hier trifft somit das Revisionsgericht keine feststellende Entscheidung über die Sach- und Rechtslage des Anspruchs oder der Anklage.

Es zeigt sich also, daß im Revisionsverfahren das Gericht in keinem Falle über Bestehen oder Nichtbestehen von zivilrechtlichen Ansprüchen (und damit Verpflichtungen) oder über die Begründetheit von strafrechtlichen Anklagen i. S. des Art. 6 Abs. 1 EK entscheidet, weil eine solche Entscheidung die Feststellung der Sach- *und* Rechtslage verlangt. Art. 6 Abs. 1 EK ist daher im Revisionsverfahren nicht anwendbar.

III. Das Beschwerdeverfahren

Auch die Beschwerde ist ein Rechtsmittel. Sie dient der Anfechtung minder wichtiger Entscheidungen, und zwar in der Hauptsache der Anfechtung von gerichtlichen Verfügungen und Beschlüssen und führt zur Nachprüfung der Sach- und Rechtslage durch das höhere Gericht[269].

1. Grundsätzlich ist Art. 6 Abs. 1 EK im Beschwerdeverfahren nicht anwendbar. Denn Verfügungen und Beschlüsse sind zumeist Entscheidungen prozeßleitender Natur[270], die nicht die Feststellung „zivilrechtlicher Ansprüche und Verpflichtungen" oder die Prüfung „der Stichhaltigkeit der strafrechtlichen Anklage" zum Gegenstand haben.

2. Eine Ausnahme gilt jedoch für das Beschwerdeverfahren in den „echten Streitsachen" der freiwilligen Gerichtsbarkeit. Wie dargelegt[271], entscheiden die Gerichte dort über „zivilrechtliche Ansprüche und Verpflichtungen" i. S. des Art. 6 Abs. 1 EK. Die Beschwerde gegen solche Beschlüsse gemäß § 19 FGG führt zu einer Nachprüfung der Sach- und Rechtslage durch das Gericht der höheren Instanz. Die Beschwerde hat also hier die gleiche Wirkung wie die Berufung. Dies gilt sowohl für die einfache (§ 19 FGG) als auch für die sofortige Beschwerde (§ 22 FGG).

3. Im Verfahren über die weitere Beschwerde (§ 27 FGG) ist Art. 6 Abs. 1 EK hingegen nicht anwendbar. Denn die weitere Beschwerde gewährt, wie die Revision, lediglich eine *rechtliche* Nachprüfung der angefochtenen Entscheidung (§ 27 Satz 1 FGG). Das zur Revision Gesagte gilt somit auch hier.

---

[267] Eb. Schmidt, ebenda.
[268] Graf zu Dohna, S. 223.
[269] Rosenberg, § 144, Anm. I, 1.
[270] Rosenberg, § 54, Anm. III, 2.
[271] Siehe oben S. 19 f.

IV. Das Wiederaufnahmeverfahren

1. Wiederaufnahme nach den Grundsätzen der ZPO und StPO

Der Antrag auf Wiederaufnahme des Verfahrens wird als außerordentliches Rechtsmittel bezeichnet[272]. Denn die Wiederaufnahme bezweckt, wie Berufung und Revision, die Anfechtung von Urteilen[273].

Im Gegensatz zur Berufung und Revision richtet sich der Antrag auf Wiederaufnahme gegen ein rechtskräftiges Urteil. „Der Grundgedanke der Wiederaufnahme ist der, daß die Rechtskraft zurücktreten muß, wenn nachträglich bekanntgewordene Tatsachen das Urteil als offensichtlich falsch erscheinen lassen[274]."

Im Verfahren der Zivilgerichtsbarkeit kann die Wiederaufnahme eines durch rechtskräftiges Endurteil abgeschlossenen Verfahrens durch Nichtigkeitsklage und durch Restitutionsklage erfolgen (§ 578 Abs. 1 ZPO). Das Gericht prüft zunächst die Zulässigkeit der Klage, d. h. ob die Klage an sich statthaft und ob sie in der gesetzlichen Form und Frist erhoben ist. Ist die Klage zulässig, so hat das Gericht von Amts wegen zu prüfen, ob sie begründet ist.

Die Klage ist begründet, wenn einer der Wiederaufnahmegründe der §§ 579, 580 ZPO gegeben ist. Bei dieser Prüfung entscheidet das Gericht jedoch nicht über das Bestehen oder Nichtbestehen des Anspruchs i. S. des Art. 6 Abs. 1 EK. Verfahrensgegenstand sind allein die vom Kläger behaupteten Anfechtungsgründe der §§ 579, 580 ZPO. Mit seinen Behauptungen will der Kläger erreichen, daß in einem neuen Verfahren über seinen Anspruch entschieden wird. Das Wiederaufnahmeverfahren selbst dient also lediglich der Prüfung, ob es die vom Kläger angeführten Anfechtungsgründe rechtfertigen, ein abgeschlossenes, rechtskräftiges Verfahren neu durchzuführen, es „wiederaufzunehmen".

Das gleiche gilt für das Wiederaufnahmeverfahren in Strafsachen. Die Prüfung des vom Antragsteller oder vom Staatsanwalt behaupteten Wiederaufnahmegrundes[275] bezweckt „die Beschaffung von Unterlagen für die Entscheidung darüber, ob die Voraussetzungen für eine Wiederaufnahme als dargetan anzusehen (sind)"[276].

Erst wenn das Gericht die Klage oder den Wiederaufnahmeantrag als begründet erachtet, wird in dem wiederaufzunehmenden Verfahren über den Anspruch oder die Anklage neu verhandelt und entschieden.

Das Ergebnis der Prüfung läßt sich in einer kurzen Formel zusam-

---

[272] Graf zu Dohna, S. 204; Rosenberg, § 154, Anm. II, 2.

[273] Graf zu Dohna, ebenda.

[274] Eduard Kern, StV-Recht, § 57, Anm. A.

[275] Nach §§ 359, 362 StPO.

[276] Henkel, § 107, Anm. IV, 2.

menfassen: Art. 6 Abs. 1 EK gilt nicht im Wiederaufnahmeverfahren selbst, sondern erst im wiederaufgenommenen Verfahren[277].

2. Wiederaufnahme von Verfahren mit nichtigen Verkehrsstrafnormen

Wieweit die eben getroffene Feststellung, daß Art. 6 Abs. 1 EK nicht im Wiederaufnahmeverfahren selbst, sondern erst im wiederaufgenommenen Verfahren anwendbar ist, tatsächlich zutrifft, muß für die Wiederaufnahme von Verfahren mit nichtigen Verkehrsstrafnormen besonders geprüft werden. Anlaß hierzu bieten die in den letzten beiden Jahren ergangenen, zumeist höchstrichterlichen Entscheidungen, die sich mit der Verfassungswidrigkeit der §§ 71 StVZO und 49 StVO befassen und die Wiederaufnahme solcher Verfahren zulassen, die auf Grund dieser als nichtig erkannten Vorschriften durchgeführt worden sind. Zum Verständnis der Frage, ob Art. 6 Abs. 1 EK in diesem wiederaufzunehmenden Verfahren anwendbar ist, erscheint es erforderlich, in einem kurzen Überblick den Standpunkt der Rechtsprechung und des Schrifttums zur Wiederaufnahme des Verfahrens auf Grund des § 79 Abs. 1 BVerfGG darzustellen.

a) Auszugehen ist von den Entscheidungen des Bundesverfassungsgerichts, in denen die Verfassungswidrigkeit und damit Nichtigkeit der Bestimmungen des § 71 StVZO[278] und des § 49 StVO[279] festgestellt wurde. In einer weiteren Entscheidung erklärte das BVerfG sodann, daß § 21 StVG mit dem Grundgesetz vereinbar sei[280]. Folge dieser Erkenntnisse war, daß nunmehr nach § 79 Abs. 1 BVerfGG gegen die bereits rechtskräftigen Strafurteile, die auf den gemäß § 78 BVerfGG

---

[277] Vgl. die Entsch. der MRKomm. v. 10. März 1962, Appl. Nr. 864/60, Collection, Januar 1963, S. 17, 20 f. Dort hatte die MRKomm. entschieden, daß im (hier: österreichischen) Wiederaufnahmeverfahren selbst Art. 6 Abs. 1 EK nicht anwendbar ist: „Whereas it follws that there is no obligation on the Contracting States to accord a convicted person the right to request a review of his conviction which has acquired the force of res judicata; whereas, however, the question arises whether, in the event of such a right existing, the procedure applicable must not to be carried out in conformity with the provisions of Art. 6 of the Convention." Die MRKomm. führt dann aus, Aufgabe des Gerichts im Wiederaufnahmeverfahren sei es lediglich, über die Zulässigkeit des Wiederaufnahmeantrages zu entscheiden, und fährt fort: „Whereas this court was not seized of any criminal charge against the applicant, whether it be the initial charge or that which the Public Prosecutor might have newly formulated or repeated if the request had been declared admissible."

[278] BVerfG, Urt. vom 3. Juli 1962, in BVerfGE 14, 174 ff. = NJW 1962, 1339 f.

[279] BVerfG, Beschl. vom 25. Juli 1962 in BVerfGE 14, 254 ff. = NJW 1962, 1563.

[280] BVerfG, Beschl. vom 25. Juli 1962 in BVerfGE 14, 245 ff. = NJW 1962, 1563 ff.

für nichtig erklärten Normen der §§ 71 StVZO, 49 StVO beruhten, die Wiederaufnahme des Verfahrens nach den Vorschriften der §§ 359 ff. StPO zulässig war. Die Wiederaufnahme des Verfahrens wurde vorwiegend von der Staatsanwaltschaft betrieben, und zwar mit dem Antrag, im Wege der Wiederaufnahme das Urteil von der nichtigen Norm des § 71 StVZO (oder des § 49 StVO) auf die gültige des § 21 StVG „umzustellen". Die Strafgerichte, insbesondere die Oberlandesgerichte, entschieden denn auch durchweg antragsgemäß. Die dem rechtskräftigen Urteil zugrunde liegende nichtige Blankettstrafnorm wurde gegen die verfassungsmäßige des § 21 StVG „ausgewechselt". Dabei trafen die Gerichte eine bedeutsame verfahrensrechtliche Entscheidung: Über den Antrag auf Wiederaufnahme des Verfahrens, so erklärten sie, könne ohne Erneuerung der Hauptverhandlung durch Beschluß entschieden werden[281]. Eine Hauptverhandlung brauche schon deshalb nicht stattzufinden, weil in dem nach § 79 Abs. 1 BVerfGG wiederaufgenommenen Verfahren nicht, wie sonst üblich, gegen die Beweisgrundlagen des angegriffenen Urteils vorgegangen werde. Der Wiederaufnahmegrund des § 79 Abs. 1 BVerfGG beruhe vielmehr allein auf einer Änderung der Rechtsgrundlage. Die Wiederaufnahme könne daher nur dem Ziel dienen, „das durch den Wiederaufnahmegrund des § 79 Abs. 1 BVerfGG durch das Urteil des BVerfG nicht erschütterte Tatgeschehen an Hand der durch das Urteil des BVerfG klargestellten Rechtslage zu messen[282]". Das Wiederaufnahmeverfahren auf Grund des § 79 Abs. 1 BVerfGG sei daher seinem Wesen nach nur mit der Revision vergleichbar[283]. Wenn aber die tatsächlichen Grundlagen, auf denen die Verurteilung beruhe, durch den Spruch des BVerfG nicht betroffen oder gar erschüttert würden, eine neue Feststellung des Sachverhalts also nicht erforderlich sei, so erübrige sich eine Hauptverhandlung[284]. In § 370 Abs. 2 StPO sei zwar die Erneuerung der Hauptverhandlung vorgeschrieben. Diese Regel gelte aber nicht ausnahmslos. So könne nach § 371 Abs. 2 und 3 StPO in den dort genannten Fällen ohne Hauptverhandlung durch Beschluß entschieden werden. Hieraus lasse sich der Wille des Gesetzgebers entnehmen, bei einfach gelagerten Sachverhalten und klarer Sach- und

---

[281] OLG Bamberg, NJW 1962, 2168; OLG Bremen, NJW 1962, 2169; OLG Nürnberg, NJW 1962, 2264; OLG Hamm, NJW 1962, 2265; OLG Oldenburg, NJW 1963, 457; OLG Köln, NJW 1963, 457; OLG Hamburg, NJW 1963, 503; das BVerfG hat es in seiner Entsch. NJW 1963, 758 ausdrücklich dahingestellt sein lassen, ob eine neue Hauptverhandlung stattzufinden habe.

[282] OLG Bremen, NJW 1962, 2170 rSp.

[283] OLG Bremen, ebenda; s. a. OLG Hamm, NJW 1962, 69.

[284] OLG Bremen, ebenda; das OLG bezieht sich hier auf die Entsch. des OLG Hamm, NJW 1962, 68 f.

Rechtslage eine überflüssige Hauptverhandlung zu vermeiden[285]. Eine solche Lage schaffe aber die Wiederaufnahme nach § 79 Abs. 1 BVerfGG. Es sei daher gerechtfertigt, für das Wiederaufnahmeverfahren nach § 79 Abs. 1 BVerfGG auf Grund der durch die Nichtigkeitserklärung des § 71 StVZO (§ 49 StVO) entstandenen Rechtslage die Vorschrift des § 371 StPO entsprechend anzuwenden und die Entscheidung durch Beschluß zu treffen[286].

Einen anderen Standpunkt vertritt im Schrifttum allein v. Stackelberg[287]. Auch er stellt die Frage, ob die Wiederaufnahme des Verfahrens nach § 79 Abs. 1 BVerfGG im Beschlußwege durchgeführt werden dürfe und kommt zu dem Ergebnis, daß dies nicht zulässig sei. Die StPO biete keine Möglichkeit, so meint v. Stackelberg, ein rechtskräftiges Urteil durch einfachen Beschluß abzuändern, wenn man von den hier nicht in Betracht kommenden Ausnahmefällen des § 371 StPO absehe. Bestimme § 79 Abs. 1 BVerfGG, daß die Wiederaufnahme des Verfahrens nach den Vorschriften der StPO zulässig sei, so müsse das Gericht auch das Verfahren nach den dort vorgefundenen Regeln durchführen, also mit Zulassungsbeschluß (§ 367 StPO), einer anschließenden Beweisaufnahme (§ 369 StPO), der Anordnung der Hauptverhandlung (§ 370 Abs. 2 StPO) und der Hauptverhandlung selbst (§ 373 StPO). Das Wiederaufnahmeverfahren könne auch nicht durch Unterlassen der Beweisaufnahme abgekürzt werden. Insbesondere sei die Auffassung, die tatsächlichen Feststellungen und die Strafzumessungsgründe des nichtigen Urteils seien auch für die Wiederaufnahme bindend, abzulehnen. Entfalle aus dem rechtskräftigen Urteil ein wesentlicher Teil, nämlich das Strafgesetz, und sei mithin das gesamte Urteil nichtig, so könne nicht ein einzelner Teil aufrechterhalten bleiben. Die Wiederaufnahme komme daher nur in der Weise in Betracht, daß die Vorschriften der StPO über das Wiederaufnahmeverfahren voll durchgeführt würden[288].

Die Ansichten, die sich hier gegenüberstehen, sind für die Frage bedeutsam, ob Art. 6 Abs. 1 EK in dem wiederaufzunehmenden Verfahren nach § 79 Abs. 1 BVerfGG anwendbar ist. Denn über „die Stichhaltigkeit der strafrechtlichen Anklage" i. S. des Art. 6 Abs. 1 EK wird im wiederaufzunehmenden Verfahren nach § 79 Abs. 1 BVerfGG dann nicht entschieden, wenn sich die Auffassung der Rechtsprechung als zutreffend erweisen sollte, daß im Falle des § 79 Abs. 1 BVerfGG vom Gericht nur die Rechtslage neu festzustellen sei, das Tatgeschehen

---

[285] OLG Bamberg, NJW 1962, 2169 lSp.; OLG Nürnberg, NJW 1962, 2264 rSp.

[286] OLG Bremen, NJW 1962, 2171. Die analoge Anwendung des § 371 StPO befürworten weiterhin OLG Bamberg, NJW 1962, 2168; OLG Nürnberg, NJW 1962, 2264. Im Schrifttum vertritt CREIFELDS, Auswirkungen, S. 362 rSp. und S. 363 lSp. die gleiche Auffassung.

[287] v. STACKELBERG, Verfassungswidrigkeit, S. 700 f.

[288] v. STACKELBERG, a. a. O., S. 701 lSp.

hingegen dem rechtskräftigen tatrichterlichen Spruch entnommen werden könnte. Träfe dies zu, so wäre ein solches Wiederaufnahmeverfahren nichts anderes als eine neue Art des Revisionsverfahrens, das gleichfalls ausschließlich die Feststellung der Rechtslage zum Ziel hat. Art. 6 Abs. 1 EK wäre nicht anwendbar.

b) Um das Ergebnis der Untersuchung vorwegzunehmen: Der Standpunkt der Rechtsprechung überzeugt. In der Tat stehen nämlich die Feststellungen zum Sachverhalt im Wiederaufnahmeverfahren nach § 79 Abs. 1 BVerfGG unangreifbar fest. Der Wiederaufnahmegrund des § 79 Abs. 1 BVerfGG schafft insofern eine vom üblichen Wiederaufnahmeverfahren abweichende Lage, als nicht die Beweisgrundlagen des rechtskräftigen Urteils angegriffen werden. Normalerweise wird die Wiederaufnahme des Verfahrens erst dann angeordnet, wenn die Behauptungen des Antragstellers, der die Wiederaufnahme betreibt, die Beweisgrundlagen des angegriffenen Urteils in einer Weise erschüttern, daß sie das Urteil voraussichtlich nicht mehr zu tragen vermögen und deshalb aufzuheben sind[289]. Nun beruht aber der Wiederaufnahmegrund des § 79 Abs. 1 BVerfGG allein auf einer Änderung der Rechtsgrundlage des Urteils. Er paßt also, wenn man so will, nicht in die Systematik des Wiederaufnahmeverfahrens der §§ 359 ff. StPO, das, wie gesagt, für solche Fälle geschaffen ist, in denen der als erwiesen festgestellte Sachverhalt aufs neue in Frage gestellt wird. Läßt hier das Gericht die Wiederaufnahme des Verfahrens zu, so wird in dem wiederaufgenommenen Verfahren der gesamte Rechtsfall in sachlicher und rechtlicher Beziehung neu verhandelt und entschieden. Bleiben aber die tatsächlichen Feststellungen des rechtskräftigen Urteils, wie im Falle der Wiederaufnahme nach § 79 Abs. 1 BVerfGG, unberührt, so ist das Gericht einer erneuten Feststellung des Tatgeschehens enthoben. Der feststehende Sachverhalt ist lediglich aus einer anderen Norm zu „bestrafen". Daß diese Entscheidung des Gerichts keine neue Bestrafung ist, hat das BVerfG[290] klargestellt: „... es (ist) keine nochmalige Bestrafung i. S. des Art. 103 Abs. 3 GG, wenn nur die materiell verfassungswidrige nichtige durch eine verfassungsmäßige gültige Rechtsgrundlage eines Strafurteils ersetzt wird, ohne daß die tatsächlichen Feststellungen des Urteils, die rechtliche Beurteilung der Tat im übrigen oder Art und Höhe der Strafe geändert werden, ein bestehendes Rechtshindernis für die Vollstreckung beseitigt oder die fehlende Voraussetzung für sie geschaffen wird."

Damit ist zugleich ein anderer Gedanke deutlich angesprochen: Stellt das Erkenntnis des Gerichts im wiederaufgenommenen Verfahren nach § 79 Abs. 1 BVerfGG i. V. m. den §§ 359 ff. StPO keine neue Bestrafung, keine neue Verurteilung dar, weil die tatsächlichen Feststellungen des Urteils unverändert erhalten bleiben, so entscheidet das Gericht

---

[289] So zutreffend OLG Hamm, NJW 1962, 69 lSp.

[290] BVerfGE 15, 303, 308 = NJW 1963, 757, 758 rSp.

auch nicht über „die Stichhaltigkeit einer strafrechtlichen Anklage" i. S. des Art. 6 Abs. 1 EK. Denn dazu gehört, wie ausgeführt[291], die Feststellung der Sach- *und* Rechtslage. Nicht aber genügt es, wenn lediglich die nichtige durch eine gültige Rechtsgrundlage ersetzt wird, wobei das Tatgeschehen als solches nicht in Zweifel gezogen wird[292].

Der Einwand v. Stackelbergs[293], die von der Rechtsprechung vertretene Auffassung, die tatsächlichen Feststellungen und die Strafzumessungsgründe des nichtigen Urteils seien auch für die Wiederaufnahme bindend, verkennt die Argumentation der Rechtsprechung und trifft die Sache nicht. Von einer Bindung des Gerichts an die tatsächlichen Feststellungen des rechtskräftigen Urteils ist nicht die Rede. Die Rechtsprechung vertritt vielmehr den Standpunkt, daß eine erneute Feststellung des Tatgeschehens im Wiederaufnahmeverfahren nicht *erforderlich* sei, da die Tatbestandsgrundlage des Urteils durch den Spruch des BVerfG nicht erschüttert werde. Insofern nähert sich die Wiederaufnahme des Verfahrens auf Grund des § 79 Abs. 1 BVerfGG — auch darin ist der Rechtsprechung[294] zuzustimmen — zumindest im Ergebnis der Aufgabe des Revisionsgerichts, das auch nur einen feststehenden Sachverhalt rechtlich beurteilt.

Abschließend kann also festgestellt werden: In dem auf Grund des § 79 Abs. 1 BVerfGG wiederaufzunehmenden Verfahren bei erklärter

---

[291] Vgl. oben S. 52 f.

[292] Daß Art. 6 Abs. 1 EK im Wiederaufnahmeverfahren bei Verurteilungen auf Grund nichtiger Verkehrsstrafnormen (§§ 71 StVZO, 49 StVO) nicht anwendbar ist, hat auch die MRKomm. klargestellt. In der Entsch. der MRKomm. Appl. Nr. 2136/64 vom 18. April 1964 in Sachen Walter Düsterloh gegen Bundesrepublik Deutschland (bislang unveröffentlicht) heißt es u. a.: „Whereas the decision of the Federal Constitutional Court, by which it found Article 71 of the Ordinance concerning Traffic Regulations to be invalid as being contrary to the Constitution, had the effect of vitiating the legal basis of the sentence imposed upon the Applicant but in no way affected the legal or factual basis of his conviction under Articles 1, 8 and 46 of the Traffic Ordinance; whereas it follows that his conviction as such remained r e s j u d i c a t a and was not open to review during the subsequent proceedings before the Regional Court ... and the Court of Appeal ...; whereas, indeed, the sole duty of these Courts was to reconsider, under Article 21 of the Traffic Code, the Applicant's sentence passed under the said Article 71 pursuant to his conviction under the Articles referred above ..." Die hier gegebene Begründung deckt sich mit der des Verfassers. In der Tat bleiben ja die Feststellungen des Erstgerichts zum Tatgeschehen „rechtskräftig", sie stehen unangreifbar fest, und die einzige Aufgabe des Gerichts im Wiederaufnahmeverfahren ist es, die Strafwürdigkeit dieser Tat aus einer anderen, gültigen Norm zu begründen.

[293] v. STACKELBERG, Verfassungswidrigkeit, S. 701 lSp.

[294] OLG Bremen, NJW 1962, 2169; vgl. auch AG Stuttgart, NJW 1963, 458.

Nichtigkeit der §§ 71 StVZO, 49 StVO entscheidet das Gericht nicht über „die Stichhaltigkeit einer strafrechtlichen Anklage" i. S. des Art. 6 Abs. 1 EK. Zu einer solchen Entscheidung gehört die Feststellung der Sach- und Rechtslage. Der Feststellung des Tatbestandes, der Sachlage, ist das Gericht aber enthoben. Denn die Tatgrundlage des angegriffenen Urteils steht unangreifbar fest und wird durch den Spruch des BVerfG nicht erschüttert. Art. 6 Abs. 1 EK ist daher im wiederaufzunehmenden Verfahren nach § 79 Abs. 1 BVerfGG i. V. m. den §§ 359 ff. StPO bei nichtigen Verkehrsstrafnormen (§§ 71 StVZO, 49 StVO) nicht anwendbar[295].

V. *Zusammenfassung*

1. Art. 6 Abs. 1 EK ist nur in folgenden Rechtsmittelverfahren anwendbar:

a) Im Berufungsverfahren.

b) Im Beschwerdeverfahren der „echten Streitsachen" im Bereich der freiwilligen Gerichtsbarkeit (einfache und sofortige Beschwerde, §§ 19, 22 FGG).

c) Im Verfahren bei zulässiger und begründeter Wiederaufnahme nach den Grundsätzen der ZPO (§§ 578 ff. ZPO) und der StPO (§§ 359 ff. StPO).

2. In folgenden Rechtsmittelverfahren ist Art. 6 Abs. 1 EK *nicht* anwendbar:

a) Im Revisionsverfahren.

b) Im Verfahren über die weitere Beschwerde bei „echten Streitsachen" auf dem Gebiet der freiwilligen Gerichtsbarkeit (§ 27 FGG) sowie in allen übrigen Beschwerdeverfahren, außer den unter 1, b) genannten.

c) Im Verfahren bei zulässiger und begründeter Wiederaufnahme von Verurteilungen auf Grund nichtiger Verkehrsstrafnormen (§ 79 Abs. 1 BVerfGG i. V. m. §§ 359 ff. StPO, 71 StVZO, 49 StVO).

---

[295] Eine andere Frage ist es, ob die bloße Umstellung von nichtigen Urteilen auf gültige Normen nicht gegen Art. 6 Abs. 2 EK verstößt. Dies kann jedoch hier dahinstehen.

DRITTER ABSCHNITT

Die Garantien des Art. 6 Abs. 1 EK sowie die Einschränkbarkeit des Grundsatzes der Öffentlichkeit (Art. 6 Abs. 1 Satz 2 EK). Verwirklichung der Forderungen der Konvention in der deutschen Rechtsordnung.

Nachdem feststeht, in welchen Verfahren der deutschen Rechtsordnung über „zivilrechtliche Ansprüche und Verpflichtungen" sowie über „die Stichhaltigkeit strafrechtlicher Anklagen" entschieden wird, können nunmehr die in Art. 6 Abs. 1 EK dem Einzelnen gewährten Garantien behandelt werden.

I. Teil

Inhalt und Grenzen der Garantien des Art. 6 Abs. 1 EK

6. Kapitel

Die Garantien

Vorbemerkung

Wie bereits gesagt[296], erschöpft sich Art. 6 Abs. 1 EK nicht in einer Definition des Grundsatzes des rechtlichen Gehörs. Die Garantien des Art. 6 Abs. 1 EK betreffen vielmehr das gesamte Verfahren, in dem sicherlich auch rechtliches Gehör zu gewähren ist.

Versucht man, die Garantien des Art. 6 Abs. 1 EK unter einem gemeinsamen kennzeichnenden Begriff zusammenzufassen, so zeigt sich, daß Art. 6 Abs. 1 EK Garantien unterschiedlichen Charakters enthält. Da sie sich auf Verfahren erstrecken, in denen eine Entscheidung über „zivilrechtliche Ansprüche und Verpflichtungen" oder über „die Stichhaltigkeit strafrechtlicher Anklagen" getroffen wird, befaßt sich die erste Garantie mit der Frage, *wer* zu entscheiden hat. Art. 6 Abs. 1 EK verlangt die Entscheidung durch den Richter, durch ein unabhängiges,

---

[296] Siehe oben S. 10 f.

unparteiisches und auf Gesetz beruhendes Gericht. Die Konventionsnorm enthält also eine Institutionsgarantie. Sodann wird zu prüfen sein, ob Art. 6 Abs. 1 EK einen Anspruch auf Justizgewährung garantiert. Hier ist zu fragen, *ob* das Gericht in jedem Falle entscheiden, ob der Staat dem Einzelnen ein kompetentes Gericht zur Entscheidung über seine Ansprüche bereitstellen muß. Und schließlich werden dem Einzelnen Garantien zugesichert, die sich auf das Verfahren, auf den Verfahrensgang selbst beziehen. Sie enthalten Regeln darüber, *wie* zu entscheiden ist. Das sind die eigentlichen Prozeßgarantien.

I. Die Institutionsgarantie

1. Das unabhängige Gericht

Nur Gerichte sind nach Art. 6 Abs. 1 EK berufen, über „zivilrechtliche Ansprüche und Verpflichtungen" sowie über „die Stichhaltigkeit strafrechtlicher Anklagen" zu entscheiden. Gerichte sind Organe der Staatsgewalt zur Ausübung der Rechtspflege[297]. Diese Begriffsbestimmung, die lediglich etwas über die Funktion der Gerichte aussagt, vermag freilich noch nicht zu erklären, warum Art. 6 Abs. 1 EK gerade die Entscheidung dieser Behörde fordert. Die Antwort kann nur lauten: Wenn Art. 6 Abs. 1 EK dem Einzelnen ein rechtsstaatliches Gerichtsverfahren garantieren will, so muß vor allem die Gewähr gegeben sein, daß die Behörde, die das Verfahren, die Verhandlung nach rechtsstaatlichen Grundsätzen führen soll, selbst rechtsstaatlich organisiert ist. Die Konvention verlangt daher, daß nur unabhängige, unparteiische und auf Gesetz beruhende Gerichte entscheiden dürfen. Nur Gerichte, die mit diesen Garantien ausgestattet sind, können Recht sprechen. Art. 6 Abs. 1 EK garantiert also ein rechtsstaatliches Gericht.

a) Zum rechtsstaatlichen Begriff des Gerichts gehört vor allem die Garantie der Unabhängigkeit seiner Mitglieder[298]. In Art. 6 Abs. 1 EK ist sie an erster Stelle genannt. Die Garantie der Unabhängigkeit bedeutet, daß niemand dem Gericht den Inhalt seiner Entscheidungen vorschreiben, niemand ihm Weisungen erteilen darf[299]. Das Gericht ist allein an Recht und Gesetz gebunden. Weder die Prozeßbeteiligten noch der Staat noch die nichtstaatlichen Mächte, wie etwa die politischen Parteien oder die Presse, sollen Einfluß auf die gerichtliche Entscheidung nehmen dürfen. Die Garantie der Unabhängigkeit bedeutet daher Parteiunabhängigkeit, Staatsunabhängigkeit und Gesellschaftsunabhängigkeit[300].

---

[297] ROSENBERG, § 19, Anm. I.

[298] EICHENBERGER, S. 56: „... Es sind rechtsstaatliche Werte, mit denen das Unabhängigkeitsprinzip ... verbunden ist ..."

[299] BVerwG in ZZP 67, 55, 56.

[300] BETTERMANN, Unabhängigkeit, S. 525.

b) Ob Art. 6 Abs. 1 EK neben dieser, der sog. sachlichen Unabhängigkeit, auch die persönliche Unabhängigkeit mitumfaßt, mag fraglich erscheinen. Persönliche Unabhängigkeit besitzt ein Gericht dann, wenn seine Mitglieder unabsetzbar und unversetzbar sind[301]. Der authentische Wortlaut des Art. 6 Abs. 1 EK („independent", „indépendant") läßt nicht erkennen, ob die Konvention auch die persönliche Unabhängigkeit garantiert. Um den Willen der Vertragsstaaten zu ermitteln, erscheint es erforderlich, auf die Stellung des Richters in Großbritannien und Frankreich kurz einzugehen.

Für die englischen Gerichte läßt sich die Frage, ob ihre Mitglieder persönlich unabhängig sind, nicht einheitlich beantworten. Die Richter der superior courts sind unabsetzbar, die der inferior courts hingegen nicht[302]. In einer High Court-Entscheidung[303] wird dies deutlich ausgesprochen: „... Die große Mehrheit der richterlichen Personen in diesem Lande (i. e. England) erfreut sich nicht der exzeptionellen Stellung der Richter des Supreme Court ... Es ist keine Wesensnotwendigkeit des Richteramtes, daß sein Inhaber die (persönliche) Unabhängigkeit besitzt, mit der man die Richter des Supreme Court auszustatten sich genötigt sah ..." Die Richter der inferior courts kann der Lord Chancellor wegen „Unfähigkeit oder schlechten Benehmens" („inability or misbehaviour") entlassen, „wenn er es für angebracht hält[304]".

Anders in Frankreich. Hier besitzen die Richter auch die persönliche Unabhängigkeit. Sie können nur mit ihrer Zustimmung entlassen, versetzt oder befördert werden[305].

Obgleich also in England das Prinzip der persönlichen Unabhängigkeit nur teilweise verwirklicht ist, wird man doch zu dem Ergebnis kommen müssen, daß Art. 6 Abs. 1 EK sowohl die sachliche als auch die persönliche Unabhängigkeit der Gerichte garantieren will, besonders schon deshalb, weil diese die wichtigste Gewähr für die sachliche Unabhängigkeit ist[306]. „Persönliche Unabhängigkeit erscheint als ‚Garantie' der sachlichen im Sinne einer Voraussetzung oder auch eines Begriffselementes[307]." Der Richter ist in seiner Entscheidung nicht frei, nicht sachlich unabhängig, solange er jederzeit abgesetzt oder versetzt werden kann[308].

In der deutschen Rechtsordnung ist der Grundsatz der Unabhängigkeit des Richters in der Verfassung niedergelegt. So bestimmt Art. 97

---

301 BETTERMANN, a. a. O., S. 590.

302 VOLLKOMMER, ZZP 73, 170 f.

303 Zitiert bei VOLLKOMMER, S. 171. Es handelt sich um die Entscheidung im Rechtsstreit Terrel v. Secretary of State aus dem Jahre 1953.

304 VOLLKOMMER, S. 172.

305 WAGNER, Der Richter, S. 86 f.

306 Eduard KERN, GV-Recht, § 13, S. 101.

307 EICHENBERGER, S. 53.

308 BVerfGE 4, 331, 346.

Abs. 1 GG, daß die Richter unabhängig und nur dem Gesetz unterworfen sind[309]. Die persönliche Unabhängigkeit des Richters wird durch Art. 97 Abs. 2 GG garantiert[310].

2. Das unparteiische Gericht

Nach Art. 6 Abs. 1 EK soll das Gericht „unparteiisch" („impartial") sein. Ob die Forderung, unparteiisch zu urteilen, ein Element des rechtsstaatlichen Begriffs des Gerichts ist, mag zweifelhaft sein. So meint Herzog[311], das Wort „unparteiisch" in Art. 6 Abs. 1 EK dürfte nicht zum Begriff des Gerichts zu rechnen sein, sondern nur eine Pflicht des Gerichts bezeichnen. Dem kann insoweit zugestimmt werden, als der Grundsatz der Unparteilichkeit einmal bedeutet, daß die Richter zu der Rechtssache und zu den an ihr beteiligten Personen nicht in einer solchen Beziehung stehen dürfen, wodurch ein Konflikt zwischen ihren Interessen und ihrer Richterpflicht, unparteiisch, also auch gegen ihre eigenen Interessen zu entscheiden, entstehen könnte[312]. „Es ist ihre Pflicht, sich jeder Amtshandlung zu enthalten, wenn eine solche Interessenbeziehung zu den beteiligten Personen vorliegt[313]." Unparteiisch zu urteilen ist daher einmal eine richterliche Pflicht wie die zur sachlichen und gerechten Entscheidung[314]. Sie ist Richtertugend.

Es ist klar, daß Art. 6 Abs. 1 EK die Unparteilichkeit des Richters in der von Herzog verstandenen Bedeutung nicht garantieren kann. Die Unparteilichkeit des Richters kann aber auch weitgehend von außen her gesichert werden, nämlich dadurch, daß der Staat die Gerichte als besondere, von der vollziehenden Gewalt getrennte Organisationen gestaltet. In vielen Fällen wird der Staat oder eine seiner Behörden in einem Rechtsstreit selbst Partei sein. Der Einzelne, der als Partei dem Staat (oder einer seiner Behörden) vor Gericht — also gleichfalls einem staatlichen Organ — gegenübersteht, würde in seinem Vertrauen auf eine sachliche und gerechte Entscheidung ernstlich beeinträchtigt, wenn er nicht gewiß sein dürfte, daß sich das Gericht seiner Rechtssache als neutraler, unbefangener und unbeteiligter Dritter annehme.

In der deutschen Rechtsordnung wird der Grundsatz der Unparteilichkeit des Gerichts in dem zuletzt genannten Sinne dem Gebot der Gewaltenteilung entnommen. Das BVerfG[315] rechnet, neben der sachlichen und persönlichen Unabhängigkeit, die Stellung des Gerichts als

[309] Derselbe Grundsatz ist in § 1 GVG und in § 25 DRiG ausgesprochen.
[310] Vgl. §§ 6 und 8 GVG.
[311] HERZOG, Freiheit, S. 213, FN 79.
[312] SPERL, § 12, Anm. I, S. 73.
[313] SPERL, ebenda.
[314] Herbert ARNDT, Einl., Anm. I, 2, c), S. 2.
[315] BVerfGE 3, 377, 381 f.; 4, 331, 346.

eines nichtbeteiligten Dritten zum Begriff des rechtsstaatlichen Gerichts. Die Vorstellung, so führt das BVerfG[316] aus, daß jede richterliche Tätigkeit von einem nichtbeteiligten Dritten ausgeübt werde, sei mit dem Begriff „Richter" und „Gericht" untrennbar verknüpft. Wenn der Staat oder eine seiner Behörden in einem Rechtsstreit Partei sei, so säße zwar letzten Endes nie ein Dritter, sondern immer der Staat über sich selbst zu Gericht, da Verwaltungsbehörden und Gerichte Organe desselben Staates seien. Deshalb komme in diesem Zusammenhang dem Gebot der Gewaltenteilung eine maßgebende Bedeutung zu, wonach die Rechtsprechung durch „besondere", von den Organen der Gesetzgebung und der vollziehenden Gewalt verschiedene Organe des Staates auszuüben sei (Art. 20 Abs. 2 Satz 2 GG). Denn nur, wenn die Gerichte als besondere, von der Exekutive getrennte Institutionen gestaltet seien, könne eine Rechtsprechung wie durch einen unparteiischen Dritten verwirklicht werden.

Aber auch dort, wo nicht der Staat im Rechtsstreit Partei ist, kann die Unparteilichkeit des Gerichts angezweifelt werden. Ist einmal die Pflicht zur Unparteilichkeit „Anstandspflicht" des Richters, Richtertugend, so kann es doch in bestimmten Fällen unumgänglich sein, den Richter zu zwingen — kommt er seiner Pflicht zur Unparteilichkeit offensichtlich nicht nach — sich jeder weiteren Mitwirkung an der Entscheidung des Rechtsstreits zu enthalten. Die deutschen Verfahrensordnungen enthalten daher Vorschriften, die den Richter kraft Gesetzes von der Ausübung des Richteramtes ausschließen, wenn Gründe geltend gemacht werden, die geeignet sind, das Vertrauen in die Unparteilichkeit des Richters zu erschüttern[317]. Die Ausschließungsgründe hat das Gericht von Amts wegen zu berücksichtigen[318].

Wo das Gericht einen gesetzlichen Ausschließungsgrund nicht von Amts wegen beachtet oder wo die Besorgnis besteht, der Richter könne befangen sein, hat diejenige Partei, welche die Unparteilichkeit des betreffenden Richters anzweifelt, das Recht der Ablehnung[319]. Dieser Anspruch wird dem Recht auf Gleichheit vor dem Gesetz entnommen[320]. Der Einzelne hat auch im Prozeß als Partei ein Recht darauf, in gleicher Weise wie sein Gegner behandelt zu werden. Dieser Gleichbehandlungsgrundsatz verlangt die Unparteilichkeit des Richters[321]. Das Ablehnungsrecht dient dazu, diesen grundgesetzlich fundierten Anspruch durchzusetzen[322].

---

[316] BVerfGE 4, 331, 346.

[317] Vgl. etwa §§ 41 ff. ZPO, 22 ff. StPO, 6 FGG, 46 Abs. 2 Satz 1 ArbGG.

[318] Rosenberg, § 22, Anm. II, 3 a).

[319] Vgl. FN 317.

[320] Bötticher, S. 19 f.; Blomeyer, § 15, Anm. 3, S. 72.

[321] Bötticher, ebenda; Blomeyer, ebenda.

[322] Wirkt der ausgeschlossene oder begründet abgelehnte Richter trotzdem mit, so greift im Zivilprozeß außer den gewöhnlichen Rechtsbehelfen

Es zeigt sich somit, daß in der deutschen Rechtsordnung die Forderung der Konvention nach einem unparteiischen Gericht erfüllt wird.

3. Das auf Gesetz beruhende Gericht

Schließlich soll das Gericht nach Art. 6 Abs. 1 EK „auf Gesetz beruhen". „A tribunal established by law" („un tribunal établi par la loi") bedeutet, daß das Gericht auf gesetzlicher Grundlage errichtet, durch Gesetz begründet sein muß.

Der Grundsatz, daß die Gerichte „auf Gesetz beruhen" müssen, ist in der deutschen Rechtsordnung nicht unmittelbar ausgesprochen. Während Art. 6 Abs. 1 EK das „gesetzliche Gericht" garantiert, spricht Art. 101 Abs. 1 Satz 2 GG das Verbot aus, jemanden seinem „gesetzlichen Richter" zu entziehen. Inhalt und Schutzbereich beider Garantien sind jedoch, mögen sie auf den ersten Blick zunächst auch übereinstimmend denselben Grundsatz bezeichnen, verschieden[323]. Anders als Art. 6 Abs. 1 EK, der ausschließlich bestimmt, daß die Gerichte auf gesetzlicher Grundlage errichtet sein müssen, regelt Art. 101 Abs. 1 Satz 2 GG die *Zuständigkeit* des gesetzlichen Gerichts. Art. 101 Abs. 1 Satz 2 GG enthält das Prinzip gesetzlicher Zuständigkeitsordnung der Rechtsprechung und sonstigen Gerichtsbarkeit[324], d. h. die Zuständigkeit der Richter und Gerichte muß „gesetzlich" sein, sie darf nicht willkürlich, nach freiem Ermessen von Fall zu Fall bestimmt werden[325]. Die Zuständigkeit der Richter und Gerichte muß nach Art. 101 Abs. 1 Satz 2 GG abstrakt und generell festgelegt sein[326]. Das Gesetz muß die Zuständigkeit möglichst eindeutig bestimmen, damit jeder „seinen" Richter schon im voraus erkennen kann[327]. Diesem gesetzlich im voraus als zuständig festgelegten Gericht darf niemand entzogen werden.

Obgleich also der Grundsatz, daß die Gerichte „auf Gesetz beruhen" müssen, im deutschen Recht nicht ausdrücklich garantiert ist, so wird er doch von der Verfassung als selbstverständlich vorausgesetzt[328]. Er ergibt sich aus „allgemeinen, aus dem Grundgesetz abzuleitenden

---

die Nichtigkeitsklage nach § 579 Ziff. 2, 3 ZPO ein, vgl. BAUMBACH-LAUTERBACH, Übersicht vor § 41 ZPO.

[323] SCHWARZ-KLEINKNECHT, EK, Art. 6, Anm. 8 meinen, das auf Gesetz beruhende Gericht i. S. des Art. 6 Abs. 1 EK sei der „gesetzliche Richter" nach Art. 101 Abs. 1 Satz 2 GG. Das läßt sich mit dem klaren Wortlaut des Art. 6 Abs. 1 EK jedoch nicht vereinbaren, vgl. auch APPELL, Diss. S. 25 f.

[324] BETTERMANN, Unabhängigkeit, S. 558.

[325] BETTERMANN, ebenda.

[326] BETTERMANN, a. a. O., S. 561.

[327] BVerfGE 6, 50 f.; BETTERMANN, a. a. O., S. 562; NIKISCH, § 8, Anm. III, S. 34.

[328] Eduard KERN, Rechtspflege, S. 492: „Der gesetzliche Richter ist der auf Grund des Gesetzes zur Entscheidung eines Rechtsfalls berufene Richter, also zunächst ein Gericht, das auf gesetzlicher Grundlage beruht."

rechtsstaatlichen Erwägungen[329]", im besonderen aber aus Art. 101 Abs. 1 Satz 1 GG, wonach Ausnahmegerichte, „gesetzlose" Gerichte also, einem ausdrücklichen Verfassungsverbot unterliegen.

Das Verbot von Ausnahmegerichten ist in Art. 6 Abs. 1 EK nicht ausdrücklich erwähnt. Ausnahmegerichte sind Gerichte, die (generell) nicht durch ein Gesetz, sondern durch einen Regierungs- oder Verwaltungsakt geschaffen und nur für einen bestimmten Einzelfall eingesetzt sind[330]. Da Art. 6 Abs. 1 EK nur Gerichte zuläßt, die auf Gesetz beruhen, muß angenommen werden, daß mit der Garantie des „gesetzlichen Gerichts" zugleich ein Verbot der Ausnahmegerichte ausgesprochen werden sollte[331] [332].

Die Regelung in der deutschen Rechtsordnung entspricht also den von Art. 6 Abs. 1 EK geforderten Garantien, wonach die Gerichte unabhängig, unparteiisch und auf gesetzlicher Grundlage errichtet sein müssen. So wird die Erkenntnis verwirklicht, daß nur ein rechtsstaatliches Gericht gerecht und sachlich entscheiden kann. Nur der unabhängige (und unparteiische) Richter eines durch Gesetz errichteten Gerichts kann Recht sprechen[333].

II. Die Garantie der Justizgewährung

1. Die Forderung der Konvention

Nach Art. 6 Abs. 1 Satz 1 EK hat jedermann Anspruch darauf, „daß seine Sache ... gehört wird, und zwar von einem unabhängigen, unparteiischen und auf Gesetz beruhenden Gericht". Die Konvention, so könnte man meinen, verpflichtet also die Staaten, Gerichte zu schaffen, die sich der Rechtssache des Einzelnen anzunehmen, den Einzelnen anzuhören und schließlich dem Rechtssuchenden rechtlichen „Bescheid" zu geben haben. Dieser Pflicht des Staates und des Gerichts entspräche auf seiten des Einzelnen der Anspruch auf Justizgewährung.

---

[329] So in anderem Zusammenhang BVerfGE 2, 316.

[330] Bonner Kommentar (Holtkotten), Art. 101 GG, Anm. II.

[331] So auch SCHWARZ-KLEINKNECHT, EK, Art. 6, Anm. 8; APPELL, Diss. S. 25 f.; a. A. WEISS, S. 20 lSp. Es gibt allerdings auch Ausnahmegerichte, die auf Gesetz beruhen, vgl. BETTERMANN, Unabhängigkeit, S. 572. Diese „gesetzlichen" Ausnahmegerichte werden von der Konvention nicht untersagt. Art. 101 Abs. 1 Satz 1 GG geht dann weiter als Art. 6 Abs. 1 EK, als Art. 101 Abs. 1 Satz 1 GG alle Ausnahmegerichte, auch solche, die etwa durch Gesetz errichtet wären, verbietet, vgl. GURADZE, Menschenrechte, S. 197.

[332] Von den Ausnahmegerichten sind die Sondergerichte zu unterscheiden. „Sondergerichte sind auf Gesetz beruhende Gerichte, die nur eine auf besondere Personengruppen oder besondere Sachgebiete beschränkte Zuständigkeit besitzen", so Eduard KERN, GV-Recht, § 16, Anm. E, II, S. 132. Als „gesetzliche Gerichte" sind sie mit Art. 6 Abs. 1 EK vereinbar.

[333] Bonner Kommentar (Dennewitz), Art. 101 GG, Anm. II.

a) In der Tat ist das Schrifttum überwiegend der Ansicht, daß Art. 6 Abs. 1 EK den Anspruch des Einzelnen auf Justizgewährung garantiere[334]. So sagt Baur[335], Art. 6 Abs. 1 EK garantiere den freien Zugang zum Gericht und den Anspruch des Einzelnen auf ein Tätigwerden des Gerichts. Ihm hat sich Löwe[336] angeschlossen, der gleichfalls in Art. 6 Abs. 1 EK „die Verpflichtung des Staates zur Gewährung von Rechtsschutz" erblickt. Echterhölter[337] meint, die Grundsätze des Art. 6 Abs. 1 EK gingen weiter als unser rechtliches Gehör, gesetzlicher Richter und die Garantie unabhängiger Gerichte. Sie enthielten insbesondere auch die Pflicht des Staates, „ein kompetentes Gericht bereitzustellen, das die Beteiligten ‚anhört'". Maunz-Dürig[338] schließen sich der Auffassung Echterhölters an. Auch sie sind der Ansicht, in Art. 6 Abs. 1 EK sei das Verbot der Justizverweigerung ausgesprochen. Der Staat habe für jeden Fall ein kompetentes Gericht zur Verfügung zu stellen. Nach der Auffassung von Golsong[339] ist der Staat verpflichtet, dem Einzelnen nicht nur Schutz gegen Verletzungen der Konventionsrechte durch die Träger der öffentlichen Gewalt zu gewähren, sondern auch Schutz vor Eingriffen von nichtstaatlicher Seite. In der Regel komme hier der allgemeine Rechtsschutz durch die Gerichte in Frage. „Erst wenn die Gerichte nicht oder nicht in angemessener Frist über Klagen der verletzten Einzelperson entscheiden, liegt eine Verletzung der Konvention, nämlich ihres Art. 6, durch den Staat vor." Schließlich sieht auch Rosenberg[340] in Art. 6 Abs. 1 EK den Anspruch auf Rechtspflege oder auf Justizgewährung garantiert. Dieser Anspruch richte sich gegen den Staat als den Träger der Justizhoheit, der ihn durch die Gerichte erfülle.

Einen anderen Standpunkt vertritt lediglich Bettermann[341]. Er ist der Ansicht, aus der mißlungenen deutschen Übersetzung des Art. 6 Abs. 1 EK könne nicht gefolgert werden, jedermann müsse sich in jeder Rechtssache an die ordentlichen Gerichte wenden können. In Wahrheit besage Art. 6 Abs. 1 EK nur, daß sowohl in Zivil- als in Strafsachen jedermann Anspruch auf gerichtliches Gehör, auf ein öffentliches Verfahren und auf den gesetzlichen Richter habe. Eine allge-

---

[334] Die Rechtsprechung hat sich, soweit ersichtlich, mit dem hier behandelten Problem bislang noch nicht befaßt. Das BVerfG hat es in seinem Beschl. vom 6. Febr. 1962 dahingestellt sein lassen, ob Art. 6 Abs. 1 EK „eine allgemeine Rechtsweggarantie für bürgerlich-rechtliche Ansprüche enthält", vgl. BVerfGE 14, 1, 8.

[335] Baur, Gehör, S. 398.

[336] Löwe, Diss. S. 104.

[337] Echterhölter, Praxis, S. 145.

[338] Maunz-Dürig, Art. 1 Abs. 2 GG, RZ 68.

[339] Golsong, Rechtsschutzsystem, S. 18.

[340] Rosenberg, § 2, Anm. II, 3, a), S. 8.

[341] Bettermann, Schutz der Grundrechte, S. 829.

meine Rechtsweggarantie oder eine spezielle gegenüber der Ausübung der öffentlichen Gewalt enthalte Art. 6 Abs. 1 EK nicht.

b) Der Ansicht Bettermanns kann nicht gefolgt werden. Sowohl aus dem englischen als auch aus dem französischen Text ergibt sich, daß die Gerichte den Einzelnen in seiner Sache anhören, über die Rechtssache verhandeln und sie entscheiden müssen („*Everyone is entitled* to a fair and public hearing . . .", „*Toute personne a droit* à ce que sa cause soit entendue . . ."). Die deutsche Übersetzung ist — jedenfalls insoweit — nicht mißlungen.

Zudem wird nicht behauptet, Art. 6 Abs. 1 EK enthalte eine Rechtsweggarantie. Garantiert wird vielmehr der Anspruch auf Justizgewährung. Eine „Rechtsmittelgarantie" enthält Art. 13 EK. Nach Art. 13 EK hat nämlich derjenige, dessen in der Konvention festgelegte Freiheiten und Rechte verletzt worden sind, das Recht, eine wirksame „Beschwerde" bei einer nationalen Instanz einzulegen. Dieser Anspruch auf ein „wirksames Rechtsmittel[342]", auf den „Rechtsweg", wie Bettermann sagen würde, darf nicht mit dem Justizgewährungsanspruch des Art. 6 Abs. 1 EK verwechselt werden. Der Anspruch nach Art. 6 Abs. 1 EK soll sicherstellen, daß sich die Gerichte der Rechtssache des Einzelnen annehmen. Dem Staat wird die Verpflichtung auferlegt, durch seine Gerichte dem Einzelnen Rechtsschutz zu gewähren. Lehnt das Gericht es ab, sich mit der Rechtssache zu befassen, also den Betroffenen zu hören und über den Fall sachlich zu entscheiden, so liegt darin eine Justizverweigerung. Die *Folge* ist, daß der Verletzte ein „wirksames Rechtsmittel bei einer nationalen Instanz" nach Art. 13 EK einlegen kann. Anders ausgedrückt: Art. 6 Abs. 1 EK verbietet, daß es überhaupt zu einer Verletzung des Anspruchs auf Justizgewährung kommt. Tritt dennoch der Fall einer Justizverweigerung ein, so eröffnet Art. 13 EK den Beschwerdeweg gegen diese Konventionsverletzung[343].

Es kann also mit der herrschenden Meinung festgestellt werden, daß Art. 6 Abs. 1 EK dem Einzelnen einen Anspruch auf Justizgewährung garantiert. Der Anspruch geht dahin, daß der Staat dem Einzelnen für seine Rechtssache ein Gericht bereitstellen muß. Das Gericht ist verpflichtet, sich der Rechtssache anzunehmen. Der Justizgewäh-

---

[342] GURADZE, Menschenrechte, S. 185, weist darauf hin, daß der deutsche Ausdruck „Beschwerde" nicht in technischem Sinne gemeint sei. Das englische Wort „remedy" sei ganz allgemein und bedeute soviel wie „Hilfsmittel" oder „Rechtsmittel". Ebenso habe der französische Ausdruck „recours" allgemeine Bedeutung.

[343] Auf die besondere Problematik des Art. 13 EK kann in diesem Zusammenhang nicht weiter eingegangen werden. Es soll jedoch nicht verkannt werden, daß Art. 13 EK gleichfalls einen „Gewährungsanspruch" enthält, als nämlich die Beschwerde, das Rechtsmittel „wirksam" sein muß, was sicherlich nichts anderes bedeutet, als daß die „Instanz" über das Rechtsmittel zu entscheiden verpflichtet ist.

rungsanspruch des Art. 6 Abs. 1 EK richtet sich dabei gegen die Gesetzgeber als auch gegen die Gerichte der Konventionsstaaten. Gegen den Gesetzgeber, weil dieser Gesetze, die zu einer Justizverweigerung führen, aufheben muß und nicht weiter erlassen kann, und gegen die Gerichte, weil diese verpflichtet werden, sich der Klage des rechtssuchenden Bürgers im Einzelfall anzunehmen.

2. Der Anspruch auf Justizgewährung in der deutschen Rechtsordnung

Auch dem deutschen Recht ist der Anspruch auf Justizgewährung bekannt. Auf welcher Rechtsgrundlage dieser Anspruch allerdings beruht, ist im Schrifttum seit langem umstritten. Die Lehre vom Rechtsschutzanspruch, wie sie von Adolf Wach begründet wurde, kann heute als überwunden gelten. Nach dieser Lehre wurde der Rechtsschutzanspruch als das subjektive öffentliche Recht auf staatlichen Rechtsschutz in den Formen des Zivilprozesses verstanden, das sich sowohl gegen den Staat, der den Schutz gewähren sollte, richtete, als auch gegen den Prozeßgegner, dem gegenüber der Schutz zu gewähren war[344]. Gegen die Lehre Wachs wurde mit Recht vorgebracht, sie übersehe, daß es einen Anspruch des Klägers oder des Beklagten auf ein der materiellen Rechtslage entsprechendes, also auf ein günstiges Urteil (einen solchen Anspruch sollte der Rechtsschutzanspruch nämlich darstellen) nicht geben könne; denn der Ausgang des Rechtsstreits hänge keineswegs nur von der materiellen Rechtslage ab, sondern ganz wesentlich auch davon, wie der Prozeß verlaufe, insbesondere, ob es dem Kläger gelinge, das Gericht von dem Bestehen seines Rechts zu überzeugen[345].

Rosenberg[346] ist der Ansicht, das Gericht sei verpflichtet, Rechtspflege zu üben, und die Parteien hätten ein Recht darauf, das man Anspruch auf Rechtspflege oder auf Justizgewährung und kurz Justizanspruch nennen könne. Dieser Anspruch richte sich gegen den Staat als den Träger der Justizhoheit, der ihn durch die zur Rechtspflege bestellten staatlichen Organe, insbesondere die Gerichte, erfülle und sie zu dessen Erfüllung den Prozeßparteien gegenüber verpflichte. Der Anspruch habe zum Inhalt, daß die Rechtspflegeorgane den Parteien rechtliches Gehör zu gewähren, ihnen die Möglichkeit zu geben hätten, die Gerichte anzurufen u. a. m. Diese Pflicht des Staates (Gerichts) sei öffentlichrechtlicher Natur[347].

---

[344] So in der Formulierung von NIKISCH, § 2, Anm. III, S. 6.

[345] Über die Argumente, die gegen die Lehre vom Rechtsschutzanspruch vorgebracht werden, im einzelnen NIKISCH, § 2, Anm. II. Neuerdings mit weiteren Bedenken gegen die Lehre Wachs auch HABSCHEID, Rechtspflege, S. 190.

[346] ROSENBERG, § 2, Anm. I, 3 a), S. 8.

[347] Die öffentlichrechtliche Natur des Justizgewährungsanspruchs erkannt zu haben, war das Verdienst von GOLDSCHMIDT, s. dort S. 77 f.

Auch Nikisch[348] hat den Versuch unternommen, den Anspruch des Einzelnen auf Justizgewährung nachzuweisen. Inhalt dieses Anspruchs ist seiner Ansicht nach die Durchführung des Prozesses und der Erlaß eines Urteils nach Maßgabe der Gesetze. So sei es eine Rechtsverletzung, wenn dem Kläger der Rechtsschutz ohne einen in den Gesetzen anerkannten Grund verweigert, wenn etwa seine Klage vom Gericht nicht „angenommen" werde. Das Recht auf Rechtsschutz sei untrennbar verbunden mit der staatlichen Anerkennung der Einzelpersönlichkeit.

Bemerkenswert ist, daß der Anspruch auf Justizgewährung nirgends auf eine konkrete gesetzliche oder verfassungsrechtliche Norm zurückgeführt wird. Auch für Schmidt[349] ist „das Justizmonopol des Staates ... das Korrelat zu der im materiellen Staatsrecht verankerten Pflicht des Staates, Justiz zu gewähren". Den genauen gesetzlichen oder verfassungsrechtlichen Standort des Anspruchs weiß also auch er nicht zu nennen.

In neuerer Zeit sind jedoch Bestrebungen zu erkennen, den Anspruch auf Justizgewährung aus Grundrechtsnormen abzuleiten. So ist Habscheid[350] der Auffassung, ein Gericht, das die Annahme einer prozeßordnungsgemäß erhobenen Klage verweigere, obwohl sie sich gegen eine der staatlichen Gerichtsbarkeit unterstellte Person richte, verstoße gegen den Gleichheitsgrundsatz der Verfassung (Art. 3 Abs. 1 GG). Denn es benachteilige den Kläger gegenüber den Rechtsgenossen in gleicher Lage[351]. Darüber hinaus werde aber auch die Würde der Einzelperson negiert, wenn das Gericht ohne einen in den Gesetzen anerkannten Grund dem Kläger den Rechtsschutz verweigere. Somit werde

---

[348] Nikisch, § 2, Anm. V.

[349] Eb. Schmidt, LK, Teil I, S. 29.

[350] Habscheid, Rechtspflege, S. 195 ff.

[351] Habscheid, a. a. O., S. 196. Das BVerfG hat in seiner Entscheidung BVerfGE 2, 336, 340, eine Verletzung des Art. 3 Abs. 1 GG angenommen, wenn dem Einzelnen im Klageerzwingungsverfahren nach § 172 StPO das Armenrecht verweigert werde. „Die grundsätzliche Ablehnung des Armenrechts benachteiligt willkürlich den Beschwerdeführer als Minderbemittelten und hindert ihn, einen vom Gesetz vorgesehenen Rechtsweg zu beschreiten, nur weil er nicht über die notwendigen Geldmittel verfügt." Das BVerfG ist also der Ansicht, der Zugang zum Gericht dürfe nicht von der finanziellen Leistungsfähigkeit des Betroffenen abhängig gemacht werden. Den Schluß, daß dem Einzelnen über den zur Entscheidung vorliegenden Fall hinaus generell ein Anspruch auf Justizgewährung auf Grund des Art. 3 Abs. 1 GG erwachse, hat das BVerfG jedoch nicht gezogen, vgl. auch Pfeiffer, NJW 1953, 571, 572. Die Vorschrift des § 172 StPO, die zum Zeitpunkt der zit. Entscheidung des BVerfG keine Bestimmung über die Gewährung des Armenrechts enthielt, ist durch das 3. StrafrechtsänderungsG vom 4. August 1953, BGBl. I, 735, neu gefaßt worden. Nach § 172 Abs. 3 Satz 2 StPO kann nunmehr dem mittellosen Betroffenen im Klageerzwingungsverfahren das Armenrecht gewährt werden.

auch gegen Art. 1 Abs. 1 GG verstoßen. Ferner verletze ein solches Vorgehen des Gerichts Art. 103 Abs. 1 GG; denn jeder Staatsbürger, der ein Gericht anrufe, habe ein Anrecht darauf, daß der Richter ihn nicht nur anhöre, sondern sein Vorbringen auch rechtlich prüfe. Jede andere Auslegung würde den Art. 103 Abs. 1 GG zu einer inhaltlosen Formalbestimmung herabwürdigen[352].

Auch Baur[353] vertritt den Standpunkt, daß der Anspruch auf Justizgewährung durch Art. 103 Abs. 1 GG verfassungsrechtlich gesichert sei. Das Recht auf gerichtliches Gehör umfasse auch den Anspruch auf Justizgewährung, d. h. auf ein Tätigwerden des Gerichts. Baur bemerkt sodann, daß sich der Anspruch auf Justizgewährung nicht aus Art. 19 Abs. 4 GG ergebe. Denn einmal versage diese Vorschrift dort, wo der Eingriff nicht durch eine Verwaltungsbehörde, sondern etwa generell durch den Gesetzgeber erfolge. Im übrigen würde eine Anwendung des Art. 19 Abs. 4 GG nur bedeuten, daß es Sache der Verwaltungsgerichte wäre, den verweigerten Rechtsschutz zu gewähren, ein offensichtlich abstruses Ergebnis, dessen Praktikabilität schon daran scheitere, daß die Verwaltungsgerichte den anderen Gerichtszweigen nicht übergeordnet seien und auch nicht über die rechtlichen Mittel verfügten, sich ihnen gegenüber durchzusetzen[354].

Sowohl Habscheid als auch Baur wollen daher dem betroffenen Staatsbürger die Möglichkeit geben, im Wege der Verfassungsbeschwerde den Rechtsschutz verweigernden Richter zu zwingen, nach Maßgabe der Gesetze zu verfahren[355]. Eine Verfassungsbeschwerde sei zwar erst dann zulässig, wenn der Rechtsweg erschöpft sei. Der Rechtsweg sei aber erschöpft, wenn eine Klage, die ordnungsgemäß erhoben sei, mit dieser oder jener Begründung nicht angenommen werde[356]. Der Ansicht Habscheids und Baurs hat sich neuerdings auch Rosenberg[357] angeschlossen.

3. Vergleich zwischen der Konventionsgarantie und dem Justizgewährungsanspruch des deutschen Rechts

Der Vergleich zwischen der Garantie der Justizgewährung des Art. 6 Abs. 1 EK und dem Justizgewährungsanspruch des deutschen Rechts zeigt, daß die Konventionsgarantie den Anspruch des Einzelnen umfassender schützt. Denn, wie ausgeführt[358], richtet sich der Anspruch auf Justizgewährung nach Art. 6 Abs. 1 EK gegen den Gesetzgeber

---

352 Habscheid, a. a. O., S. 197.
353 Baur, Gehör, S. 399.
354 Baur, a. a. O., S. 397 f.
355 Habscheid, Rechtspflege, S. 197; Baur, a. a. O., S. 399.
356 Habscheid, a. a. O., S. 198.
357 Rosenberg, § 2, Anm. I, 3 a), S. 8.
358 Siehe oben S. 71.

und gegen die Gerichte. Demgegenüber verpflichtet der Justizgewährungsanspruch des deutschen Rechts nach der Ansicht Habscheids und Nikischs lediglich die Gerichte, „nach Maßgabe der Gesetze“ zu verfahren. Die Auffassung Rosenbergs zu dieser Frage ist nicht eindeutig. Auch er scheint jedoch der Ansicht zu sein, daß der Justizanspruch vor allem durch die Gerichte erfüllt werden müsse. Lediglich bei Baur klingt der Gedanke an, daß sich der Anspruch auf Justizgewährung auch gegen den Gesetzgeber richte.

Die Ansichten im Schrifttum zum Justizgewährungsanspruch des deutschen Rechts bieten somit ein uneinheitliches Bild. Hinzu kommt, daß sich die Rechtsprechung, soweit ersichtlich, bislang weder der von Habscheid und Baur vertretenen Auffassung angeschlossen noch sich überhaupt zum Justizgewährungsanspruch grundsätzlich geäußert hat[359]. Dem Justizgewährungsanspruch des Art. 6 Abs. 1 EK kommt daher besondere und grundlegende Bedeutung zu. Gesetze, die zu einer Justizverweigerung führen und die damit gegen die Garantie des Art. 6 Abs. 1 EK verstoßen, sind durch die ranghöhere Konventionsnorm außer Kraft gesetzt. Die Gerichte der Konventionsstaaten werden verpflichtet, sich der Rechtssache des Einzelnen anzunehmen. In welchen Verfahren der deutschen Rechtsordnung gegen die Garantie der Konvention verstoßen wird, soll im einzelnen noch geprüft werden.

III. Die Prozeßgarantien

Vorbemerkung

Garantiert Art. 6 Abs. 1 EK dem Einzelnen einmal in Verfahren, in denen über „zivilrechtliche Ansprüche und Verpflichtungen“ sowie über „die Stichhaltigkeit strafrechtlicher Anklagen“ erkannt wird, die Entscheidung durch ein rechtsstaatliches Gericht, und ist das Gericht verpflichtet, sich der Rechtssache des Einzelnen anzunehmen, so bestimmt die Konvention darüber hinaus, wie die Verhandlung vor diesem Gericht verlaufen, wie sie ausgestaltet sein muß. Diesem Ziel dienen die in Art. 6 Abs. 1 EK aufgeführten Prozeßgarantien.

Nun sind freilich die Prozeßgarantien des Art. 6 Abs. 1 EK nicht in einer Weise formuliert, daß sie ohne weiteres als verfahrensleitende Grundsätze erkennbar wären. Es ist daher von grundlegender Bedeutung, zunächst einmal festzustellen, welche Verfahrensgarantien Art. 6 Abs. 1 EK überhaupt enthält. Die hierzu vertretenen Ansichten sind durchaus nicht einheitlich.

So findet man etwa die Auffassung, Art. 6 Abs. 1 EK enthalte den Grundsatz, daß die Strafsache „in billiger Weise“ zu behandeln[360],

---

[359] Siehe auch oben S. 72, FN 351.

[360] SCHWARZ-KLEINKNECHT, EK, Art. 6, Anm. 4.

oder auch, daß der Beschuldigte „in billiger Weise" zu vernehmen sei[361]. Nun verlangt allerdings Art. 6 Abs. 1 EK „a fair and public hearing". In der deutschen Fassung ist „fair" mit „in billiger Weise" übersetzt. Hieraus jedoch eine selbständige *Garantie* herleiten zu wollen, wonach das Verfahren „in billiger Weise" durchgeführt, die Strafsache „in billiger Weise" behandelt, der Beschuldigte „in billiger Weise" vernommen werden müsse, entspricht nicht dem Sinn des Art. 6 Abs. 1 EK. Wie oben[362] bereits ausgeführt, definiert Art. 6 Abs. 1 EK den nicht unmittelbar ausgesprochenen Grundsatz, daß jedermann Anspruch auf ein gerechtes, rechtsstaatliches Gerichtsverfahren hat. Der Ausdruck „fair" in Verbindung mit verfahrensrechtlichen Garantien entstammt Vorstellungen der angelsächsischen Rechtstradition. So behandelt etwa Art. 14 des Entwurfs B des „Covenant on Human Rights" den „fair trial". Ebenso definiert Art. 7 des Entwurfs einer „Deklaration wesentlicher Menschenrechte[363]" den „fair trial". Dabei wird dieser Begriff nicht konkret, als selbständige Garantie mit festumrissenem Inhalt verstanden, sondern als ein allgemeiner Grundsatz, der jeweils im einzelnen noch definiert, inhaltlich ausgefüllt werden muß. Mit Recht bemerkt Guradze[364], bei dem Begriff des „fair trial" handele es sich um einen unübersetzbaren Begriff von umfangreicher Bedeutung, der denn auch — in Art. 14 des Entwurfs B des „Covenant on Human Rights" — in allen Einzelheiten ausgeführt sei, was für die hier behandelte Frage nur bedeuten kann, daß der Begriff des „fair trial" in allen Einzelheiten ausgeführt werden *muß*, um „übersetzbar" zu sein. In gleichem Sinne äußert sich Radbruch[365], wenn er meint, „fair" sei ein Wort, das sich ins Deutsche nicht übersetzen lasse. „Das Wörterbuch gibt eine Fülle von Bedeutungen von ‚schön' und ‚anmutig' über ‚anständig' und ‚ritterlich' bis zu ‚gerecht' und ‚billig'. Man kann das Wort auch nicht in diese verschiedenen Bedeutungen auflösen, vielmehr verschmelzen sie in ihm, es bedeutet nicht bald das eine, bald das andere, alle seine Bedeutungen schwingen bei jedem Gebrauch des Wortes gleichzeitig mehr oder minder mit[366]."

Dies zeigt bereits, daß der Ausdruck „fair" keine eigenständige Verfahrensgarantie bezeichnen kann. Das Verfahren („trial") soll „fair" sein. Das Verfahren ist „fair", wenn in ihm bestimmte Garantien zum Schutze des Einzelnen gewahrt sind. Durchaus vertretbar definiert Arndt[367] daher den Begriff des „fair trial" ganz allgemein als „die prinzipielle Position eines Beteiligten als einflußberechtigtes Subjekt

---

[361] Appell, Diss. S. 58.
[362] Vgl. oben S. 11.
[363] Vgl. oben S. 11, FN 59.
[364] Guradze, Menschenrechte, S. 144.
[365] Radbruch, S. 20 f.
[366] Radbruch, S. 21.
[367] Arndt, Verfassungsbeschwerde, S. 1301 rSp.

des Verfahrens". „Fair trial" ist der kennzeichnende Begriff, die zusammenfassende Formel für ein rechtsstaatliches, einwandfreies, geordnetes Gerichtsverfahren.

In gleicher Weise wird der Begriff des „fair trial" oder des „fair hearing[368]" in Art. 6 Abs. 1 EK im einzelnen definiert, als die Konvention bei Entscheidungen über „zivilrechtliche Ansprüche und Verpflichtungen" des Einzelnen sowie bei einem Spruch über eine „gegen ihn erhobene strafrechtliche Anklage" nur den Entscheid eines Gerichts gelten läßt, und zwar in einem — wie noch näher zu zeigen sein wird — öffentlichen, mündlichen und schleunigen Verfahren, in welchem der Einzelne zur Sache zu hören ist und in dem das Urteil öffentlich verkündet werden muß. Ein solches Verfahren ist ein rechtsstaatliches, ein rechtlich geordnetes Gerichtsverfahren. Wenn dabei der Ausdruck „fair" in den Text des Art. 6 Abs. 1 EK aufgenommen wurde, so geschah dies nicht, um eine der Prozeßgarantien des Art. 6 Abs. 1 EK zu bezeichnen, sondern um eine gedankliche Verbindung zur Formel des „fair trial" herzustellen.

Und schließlich: Was könnte unter einer Garantie des „billigen Verfahrens", des Verfahrens „in billiger Weise" verstanden werden? Das Verbot erniedrigender Behandlung, die den Menschen zum Objekt der Willkür macht, seine Würde und Willensfreiheit mißachtet, wird bereits in Art. 3 EK ausgesprochen. Herrschen in einem Gerichtsverfahren rechtsstaatliche Grundsätze, so ist dieses Verfahren „fair", „billig" und gerecht. Es dient dazu, das Recht zu finden, und bewirkt, daß dem Einzelnen Recht geschieht. Einer besonderen Garantie, daß das Verfahren „in billiger Weise" zu führen sei, bedarf es nicht. Eine solche Garantie wäre auch inhaltlich zu unbestimmt, als daß sie sinnvoll sein könnte.

1. Der Grundsatz der öffentlichen Verhandlung

Art. 6 Abs. 1 EK bestimmt, daß jedermann Anspruch darauf hat, „daß seine Sache ... öffentlich gehört wird". Wie schon mehrfach gesagt, beschränkt sich Art. 6 Abs. 1 EK nicht auf eine Regelung der Modalitäten, wie im einzelnen rechtliches Gehör zu gewähren ist, sondern garantiert ein rechtsstaatliches Gerichtsverfahren. Das Verfahren, die Verhandlung muß also öffentlich sein. Wollte man die Öffentlichkeit nur für das Gehör der Parteien und des Angeklagten zulassen, im Beweistermin hingegen nicht, so würde dies den Grundsatz der Öffentlichkeit in unvertretbarer Weise einschränken.

Der Grundsatz der öffentlichen Verhandlung bedeutet, daß auch am Verfahren Unbeteiligte die Möglichkeit freien Zutritts zum Ver-

---

[368] Daß der Ausdruck „hearing" in zweifacher Bedeutung zu verstehen ist, und zwar als „Verfahren" und als „Gehör", wurde bereits dargelegt, vgl. oben S. 10 f.

handlungsraum haben[369]. Die Öffentlichkeit des Verfahrens soll dazu dienen, das Vertrauen des Volkes zur Rechtspflege zu bestärken[370]. „Sie ist eine wesentliche Bedingung des öffentlichen Vertrauens zur Rechtsprechung der Gerichte[371] [372]."

Wer Zutritt zur Verhandlung beanspruchen kann, ergibt sich aus Art. 6 Abs. 1 Satz 2 EK. Dort ist bestimmt, daß „die Presse und die Öffentlichkeit" („the press and public", „... à la presse et au public ...") von der Verhandlung ausgeschlossen werden können. Das bedeutet aber, daß auch nur die Presse und die Öffentlichkeit zugelassen sind, nicht aber die Berichterstatter der Rundfunk- und Fernsehanstalten.

Die öffentliche Verhandlung ist nach Art. 6 Abs. 1 EK obligatorisch. Sie ist, wie Golsong[373] bemerkt, „ein Wesenselement eines rechtsprechenden Organs in einem, wie die Konvention sich in der Präambel ausdrückt, ‚wahrhaft demokratischen Regime'". Jedoch können die Presse und die Öffentlichkeit in bestimmten, in Art. 6 Abs. 1 Satz 2 EK enumerierten Fällen von der Teilnahme an der Verhandlung ausgeschlossen werden.

Im deutschen Recht ist der Grundsatz der öffentlichen Verhandlung vereinzelt in den Verfassungen der Länder garantiert[374]. Der Grundsatz der Öffentlichkeit der Verhandlung wird jedoch bundesgesetzlich in § 169 GVG mit den Worten ausgesprochen: „Die Verhandlung vor dem erkennenden Gericht ... ist öffentlich." Die Öffentlichkeit der

---

[369] SCHÖNKE — SCHRÖDER — NIESE, § 9, Anm. IV.

[370] SCHÖNKE — SCHRÖDER — NIESE, ebenda; ROSENBERG, § 24, Anm. IV, 1.

[371] RGSt 70, 112; BGHSt 3, 386, 387; Eb. SCHMIDT, LK, Teil I, Erl. 333 und 335; LENT, Studienbuch, § 27, Anm. IV.

[372] Welche Bedeutung gerade dem Grundsatz der öffentlichen Verhandlung zukommt, zeigen besonders auch die Verfahrensordnungen der internationalen und zwischenstaatlichen Gerichte, vgl. etwa Art. 46 des Stat. IGH, Art. 28 des 1. Prot. über die Satzung des GH der Europäischen Wirtsch.-Gem. vom 17. April 1957, Art. 18 der VerfO des Europ. GH für Menschenrechte, sämtl. Verfahrensordnungen abgedr. bei HALLIER.

[373] GOLSONG, Konvention, S. 150.

[374] Z. B. Art. 90 der Verf. des Landes Bayern. SCHNEIDER, JuS 1963, 350 lSp., ist der Meinung, der Grundsatz der öffentlichen Verhandlung sei ein demokratisches Grundprinzip, das zum Gesamtinhalt des Grundgesetzes gehöre und daher in seinem Wesen nicht angetastet werden dürfe. Dem kann jedoch nicht zugestimmt werden. Die Verfahrensmaximen sind — außer dem Anspruch auf rechtliches Gehör, Art. 103 Abs. 1 GG — nicht in das Grundgesetz aufgenommen worden. Es geht nicht an, den Grundsatz der öffentlichen Verhandlung als „hintergründiges Konstitutionsprinzip" (so in anderem Zusammenhang LECHNER, § 13 Ziff. 11 BVerfGG, Anm. 6 a) zu bezeichnen und ihn auf diesem Wege in die Verfassung aufzunehmen. Vgl. hierzu BVerfG in NJW 1963, 758 rSp. Dort hat das BVerfG erklärt, das Prinzip der öffentlichen Verhandlung sei kein Verfassungsgrundsatz, sondern eine Prozeßmaxime, die bestimmte Verfahren beherrsche.

Verhandlung ist ein „Leitgedanke des Prozeßrechts[375]". Als Prozeßmaxime des geltenden Verfahrensrechts[376] entspricht sie somit dem Grundsatz der Konvention. Wieweit dieser Grundsatz durchbrochen, wieweit also in nichtöffentlicher Verhandlung entschieden werden kann, wird später noch im einzelnen zu erörtern sein.

Nach heute herrschender Auffassung bezieht sich § 169 GVG (Grundsatz der öffentlichen Verhandlung) nur auf die „unmittelbare Öffentlichkeit[377]". Darunter wird die Öffentlichkeit verstanden, „die durch die Anwesenheit beliebiger Zuhörer aus dem Publikum im Gerichtssaal realisiert werden kann[378]". Danach hat wohl die Presse einen Anspruch auf Zutritt zum Verhandlungsraum[379]. Für die Reporter der Rundfunk- und Fernsehanstalten gilt dies jedoch nicht. Der Gesetzgeber, so führt der BGH[380] aus, habe mit der Aufstellung des Öffentlichkeitsgrundsatzes zwar die aus der unmittelbaren Öffentlichkeit sich ergebenden nachteiligen Wirkungen auf die Unbefangenheit der Verfahrensbeteiligten, nicht jedoch die durch eine Tonbandaufnahme des Rundfunks[381] drohende Gefahr gesteigerter Befangenheit in Kauf genommen, weil er mit dieser Gefahr gar nicht habe rechnen können[382].

Die herrschende deutsche Rechtsauffassung entspricht also auch insoweit der Forderung der Konvention, als die Verhandlung nur der „unmittelbaren Öffentlichkeit" zugänglich ist.

2. Der Grundsatz der mündlichen Verhandlung

Da Art. 6 Abs. 1 EK eine öffentliche Verhandlung fordert, muß diese notwendigerweise auch mündlich sein[383]. Denn eine öffentliche, der Allgemeinheit zugängliche Verhandlung, in der lediglich Schrift-

---

[375] Baumbach-Lauterbach, Übersicht vor § 169 GVG, Anm. 2.

[376] BVerfGE 15, 303, 307 = NJW 1963, 758 rSp.

[377] BGHSt 10, 202, 205; Eb. Schmidt, Sache der Justiz, S. 26; ders. in: Publicity, S. 341; ders. in: Tonband, S. 210; Sarstedt, JR 1956, 123 lSp.

[378] Eb. Schmidt, Sache der Justiz, S. 26.

[379] Eb. Schmidt, LK, Teil III, Vorbem. zu den §§ 169 bis 175 GVG, Anm. I, 1: „... Was die ‚mittelbare' Öffentlichkeit betrifft, so ist sie in § 169 GVG nur insofern mitgemeint, als sich aus dem ‚räumlichen Dabeisein' einzelner Personen die Möglichkeit ergibt, daß diese über das Gehörte und Gesehene Berichte an das Publikum (Gerichtsberichterstattung der Presse) ... gelangen lassen kann. In diesem Sinne ist die mittelbare Öffentlichkeit eine vom Gesetzgeber mitgewollte Reflexwirkung der unmittelbaren Öffentlichkeit."

[380] BGHSt 10, 206.

[381] Für die Aufnahmen durch das Fernsehen gilt naturgemäß das gleiche.

[382] Nach dem StPÄG soll § 169 GVG folgenden Abs. 2 erhalten: „Während des Ganges der HV sind Rundfunk- und Fernsehaufnahmen unzulässig. Für die Verkündung des Urteils kann der Vorsitzende aus wichtigen Gründen Ausnahmen zulassen. Die Entscheidung ist unanfechtbar."

sätze ausgetauscht werden, ist ein Widerspruch in sich.

Das Erfordernis der mündlichen Verhandlung bedeutet, daß einmal ohne diese grundsätzlich keine Entscheidung getroffen werden darf, sodann, daß nur Entscheidungsgrundlage ist, was Gegenstand der mündlichen Verhandlung war, und schließlich, daß alles mündlich Verhandelte Entscheidungsgrundlage ist, und zwar ausnahmslos[384].

Für den Angeklagten und die Prozeßparteien bedeutet die Garantie der mündlichen Verhandlung, daß ihnen die Konvention einen Anspruch auf mündliche Verhandlung in ihrem Beisein gewährt. Der Mündlichkeitsgrundsatz gestaltet die gerichtliche Verhandlung zu einem in Erklärungen, Rede und Gegenrede bestehenden Vorgang[385]. Hierin liegt der Vorzug der Mündlichkeit. Denn das Gericht kann Mißverständnisse und Widersprüche sogleich aufklären. Ein weiterer Vorzug der mündlichen Verhandlung liegt darin, daß der Richter von den Parteien, Angeklagten und Zeugen einen unmittelbaren persönlichen Eindruck gewinnt[386 387].

In der deutschen Rechtsordnung ist der Grundsatz der mündlichen Verhandlung nicht einheitlich für alle Verfahren vorgeschrieben. Verschiedentlich ist es dem Gericht ausdrücklich gestattet, im schriftlichen Verfahren zu entscheiden. Das BVerfG[388] stellt fest, daß die Prinzipien der Mündlichkeit (und der Öffentlichkeit) der Verhandlung keine Verfassungsgrundsätze seien, sondern lediglich Prozeßmaximen, die bestimmte Verfahrensarten beherrschten. Wieweit die Durchbrechung des Grundsatzes der mündlichen Verhandlung mit der Forderung der Konvention vereinbar ist, wird im einzelnen noch zu prüfen sein.

3. Der Grundsatz des rechtlichen Gehörs

Art. 6 Abs. 1 EK bestimmt: „Jedermann hat Anspruch darauf, daß seine Sache . . . öffentlich gehört wird." Wie schon verschiedentlich dargelegt, bedeutet der Ausdruck „hearing" des englischen Textes außer „Verfahren" oder „Verhandlung" noch ein Weiteres. Der Einzelne hat

---

383 So zutreffennd BayObLG, NJW 1961, 270 rSp.; Arndt, Gehör, S. 8 lSp.; vgl. auch Keidel, §§ 8 bis 18, Vorbem., RZ 7: „Art. 6 Abs. 1 der Konvention zum Schutze der Menschenrechte, der die Öffentlichkeit (und damit auch die Mündlichkeit) des Gerichtsverfahrens vorschreibt . . ."

384 Rosenberg, § 65, Anm. I, 1 a, b, c); Eb. Schmidt, LK, Teil I, Erl. 346 ff.

385 Eb. Schmidt, a. a. O., Erl. 356.

386 Rosenberg, § 64, Anm. I, 2 b); Sauer, Prozeßrechtslehre, S. 85; Lent, Studienbuch, § 27, Anm. II.

387 Auch der Grundsatz der mündlichen Verhandlung hat in den Verfahrensordnungen der internationalen und zwischenstaatlichen Gerichte seinen Niederschlag als ein wesentliches Verfahrensprinzip gefunden, vgl. Art. 37 VerfO des Europ. GH f. Menschenrechte, Art. 47 ff. VerfO des IGH, Art. 55 ff. VerfO des GH der Europ. Gemeinsch., sämtl. zit. bei Hallier.

388 BVerfGE 15, 303, 307.

nach Art. 6 Abs. 1 EK nicht nur einen Anspruch auf ein öffentliches und mündliches Verfahren, sondern auch das Recht auf „Gehör" in diesem Verfahren, auf „Anhörung[389]". Er selbst soll zu Wort kommen, er selbst soll sich vor Gericht zu seiner Rechtssache äußern können.

Das Recht, vor Gericht zu Wort zu kommen, wäre bedeutungslos, wenn der Einzelne mit seinen Äußerungen keinen Einfluß auf die Entscheidung des Gerichts nehmen könnte. Daher muß das Gehör vor Erlaß des Spruchs gewährt werden. Das Gericht muß dem Anspruchsberechtigten und dem Verpflichteten im Verfahren über „zivilrechtliche Ansprüche und Verpflichtungen" sowie dem Beschuldigten im Verfahren über die „Stichhaltigkeit einer strafrechtlichen Anklage" Gehör gewähren, d. h. es muß ihnen Gelegenheit bieten, sich zur Sache zu äußern[390].

Wie dargelegt, verlangt Art. 6 Abs. 1 EK ein öffentliches und mündliches Verfahren. Das bedeutet aber nicht, daß Art. 6 Abs. 1 EK das rechtliche Gehör in mündlicher Form vorschreibe. Der Anspruch auf rechtliches Gehör ist kein Anspruch auf mündliches Gehör. Das Recht auf gerichtliches „Gehör" bedeutet vielmehr, daß dem Einzelnen Gelegenheit geboten werden muß, sich vor Gericht zu seiner Sache zu äußern. Dies kann aber auch auf schriftlichem Wege geschehen. Doch ist durch die in Art. 6 Abs. 1 EK dem Einzelnen zugesicherte Garantie der mündlichen Verhandlung in der Regel dafür gesorgt, daß die Prozeßparteien und der Angeklagte vor Gericht auch mündlich zu Wort kommen können. Denn das Gericht wird Parteien und Angeklagten in der mündlichen Verhandlung schon aus prozeßökonomischen Gründen Gelegenheit geben, ihre Ansichten und Rechtfertigungen mündlich vorzutragen. Soweit dies in der mündlichen Verhandlung nicht möglich ist oder nicht geschieht, etwa weil sich die Verfahrensbeteiligten nachträglich noch zu Behauptungen und Beschuldigungen äußern möchten, so kann das Gericht die Vorstellungen der Betroffenen schriftlich einholen[391].

Das rechtsstaatliche Prinzip, wonach jedermann vor Gericht Anspruch auf rechtliches Gehör hat, ist in der deutschen Rechtsordnung durch Art. 103 Abs. 1 GG zum subjektiven Grundrecht erhoben[392].

---

[389] So die einhellige Meinung, vgl. etwa GURADZE, Menschenrechte, S. 196; LENT, Studienbuch, § 25, Anm. XII; RUNGE, JuS 1963, 310.

[390] KOLB, Diss., S. 49.

[391] MAUNZ-DÜRIG, Art. 103 GG, RZ 97, kommen im Ergebnis zur gleichen Ansicht. ARNDT, Gehör, S. 8 lSp., meint, soweit die Mündlichkeit einer Verhandlung geboten sei — jetzt namentlich durch die Menschenrechtskonvention —, werde dem Grundrecht auf Gehör vor Gericht nicht durch die bloße Gelegenheit zur Äußerung Genüge getan, sondern es erwachse aus dieser Grundrechtsnorm dem verhandelnden Richter die Pflicht zum „Rechtsgespräch" mit dem Beteiligten. Ein solcher Anspruch läßt sich aus Art. 6 Abs. 1 EK aber jedenfalls nicht herleiten.

[392] BVerfGE 7, 275, 278; 9, 89, 95; BVerwG in DVBl. 1956, 834 rSp.

Der Anspruch auf rechtliches Gehör vor Gericht wird dabei als „einer der obersten Grundsätze der Verhandlung[393]", als „Magna Charta des Verfahrens[394]", als „konkretisierende Folge des Rechtsstaatsprinzips[395]" bezeichnet. Das BVerfG[396] mißt dem Grundsatz des rechtlichen Gehörs vor Gericht besondere Bedeutung zu. Dieser Anspruch beruhe nicht nur darauf, daß die Anhörung der Beteiligten für eine allseitige Aufklärung des Sachverhalts unumgänglich sei und es daher im Interesse einer richtigen Entscheidung ihnen möglich gemacht werden müsse, von anderer Seite gegebene Darstellungen zu ergänzen und zu berichtigen. Neben dem Interesse an der Aufklärung der Tatsachen fordere dies die Würde der Person der Rechtsgenossen. Diese Auffassung, wonach der Anspruch auf rechtliches Gehör vor Gericht letztlich in dem Recht auf Achtung der Menschenwürde beruht, wird auch vom Schrifttum geteilt[397].

Ist einmal Art. 103 Abs. 1 GG ein subjektives Grundrecht, so kommt diesem Grundsatz andererseits der Charakter einer objektiven, in Verfassungsrang erhobenen Verfahrensnorm zu[398]. Dies bedeutet, daß überall dort, wo die Prozeßordnungen das Recht auf gerichtliches Gehör nicht oder nur unvollkommen enthalten, den Beteiligten unmittelbar aus Art. 103 Abs. 1 GG ein Anspruch auf rechtliches Gehör vor Gericht erwächst[399].

Nur solche Tatsachen und Beweisergebnisse dürfen einer gerichtlichen Entscheidung zugrunde gelegt werden, „zu denen Stellung zu nehmen den Beteiligten Gelegenheit gegeben war[400]". Während über den Anspruch des Einzelnen auf Gehör zum Tatsächlichen Einigkeit besteht[401], gehen die Ansichten darüber, ob Art. 103 Abs. 1 GG auch einen Anspruch auf Gehör zum Rechtlichen enthält, auseinander. Die heute herrschende Meinung nimmt jedoch an, daß Art. 103 Abs. 1 GG auch diesen Anspruch mitumfaßt[402].

---

[393] Sauer, Grundlagen, S. 375.

[394] Ule, DVBl. 1959, 541 rSp.

[395] Hamann, Art. 103, Anm. A, B.

[396] BVerfGE 7, 275, 278 f.; vgl. auch BVerfGE 9, 89, 95.

[397] Arndt, Gehör, S. 6; ders. in: Verfassungsbeschwerde, S. 1298 rSp.; Maunz-Dürig, Art. 103 GG, RZ 5; Röhl, NJW 1958, 1268; v. Winterfeld, NJW 1961, 850 lSp.

[398] Maunz-Dürig, Art. 103 GG, RZ 7 und 16; Kolb, Diss. S. 44.

[399] BVerfGE 6, 12; 7, 95, 98; BGHZ 31, 43; BGHSt 11, 88; Arndt, Verfassungsbeschwerde, S. 1298 lSp.; Maunz-Dürig, Art. 103, RZ 7 und 16; Seidel, Diss. S. 7.

[400] BVerfGE 6, 12, 14; ständ. Rechtsprechung.

[401] Vgl. hierzu Seidel, Diss. S. 11; h. M.

[402] BVerfGE 9, 261, 266; BGHSt 13, 123; BVerwG in DVBl. 1956, S. 834 rSp.; OLG Hamm in MdR 1956, 687 rSp; Arndt, Gehör, S. 7 rSp.; Maunz-Dürig, Art. 103, RZ 33; a. A. Röhl, NJW 1953, 1533 rSp.; ders. in NJW 1964, 277 rSp.

Einigkeit besteht schließlich darüber, daß Art. 103 Abs. 1 GG keinen Anspruch auf mündliches Gehör gewährt. Das BVerfG[403] hat hierzu ausgeführt, Art. 103 Abs. 1 GG gebe nur das Recht, vor Gericht Anträge zu stellen und Ausführungen zu machen, nicht aber einen Anspruch auf eine bestimmte Verfahrensart, z. B. darauf, daß nur auf Grund mündlicher Verhandlung entschieden werde. „Die Prinzipien der Mündlichkeit und Öffentlichkeit der Verhandlung sind keine Verfassungsgrundsätze, sondern (nur) Prozeßmaximen, die bestimmte Verfahrensarten beherrschen[404]".

Der Vergleich zwischen der Garantie des rechtlichen Gehörs vor Gericht, wie sie in Art. 6 Abs. 1 EK postuliert wird, und dem Verfassungsgrundsatz des Art. 103 Abs. 1 GG zeigt mithin, daß die Konventionsgarantie keine Forderung aufstellt, die über die in der deutschen Rechtsordnung geltende Regelung des rechtlichen Gehörs vor Gericht hinausgeht.

4. Der Grundsatz des schleunigen Verfahrens

Die Konvention verlangt in Art. 6 Abs. 1 weiter, daß jedermann vom Gericht „innerhalb einer angemessenen Frist gehört wird" („within a reasonable time", „dans un délai raisonnable"). Auch dies ist eine wesentliche Bedingung für ein „faires", d. h. rechtsstaatliches Verfahren: Der Grundsatz der Prozeßbeschleunigung verlangt, daß im Verfahren über „zivilrechtliche Ansprüche und Verpflichtungen" der rechtssuchenden Partei sobald als möglich ihr Recht zuteil[405], und im Verfahren über „die Stichhaltigkeit einer strafrechtlichen Anklage", daß dem Beschuldigten möglichst rasch sein Urteil verkündet werde. Sagt doch schon La Bruyère[406]: „Une circonstance essentielle à la justice, c'est de la faire promptement et sans différer; la faire attendre, c'est injustice[407]."

Das Gebot, jedermann „innerhalb einer angemessenen Frist" zu hören, bedeutet, daß die Verhandlung, in der das Gericht über die Rechtssache entscheidet, möglichst rasch anberaumt werden muß. Die Zeit bis zur Verhandlung muß angemessen sein. Der deutsche Ausdruck „angemessen" gibt den Sinn der korrespondierenden Begriffe der authentischen Texte nicht völlig wieder. „Reasonable", „raisonnable" bedeutet soviel wie vernünftig, bei sachlicher, vernünftiger Wertung der Umstände des Einzelfalles. Das Attribut „reasonable" ist also

[403] BVerfGE 15, 303, 307 = NJW 1963, 757, 758 rSp.

[404] Der Ansicht des BVerfG hat sich das Schrifttum angeschlossen, vgl. Baur, Gehör, S. 408; Maunz-Dürig, Art. 103, RZ 72; Röhl, NJW 1964, 275 rSp.

[405] BayVerfGH in NJW 1963, 707 rSp.

[406] Jean de La Bruyère, 1645—1696, französischer Moralist.

[407] Zit. nach Baumbach-Lauterbach, Vorspruch.

verhältnisbedingt, sachbezogen. Die Dauer des Zeitraums bis zur Verhandlung, d. h. bis zur Entscheidung, muß durch objektive Umstände gerechtfertigt sein. Sie muß sich aus der Sachlage belegen, beweisen lassen. Wie ein solcher „Beweis" erbracht werden kann, ist allerdings schwer zu sagen. Wann etwas angemessen, vernünftig und vertretbar ist, läßt sich nicht für alle Fälle exakt bestimmen, sondern wird vielfach Sache persönlicher Beurteilung sein[408]. Soviel kann jedoch keinem Zweifel unterliegen: Die Verhandlung findet dann nicht mehr „innerhalb angemessener Frist" statt, der Rechtsfall wird dann nicht mehr „innerhalb angemessener Frist" entschieden, wenn etwa die Dauer des Prozesses zu den Schwierigkeiten der Rechtssache in keinem ausgewogenen Verhältnis steht, wenn die Rechtssache durch das Gericht mit gleicher Gründlichkeit in kürzerer Zeit entschieden werden könnte[409].

Besagt der Grundsatz des schleunigen Verfahrens einmal, daß es möglichst rasch zur Verhandlung kommen muß, so wird man Art. 6 Abs. 1 EK auch dahin zu verstehen haben, daß die Verhandlung selbst „innerhalb angemessener Frist" durchzuführen ist. Wieweit dies möglich ist, ohne die gerechte Entscheidung zu gefährden, läßt sich nicht allgemein beantworten. Jedenfalls verlangt der Grundsatz der Prozeßbeschleunigung, daß so schnell wie möglich über die Rechtssache entschieden wird. Das *Verfahren* muß schleunig sein. Unbegründete Verfahrensaussetzungen wird man als unzulässig ansehen müssen.

In der deutschen Rechtsordnung ist der Grundsatz des schleunigen Verfahrens weder in der Verfassung noch gesetzlich unmittelbar ausgesprochen. Auch ist die Maxime der Prozeßbeschleunigung kein Bestandteil des Grundsatzes des rechtlichen Gehörs (Art. 103 Abs. 1 GG), so daß ein Verstoß gegen sie auch diesen Grundsatz verletzen würde[410].

---

408 v. Weber, Bedeutung, S. 338 f.: „Diese Formulierung (i. e. ‚within a reasonable time') läßt dem Ermessen einen weiten Spielraum, und es wird daher nicht leicht sein, die Verletzung dieser Verpflichtung im Einzelfall nachzuweisen."

409 Nach Art. 5 Abs. 3 Satz 2 EK hat derjenige, welcher in strafrechtlicher Untersuchungshaft gehalten wird, einen „Anspruch auf Aburteilung innerhalb einer angemessenen Frist oder auf Haftentlassung während des Verfahrens". Der in Art. 5 EK gewährte Anspruch auf ein schleuniges Strafverfahren, auf den Erlaß eines Strafurteils „innerhalb angemessener Frist", wird auch durch Art. 6 Abs. 1 EK garantiert, der jedermann, gegen den ein Verfahren über „die Stichhaltigkeit einer strafrechtlichen Anklage" anhängig ist, das Recht auf baldige Aburteilung gibt. Beide Normen der Konvention verlangen also ein Strafverfahren „innerhalb angemessener Frist", vgl. Guradze, Menschenrechte, S. 196; Herzog, Freiheit, S. 226.

410 BayVerfGH in NJW 1963, 707 rSp.: „Wird die Prozeßbeschleunigungsmaxime verletzt, so kann dies demnach dazu führen, daß einem Beteiligten die Ausübung seines Rechts erschwert wird, sich zur Sache zu äußern und dadurch auf das Verfahren Einfluß zu nehmen. Sie berührt sich daher mit dem Grundsatz des rechtlichen Gehörs." Die Maxime der Prozeßbeschleunigung, so meint der BayVerfGH dann weiter, sei jedoch in den

So stellt die Forderung der Konvention, der Verfassungsrang zukommt, eine ernste Mahnung an den Gesetzgeber und an die Rechtspflegepraxis dar, wie v. Weber[411] mit Recht bemerkt.

5. Der Grundsatz der öffentlichen Verkündung des Urteils

Nicht nur muß die Verhandlung nach Art. 6 Abs. 1 EK öffentlich sein. Auch die Entscheidung muß öffentlich verkündet werden. Art. 6 Abs. 1 Satz 2 EK bestimmt: „Das Urteil muß öffentlich verkündet werden" („Judgment shall be pronounced publicly", „Le jugement doit être rendu publiquement").

Beruht der Grundsatz der öffentlichen Verhandlung auf der Erkenntnis, daß bei einem geheimen Verfahren das Vertrauen der Allgemeinheit in die Sachlichkeit und Unparteilichkeit der Rechtspflege beeinträchtigt werden könnte, so gilt dies gleichermaßen für die öffentliche Verkündung des Rechtsspruchs. Das Publikum, das der Verhandlung gefolgt ist, soll erfahren, wie das Gericht einen festgestellten Sachverhalt rechtlich bewertet.

Verkündung ist die öffentliche Bekanntgabe der Entscheidung[412]. Im Gegensatz zur Verkündung, die an die Öffentlichkeit gerichtet ist, steht die Mitteilung der Entscheidung an die Verfahrensbeteiligten[413].

Nach Art. 6 Abs. 1 Satz 2 EK ist „das Urteil" öffentlich zu verkünden. Das würde bedeuten, daß in allen Verfahren, die in den Anwendungsbereich des Art. 6 Abs. 1 EK fallen, ein Urteil (im materiellen Sinne) ergehen müsse. Dies trifft in der Tat zu. Der Ausdruck „judgment" des englischen Textes bedeutet „Urteil", im Gegensatz zu „decision", womit jede Entscheidung des Gerichts bezeichnet werden kann[414], also auch Verfügungen und Beschlüsse. Der französische Ausdruck „jugement" bedeutet „Urteil", auch hier im Gegensatz zu „décision", worunter „Verfügungen, Entscheidungen" verstanden werden[415].

Nur Sachurteile sind nach Art. 6 Abs. 1 Satz 2 EK öffentlich zu verkünden. Sachurteile sind die Entscheidungen des Gerichts, „die auf Grund mündlicher Verhandlung in besonders feierlicher Form eine die Instanz beendigende Sachgestaltung enthalten und der materiellen Rechtskraft fähig sind[416]". Daß Art. 6 Abs. 1 Satz 2 EK nur solche Entscheidungen betrifft, die eine Sachgestaltung enthalten, zeigt der Wortlaut der authentischen Texte: „In the determination of his civil

Grundsatz des rechtl. Gehörs nicht aufgenommen werden. So auch OLG Düsseldorf, NJW 1961, 1735 lSp.; Mendler, S. 2103 f.; a. A. Arndt, Anmerkung II, S. 1734 f.

[411] v. Weber, Bedeutung, S. 339.

[412] Wieczorek, § 310, Anm. A, II.

[413] Wieczorek, § 310, Anm. A, II, a, 1.

[414] Weissenstein, S. 48, 95.

[415] Doucet, S. 108, 208.

[416] Sauer, Prozeßrechtslehre, S. 147.

rights and obligations or for any criminal charge against him“ ergeht ein Urteil, also nur dort, wo über die zivilrechtlichen Ansprüche oder die Anklage *sachlich* erkannt wird („Toute personne a droit à ce que sa *cause* ...“). Entscheidet das Gericht hingegen nicht über den Anspruch oder die Anklage selbst, sondern über die prozessualen Voraussetzungen einer sachlichen Entscheidung, so ist ein Urteil nicht erforderlich.

Der Grundsatz der öffentlichen Urteilsverkündung ist in der deutschen Rechtsordnung in § 169 GVG ausgesprochen. Dort heißt es: „Die Verhandlung vor dem erkennenden Gericht einschließlich der Verkündung der Urteile und Beschlüsse ist öffentlich“, und in § 173 Abs. 1 GVG heißt es weiter: „Die Verkündung des Urteils erfolgt in jedem Falle öffentlich.“ Jedoch ist der Grundsatz der öffentlichen Urteilsverkündung im geltenden deutschen Verfahrensrecht nicht völlig gewahrt. So kann etwa im Zivilprozeß die Verkündung des Urteils durch Zustellung der Urteilsformel ersetzt werden, wenn im schriftlichen Verfahren (§ 128 Abs. 2 ZPO) entschieden worden ist, § 310 Abs. 2 ZPO. Wieweit dies der Forderung der Konvention entspricht, die eine öffentliche Urteilsverkündung nach vorausgegangener öffentlicher und mündlicher Verhandlung verlangt, wird zu prüfen sein.

IV. Zusammenfassung

1. Die Institutionsgarantie des Art. 6 Abs. 1 EK verlangt ein sachlich und persönlich unabhängiges, unparteiisches und auf gesetzlicher Grundlage beruhendes Gericht. Diese Forderungen der Konvention sind in der deutschen Rechtsordnung gewahrt.

2. Die Garantie der Justizgewährung des Art. 6 Abs. 1 EK verlangt, daß der Staat dem Einzelnen für seine Ansprüche ein kompetentes Gericht bereitstellt. Das Gericht ist verpflichtet, sich der Rechtssache des Einzelnen anzunehmen und über sie sachlich zu entscheiden. Die Verpflichtung zur Justizgewährung richtet sich sowohl gegen die Gesetzgeber als auch gegen die Gerichte der Konventionsstaaten. Gegen die Gesetzgeber, weil sie Gesetze, die zu einer Justizverweigerung führen, aufheben müssen und nicht weiter erlassen dürfen, und gegen die Gerichte, weil diese sich der Rechtssache des Einzelnen anzunehmen haben.

In der deutschen Rechtsordnung ist eine Garantie der Justizgewährung mit gleichem Rang wie die Konventionsgarantie nicht vorgesehen. Eine solche Garantie wird nur vereinzelt im Schrifttum erörtert. Von einer herrschenden Meinung kann jedoch nicht gesprochen werden, schon deshalb nicht, weil die Rechtsprechung bislang zu diesem Problem nicht Stellung genommen hat. Zudem richtet sich der Anspruch auf Justizgewährung nach der Ansicht des Schrifttums lediglich an die Gerichte, die verpflichtet werden, nach Maßgabe der Gesetze zu verfahren und die Annahme einer Klage nicht ohne einen in den Gesetzen anerkannten Grund zu verweigern. Der Garantie der Justizgewährung des Art. 6 Abs. 1 EK kommt daher besondere, weil grundlegende Bedeutung zu.

3. Die Prozeßgarantien des Art. 6 Abs. 1 EK enthalten die Maximen der gerichtlichen Verfahrensgestaltung.

a) Art. 6 Abs. 1 EK fordert keine Garantie einer Verfahrensgestaltung „in billiger Weise". Der Begriff des „fair hearing" entzieht sich einer konkreten rechtlichen Fixierung. Der Ausdruck „fair" läßt sich nur durch den umfassenden Begriff „rechtsstaatlich" übersetzen. Inhaltlich ausgefüllt wird dieser Begriff durch die in Art. 6 Abs. 1 EK dem Einzelnen gewährten Garantien.

b) Art. 6 Abs. 1 EK enthält fünf verfahrensgestaltende Grundsätze. Diese sind: die Grundsätze der öffentlichen und der mündlichen Verhandlung, der Grundsatz des rechtlichen Gehörs, der Grundsatz des schleunigen Verfahrens und der Grundsatz der öffentlichen Urteilsverkündung. Mit Ausnahme der Garantie des rechtlichen Gehörs sind die Konventionsgrundsätze in der deutschen Rechtsordnung weder verfassungsrechtlich gesicherte Grundrechte noch sind die Prozeßgrundsätze der Konvention in den einzelnen deutschen Verfahrensordnungen für alle Fälle einheitlich vorgeschrieben. Auch den Prozeßgarantien der Konvention kommt daher grundlegende Bedeutung zu.

7. Kapitel

Die Einschränkbarkeit des Grundsatzes der Öffentlichkeit (Art. 6 Abs. 1 Satz 2 EK)

I. Der uneinschränkbare Grundsatz der öffentlichen Urteilsverkündung

Der Grundsatz der Öffentlichkeit läßt sich nicht ausnahmslos und uneingeschränkt durchführen, teils um der Beteiligten willen, teils aus Gründen des öffentlichen Wohls. Wo besondere schutzwürdige Interessen zu wahren sind, kann dies den Ausschluß der Öffentlichkeit gebieten.

Nach Art. 6 Abs. 1 Satz 2 EK können die Presse und die Öffentlichkeit während der gesamten Verhandlung oder eines Teils derselben ausgeschlossen werden („the press and public may be excluded from all or part of the trial", „l'accès de la salle d'audience peut être interdit à la presse et au public pendant la totalité ou une partie du procès"). Unter welchen Voraussetzungen dies geschehen kann, führt die Konvention im einzelnen aus. Ist eine der Voraussetzungen erfüllt, so *kann* das Gericht die Presse und die Öffentlichkeit ausschließen. Die Konvention verpflichtet also das Gericht nicht, sondern stellt es in sein Ermessen, ob es den Ausschluß der Öffentlichkeit anordnet oder nicht.

Während der gesamten Verhandlung oder eines Teils derselben kann die Öffentlichkeit also ausgeschlossen werden. Fraglich ist, ob sich die Befugnis des Gerichts zum Ausschluß der Öffentlichkeit auch auf die Urteilsverkündung erstreckt. Dies wird man jedoch verneinen müssen, und zwar aus folgenden Gründen:

Art. 6 Abs. 1 Satz 2 EK beginnt mit dem zwingenden Gebot: „Das Urteil *muß* öffentlich verkündet werden" („Judgment *shall* be pronounced publicly", „Le jugement *doit* être rendu publiquement"). Auf dieser Forderung liegt also ein besonderer Nachdruck. Den Ausschluß der Öffentlichkeit hingegen *„kann"* („may", „peut") das Gericht anordnen. Schon hieraus ergibt sich, daß sich die Ausschließungsbefugnis nicht auf die Urteilsverkündung erstrecken kann. Denn wenn das Gericht das Urteil öffentlich verkünden *muß*, dann kann es nicht andererseits in sein Ermessen gestellt sein, hierbei die Öffentlichkeit auszuschließen.

Daß das zwingende Gebot zur öffentlichen Urteilsverkündung nicht eingeschränkt werden kann, folgt auch aus einer weiteren Überlegung. Die Presse und die Öffentlichkeit können nach Art. 6 Abs. 1 Satz 2 EK „während der gesamten Verhandlung oder eines Teils derselben" ausgeschlossen werden. Die Betonung liegt auf *Verhandlung* („trial", „procès"). Die Befugnis des Gerichts, gegebenenfalls die Öffentlichkeit auszuschließen, kann sich demnach nur auf die Verhandlung selbst beziehen, in der noch über „zivilrechtliche Ansprüche und Verpflichtungen" gestritten, in der noch „die Stichhaltigkeit der strafrechtlichen Anklage" untersucht wird. Dabei rechnet die Konvention die Urteilsverkündung *nicht* zur „gesamten Verhandlung", betrachtet sie aber auch nicht als einen Teil der Verhandlung[417]. In der Tat ist nämlich im Zeitpunkt der Urteilsverkündung die Verhandlung selbst abgeschlossen. Das Urteil enthält die tatsächliche und rechtliche Würdigung des *verhandelten* Prozeßstoffes.

Das Gericht kann demnach die Öffentlichkeit nur „während der gesamten Verhandlung oder eines Teils derselben", etwa während der Beweisaufnahme, ausschließen, nicht jedoch während der Urteilsverkündung[418]. Das ergibt sich unmißverständlich aus Sinn und Wortlaut des Art. 6 Abs. 1 Satz 2 EK[419].

---

417 A. A. Morvay, S. 337.

418 So auch Echterhölter, Praxis, S. 145; Müller, Änderungen, S. 231; v. Weber, Bedeutung, S. 338.

419 Vgl. auch Robertson, S. 151. Dort heißt es, Art. 6 Abs. 1 EK verlange „the public nature of the hearing including admission of the press and definition of the circumstances, in which it may be excluded". Das internationale und das zwischenstaatliche Verfahrensrecht unterscheiden gleichfalls zwischen der Öffentlichkeit der Verhandlung und der Öffentlichkeit der Urteilsverkündung. Während der Verhandlung kann die Öffentlichkeit

Nach geltendem deutschen Recht „kann durch das Gericht für die Verhandlung oder einen Teil davon die Öffentlichkeit ausgeschlossen werden" (§ 172 GVG). Die Verkündung des Urteils erfolgt jedoch nach § 173 Abs. 1 GVG „in jedem Falle öffentlich". Damit entspricht diese Regelung dem von der Konvention ausgesprochenen Grundsatz. Nur für die Urteilsverkündung vor dem Jugendgericht gilt etwas anderes. Hier ist die Verhandlung vor dem erkennenden Gericht einschließlich der Verkündung der Entscheidungen nicht öffentlich (§ 48 Abs. 1 JGG). Wieweit dies mit der Forderung der Konvention vereinbar ist, wird noch näher zu untersuchen sein.

II. Der Ausschluß der Öffentlichkeit während der Verhandlung. Die Ausschließungsgründe

1. Der Ausschluß der Öffentlichkeit „im Interesse der Sittlichkeit"

Nach Art. 6 Abs. 1 Satz 2 EK kann das Gericht die Öffentlichkeit ausschließen, wenn dies „im Interesse der Sittlichkeit" liegt („in the interest of morals", „dans l'intérêt de la moralité"). Gemeint ist wohl die geschlechtliche Sittlichkeit.

Auch nach deutschem Recht kann die Öffentlichkeit ausgeschlossen werden, wenn „eine Gefährdung der Sittlichkeit" zu besorgen ist, § 172 2. Alt. GVG, d. h. wenn die zur Verhandlung stehenden Vorgänge das allgemeine Schamgefühl verletzen[420].

2. Der Ausschluß „im Interesse der öffentlichen Ordnung"

„Im Interesse der öffentlichen Ordnung" kann der Ausschluß der Öffentlichkeit nach Art. 6 Abs. 1 Satz 2 EK gerechtfertigt sein („in the interest ... of public order", „dans l'intérêt ... de l'ordre public").

Die Besorgnis, die öffentliche Ordnung könne gefährdet werden, berechtigt auch nach deutschem Recht das Gericht zum Ausschluß der Öffentlichkeit, § 172 1. Alt. GVG. Eine Gefährdung der öffentlichen Ordnung ist etwa dann gegeben, wenn die Verhandlung fortlaufend gestört wird[421], oder auch dann, wenn zu erwarten ist, daß ein Zeuge mit seiner Aussage zurückhalten wird, weil er bei wahrheitsgemäßen Angaben in der öffentlichen Verhandlung Personen, die in einem

---

ausgeschlossen werden, vgl. etwa Art. 46 Stat. des IGH, Art. 56 VerfO des GH der Europ. Gemeinschaften, nicht jedoch während der Urteilsverkündung, vgl. Art. 58 Stat. des IGH, Art. 64 VerfO des GH der Europ. Gemeinschaften.

[420] Im einzelnen Löwe-Rosenberg, StPO, Bd. 2, Anm. III, 1 a zu § 172 GVG.

[421] RGSt 30, 104 f. (105); Eduard Kern, GV-Recht, S. 314.

unter Gewaltherrschaft stehenden Gebiet wohnen, der Gefahr der Verfolgung aussetzen würde[422].

3. Der Ausschluß „im Interesse der nationalen Sicherheit in einem demokratischen Staat"

Ausschließungsbefugt ist das Gericht nach Art. 6 Abs. 1 Satz 2 EK weiterhin, wenn das Interesse der „nationalen Sicherheit in einem demokratischen Staat" dies verlangt („in the interest ... of national security in a democratic society", „dans l'intérêt ... de la sécurité nationale dans une société démocratique"). Zu denken ist hierbei etwa an die Gefährdung der Staatssicherheit durch Bekanntwerden von Staats- oder militärischen Geheimnissen.

Ist zu besorgen, daß die „Staatssicherheit" durch die Öffentlichkeit der Verhandlung gefährdet werden könnte, so sind die Gerichte auch nach deutschem Recht zum Ausschluß der Öffentlichkeit berechtigt, § 172 2. Alt. GVG. Die den Gerichten nach deutschem Recht eingeräumte Befugnis geht dabei nicht weiter als die von der Konvention gewährte.

4. Der Ausschluß „im Interesse von Jugendlichen"

„Where the interests of juveniles ... so require" („lorsque les intérêts des mineurs ... l'exigent"), „wenn die Interessen von Jugendlichen es verlangen", kann die Öffentlichkeit nach Art. 6 Abs. 1 Satz 2 EK ausgeschlossen werden.

Gemäß § 48 Abs. 1 JGG sind in Jugendgerichtssachen die Verhandlungen vor dem erkennenden Gericht einschließlich der Verkündung der Entscheidungen nicht öffentlich. Der gesetzliche Ausschluß der Öffentlichkeit während der Dauer der Verhandlung deckt sich mit dem hier behandelten Ausschließungsgrund der Konvention. Denn die Nachteile und Gefahren der Öffentlichkeit überwiegen im Jugendstrafrecht die Vorteile erheblich, insbesondere würde die Öffentlichkeit der Verhandlung eine schwere Gefährdung der erzieherischen Tendenzen des Jugendstrafrechts bedeuten[423]. Es liegt im wohlverstandenen Interesse der Jugendlichen, daß ihre Verfehlungen nicht weithin und allgemein bekannt werden. Der Jugendliche soll vor der Bloßstellung in der Öffentlichkeit, die sein Fortkommen erschweren könnte, geschützt werden[424].

---

[422] SCHWARZ-KLEINKNECHT, § 172 GVG, Anm. 3, zitieren in diesem Zusammenhang eine unveröff. Entsch. des BGH vom 6. Dez. 1957 — 2 StR 189/57 —.

[423] Eb. SCHMIDT, LK, Teil I, Erl. 334.

[424] DALLINGER-LACKNER, § 48, RZ 3.

Fraglich kann dagegen sein, ob der Ausschluß der Öffentlichkeit in Jugendgerichtssachen auch während der Urteilsverkündung in Einklang mit Art. 6 Abs. 1 Satz 2 EK steht. Wie bereits dargelegt[425], ist in Art. 6 Abs. 1 Satz 2 EK die öffentliche Verkündung des Urteils zwingend vorgeschrieben. Die Befugnis des Gerichts, die Öffentlichkeit auszuschließen, bezieht sich nicht auf die Urteilsverkündung.

Dennoch wird man sagen müssen, daß die Konvention den Ausschluß der Öffentlichkeit in Jugendgerichtssachen auch während der Urteilsverkündung gestattet. Zunächst einmal ist die Öffentlichkeit während der Urteilsverkündung nicht gänzlich ausgeschlossen. Nach § 48 Abs. 2 JGG haben außer den am Verfahren Beteiligten der Verletzte, der Beamte der Kriminalpolizei und der Bewährungshelfer das Recht, anwesend zu sein. Andere Personen kann der Vorsitzende aus besonderen Gründen zulassen, so auch die Vertreter der Presse[426]. Verhandlung und Urteilsverkündung in Jugendgerichtssachen sind also gewissermaßen beschränkt öffentlich. In den amtlichen Richtlinien zu § 48 JGG[427] heißt es daher auch: „Die Anwesenheit einer *größeren* Anzahl von Personen in der Hauptverhandlung[428] ist aus erzieherischen Gründen unerwünscht."

Wesentlicher ist allerdings, daß der Ausschluß der Öffentlichkeit in Jugendgerichtssachen auch während der Urteilsverkündung der Zielsetzung der Konvention entspricht. Die Grund- und Freiheitsrechte des Einzelnen zu schützen ist Zweck und Ziel der Konvention. Sie enthält jedoch nur Mindestforderungen. Weitergehenden Rechtsgewährungen, wie sie sich aus den Rechtsordnungen der vertragsschließenden Staaten ergeben, will sie nicht im Wege stehen. Daher heißt es in Art. 60 EK: „Keine Bestimmung dieser Konvention darf als Beschränkung oder Minderung eines der Menschenrechte oder (einer der) grundsätzlichen Freiheiten ausgelegt werden, die in den Gesetzen eines Hohen Vertragsschließenden Teils oder einer anderen Vereinbarung, an der er beteiligt ist, festgelegt sind." Dieses Günstigkeitsprinzip[429] der Konvention läßt also alle innerstaatlichen gesetzlichen Bestimmungen unberührt, sofern diese die Grundrechte des Einzelnen umfassender schützen und sichern. Um eine solche gesetzliche Bestimmung handelt es sich aber bei § 48 Abs. 1 JGG: Die Öffentlichkeit soll möglichst nicht erfahren, welche Tat dem Jugendlichen vorgeworfen worden noch welches Urteil gegen ihn ergangen ist, um ihn in seiner weiteren Entwicklung nicht durch die abwertende Kritik der Umwelt zu schädigen und um ihm die künftige

[425] Siehe oben S. 87.

[426] Vgl. RiJGG, Nr. 1 zu § 48 JGG.

[427] Vgl. RiJGG, ebenda.

[428] Hier ist mit Hauptverhandlung zugleich die Urteilsverkündung gemeint.

[429] Guradze, Menschenrechte, S. 171.

Gestaltung eines geordneten, gesetzmäßigen Lebens nicht unnötig zu erschweren. Dieses „Interesse" des Jugendlichen geht dem der Öffentlichkeit, bei der Urteilsverkündung anwesend zu sein, vor. Die Regelung des § 48 Abs. 1 JGG steht daher nicht im Widerspruch zur Konvention.

5. Der Ausschluß „zum Schutze des Privatlebens der Prozeßparteien"

Nach Art. 6 Abs. 1 Satz 2 EK kann das Gericht die Öffentlichkeit ausschließen, „wenn der Schutz des Privatlebens der Prozeßparteien" es verlangt („where ... the protection of the private life of the parties so require", „lorsque ... la protection de la vie privée des parties au procès ... l'exige(nt) ...").

Ob dieser Ausschließungsgrund nur in den Verfahren über „zivilrechtliche Ansprüche und Verpflichtungen" anwendbar ist, da grundsätzlich nur in solchen Verfahren „Parteien" vor Gericht stehen, mag fraglich erscheinen. Sicherlich gilt er auch im Privatklageverfahren, da sich hier Privatkläger und Angeklagter in einem parteiähnlichen Verhältnis gegenüberstehen. Man wird jedoch den Ausdruck „Prozeßparteien" in einem weiteren Sinne zu verstehen haben, also nicht allein in der gebräuchlichen verfahrenstechnischen Bedeutung. Die Konvention läßt nicht erkennen, daß der hier behandelte Ausschließungsgrund nur in Zivilverfahren gelten soll, wo die übrigen Ausschließungsgründe des Art. 6 Abs. 1 Satz EK sowohl in Zivil- als auch in Strafsachen anwendbar sind. Man wird daher annehmen dürfen, daß die Konvention unter „protection of the private life of the parties" („protection de la vie privée des parties au procès") den „Schutz des Privatlebens der ‚Verfahrensbeteiligten' oder der ‚Verfahrensbetroffenen'" versteht.

Nach deutschem Recht ist die Verhandlung in Ehesachen (§§ 606 ff. ZPO) nicht öffentlich, § 170 GVG. Dies deckt sich mit dem Ausschließungsgrund der Konvention, da die Parteien in Ehesachen wegen der höchstpersönlichen und oft intimen Natur der Streitsache verlangen können, daß ihr Privatleben dem Blick der Öffentlichkeit entzogen werde[430].

Die Befugnis des Gerichts, nach § 171 GVG in Entmündigungsverfahren die Öffentlichkeit auszuschließen, kann unerörtert bleiben. Denn im Entmündigungsverfahren ist Art. 6 Abs. 1 EK nicht anwendbar[431]. Das gleiche gilt für den Ausschließungsgrund des § 171 a GVG jedenfalls insoweit, als die Öffentlichkeit ausgeschlossen werden kann, wenn das Verfahren *ausschließlich* die Unterbringung in eine Heil- oder Pflegeanstalt zum Gegenstand hat, wie dies im Sicherungsverfahren nach den §§ 429 a ff. StPO i. V. m. § 42 b StGB der Fall ist.

---

[430] So auch GURADZE, a. a. O., S. 197.

[431] Siehe oben S. 16.

Im Sicherungsverfahren ist, wie oben ausgeführt[432], Art. 6 Abs. 1 EK nicht anwendbar. Ist Gegenstand des Verfahrens die Unterbringung *neben* einer Strafe[433], so wird in diesem Verfahren u. a. auch über „die Stichhaltigkeit einer strafrechtlichen Anklage" entschieden. Die Befugnis des Gerichts zum Ausschluß der Öffentlichkeit ist aber in diesem Falle mit Art. 6 Abs. 1 Satz 2 EK vereinbar; denn die nichtöffentliche Verhandlung dient dem „Schutz des Privatlebens" des Beschuldigten[434].

Sodann ist das Gericht nach § 172 GVG zur Ausschließung der Öffentlichkeit berechtigt, wenn sie die Gefährdung eines wichtigen Geschäfts- oder Betriebsgeheimnisses besorgen läßt. Unter einem Geschäfts- oder Betriebsgeheimnis wird jede nicht offenkundige, Unberufenen jedenfalls unbekannte Tatsache verstanden, an deren Geheimhaltung der Geschäftsinhaber ein verständiges Interesse hat und die geheimzuhalten er auch gewillt ist[435]. Der Ausschluß der Öffentlichkeit erfolgt also nicht „zum Schutze des Privatlebens" des Geschäftsinhabers. Die Befugnis des Gerichts zum Ausschluß der Öffentlichkeit wegen besorgter Gefährdung eines Geschäfts- oder Betriebsgeheimnisses nach § 172 GVG wird daher nicht durch den hier behandelten Ausschließungsgrund der Konvention gedeckt[436] [437].

---

[432] Siehe oben S. 38.

[433] So bei vermindert Zurechnungsfähigen.

[434] Neben der zwangsweisen Unterbringung geisteskranker Personen, die im Strafverfahren nach den §§ 429 a ff. StPO, 42 b StGB angeordnet werden kann, gibt es ein außerstrafrechtliches Sicherungsverfahren. Nach Art. 104 Abs. 2 GG können Geisteskranke, auch wenn sie sich keiner strafbaren Verfehlung schuldig gemacht haben, nur auf Grund eines förmlichen Gesetzes und durch Richterentscheidung zwangsweise untergebracht werden. Die Ausgestaltung dieses Sicherungsverfahrens ist in Ländergesetzen geregelt. Danach entscheiden die Gerichte der freiwilligen Gerichtsbarkeit über die Unterbringung Geisteskranker. Auch in diesem Verfahren ist Art. 6 Abs. 1 EK nicht anwendbar. Denn die Zwangsunterbringung geisteskranker Personen hat vorwiegend den Charakter einer Fürsorgemaßnahme für die unterzubringende Person, vgl. BGH in JZ 1952, 303 lSp. Sie ist daher keine „echte Streitsache". Vgl. auch BayObLG in NJW 1961, 270 rSp., wo das Gericht die Vereinbarkeit des Verfahrens nach dem BayVerwahrungsG mit Art. 6 Abs. 1 EK prüft und zutreffend bejaht.

[435] RGSt 40, 406, 407; 42, 394, 396; Löwe-Rosenberg (Schäfer), Bd. 2, § 172 GVG, Anm. III, 1 b).

[436] Unklar v. Weber, Bedeutung, S. 338. Er vertritt die Ansicht, der Ausschluß der Öffentlichkeit wegen Gefährdung eines wichtigen Geschäfts- oder Betriebsgeheimnisses könne unter den Begriff des Schutzes des Privatlebens der Prozeßparteien gebracht werden. In der Fußnote verweist er — offensichtlich zur Begründung seiner Ansicht — auf den Bericht des Rechtsausschusses des BT hin. Der Ausschuß hatte aber die Auffassung vertreten, die Ausschließung der Öffentlichkeit wegen Gefährdung eines wich-

6. Der Ausschluß „im Interesse der Gerechtigkeit"

Schließlich kann das Gericht nach Art. 6 Abs. 1 Satz 2 EK den Ausschluß der Öffentlichkeit anordnen, „wenn die öffentliche Verhandlung die Interessen der Gerechtigkeit beeinträchtigen würde" („where publicity would prejudice the interests of justice", „lorsque ... la publicité serait de nature à porter atteinte aux intérêts de la justice").

Die deutsche Übersetzung von „justice" mit „Gerechtigkeit" entspricht sowohl dem englischen und französischen Sprachgebrauch dieses Begriffs als auch dem Geist der Konvention, wie Appell[438] überzeugend nachgewiesen hat. Nicht die „Interessen der Rechtspflege[439]", sondern die der Gerechtigkeit zum Schutze des Einzelnen will die Konvention wahren.

Der Ausschließungsgrund der Konvention „im Interesse der Gerechtigkeit" wird als Generalklausel bezeichnet[440], als eine allgemeine Rechtsnorm also, die nicht auf den Einzelfall abgestellt ist, sondern durch einen weitgefaßten Rechtssatz möglichst alle Umstände des Einzelfalles berücksichtigen will. Es ist klar, daß mit dieser Generalklausel das Gericht den Grundsatz der öffentlichen Verhandlung praktisch aufheben könnte. Die Konvention hat daher die Generalklausel in doppelter Weise eingeschränkt. Einmal ist sie nur unter „besonderen Umständen" („in special circumstances", „dans des circonstances spéciales") anwendbar. Nur in Ausnahmefällen also, wenn die übrigen Ausschließungsgründe nicht herangezogen werden können, der Ausschluß der Öffentlichkeit jedoch „im Interesse der Gerechtigkeit" notwendig erscheint, kann ihre Anwendung gerechtfertigt sein. Durch die Einschränkung „unter besonderen Umständen" erhält sie den Charakter einer Härteklausel. Und zum anderen kann die Öffentlichkeit „nur in dem nach Auffassung des Gerichts erforderlichen Umfang" ausgeschlossen werden („to the extent strictly necessary in the opinion of the court", „dans la mesure jugée strictement nécessaire par le tribunal"). Das Gericht ist also gehalten — nachdem es die „besonderen Umstände" geprüft hat —, sich nach sorgfältiger und gewissenhafter Abwägung der Interessen des Einzelnen und der Allgemeinheit eine

---

tigen Geschäfts- oder Betriebsgeheimnisses sei durch die Generalklausel der Beeinträchtigung der „Interessen der Gerechtigkeit" gedeckt, vgl. BT-Drucks. 1. Wahlperiode Nr. 3338, S. 5.

[437] Die KommVRZ hat vorgeschlagen, in bürgerlichen Rechtsstreitigkeiten solle das Gericht die Öffentlichkeit dann ausschließen können, wenn die Parteien dies übereinstimmend betragten, vgl. Kommissionsbericht, S. 181. Dieser Ausschließungsgrund würde sich, sollte er Gesetz werden, mit dem hier behandelten Ausschließungsgrund der Konvention decken.

[438] Appell, Diss. S. 51 f.

[439] So Wiebringhaus, Art. 6 EK, Anm. I (Anmerkungen zum Text).

[440] BT-Rechtsausschuß, 1. Wahlperiode, BT-Drucks. Nr. 3338, S. 5; Guradze, Menschenrechte, S. 197.

Auffassung darüber zu bilden, in welchem Umfange die Öffentlichkeit auszuschließen ist, ob etwa nur während der Beweisaufnahme oder auch schon bei der Vernehmung des Angeklagten zur Person. Nur in dem „unbedingt" („strictly, strictement") erforderlichen Umfange kann die Öffentlichkeit von der Verhandlung ausgeschlossen werden.

Die Generalklausel der Konvention ist somit eng auszulegen. Sie ist nur dann anwendbar, wenn die übrigen Ausschließungsgründe versagen und wenn besondere Umstände den Ausschluß der Öffentlichkeit „im Interesse der Gerechtigkeit" zwingend gebieten.

Das „Interesse der Gerechtigkeit" kann möglicherweise dann gefährdet sein, wenn Zeugen durch die Anwesenheit von Zuhörern bei ihrer Aussage irritiert und befangen werden. Denn in einem solchen Falle ist die Wahrheitsfindung und damit die Gerechtigkeit selbst gefährdet[441]. Regeln lassen sich jedoch nicht aufstellen. Für das Gericht ist es oberstes Gebot, in einem rechtsstaatlich einwandfrei geführten Verfahren Gerechtigkeit zu üben und ein gerechtes Urteil zu treffen. Sieht es sich hierbei durch die Öffentlichkeit gehindert, so kann es ihren Ausschluß anordnen, wenn die genannten Voraussetzungen gewahrt erscheinen.

Dem deutschen Recht ist eine Generalklausel zum Ausschluß der Öffentlichkeit, wie sie die Konvention enthält, unbekannt. Durch Art. 6 Abs. 1 Satz 2 EK ist sie jetzt Bestandteil der deutschen Rechtsordnung.

Die den deutschen Gerichten nach § 172 GVG eingeräumte Befugnis, die Öffentlichkeit auszuschließen, wenn diese die Gefährdung eines wichtigen Geschäfts- oder Betriebsgeheimnisses besorgen läßt, wird vielfach durch die Generalklausel der Konvention gedeckt sein[442]. Denn es würde den „Interessen der Gerechtigkeit" zuwiderlaufen, wenn die Prozeßparteien oder der Angeklagte gezwungen wären, ihre Geschäftsgeheimnisse vor Zuhörerschaft und Presse offenzulegen und dadurch „andere Betriebe die unter Arbeitskraft, Zeit- und Geldaufwand erworbenen Kenntnisse und Fertigkeiten eines Unternehmens erfahren und sich zunutze machen könnten[443]".

III. Zusammenfassung

1. Der Grundsatz der öffentlichen Urteilsverkündung (Art. 6 Abs. 1 Satz 2 EK) ist uneinschränkbar, d. h. die Ausschließungsgründe des Art. 6 Abs. 1 Satz 2 EK beziehen sich nicht auf die Urteilsverkündung.

---

[441] Guradze, a. a. O., S. 197.

[442] Guradze, ebenda; Appell, Diss., S. 52; Maunz-Dürig, Art. 1 Abs. 2 GG, RZ 70; v. Weber, Bedeutung, S. 338; Vgl. auch BT-Drucks. Nr. 3338, S. 5.

[443] Appell, Diss., S. 52.

2. Die Ausschließungsgründe des Art. 6 Abs. 1 Satz 2 EK gestatten es dem Gericht, die Öffentlichkeit während der Verhandlung oder eines Teils derselben auszuschließen.

a) Zum Ausschluß der Öffentlichkeit während der Verhandlung im Interesse der Sittlichkeit, der öffentlichen Ordnung, der nationalen Sicherheit und der Jugendlichen ist das Gericht auch nach deutschem Recht befugt.

b) Die Ausschließungsgründe der Konvention „zum Schutze des Privatlebens der Prozeßparteien" und „im Interesse der Gerechtigkeit", bisher im deutschen Gerichtsverfassungsrecht nicht vorgesehen, sind nunmehr durch Art. 6 Abs. 1 Satz 2 EK Bestandteil der deutschen Rechtsordnung. Die Generalklausel „im Interesse der Gerechtigkeit" ist eng auszulegen. Der nach deutschem Recht mögliche Ausschluß der Öffentlichkeit bei Gefährdung eines wichtigen Geschäfts- oder Betriebsgeheimnisses wird vielfach durch die Generalklausel der Konvention gedeckt sein.

3. Der uneinschränkbare Grundsatz der öffentlichen Urteilsverkündung erleidet eine Ausnahme im Falle des § 48 Abs. 1 JGG. In Jugendgerichtssachen kann auch während der Urteilsverkündung die Öffentlichkeit ausgeschlossen werden. Dies wird gerechtfertigt durch das sog. Günstigkeitsprinzip der Konvention (Art. 60 EK).

II. Teil

Die Garantien der Konvention und die Verfahren, die in den Anwendungsbereich des Art. 6 Abs. 1 EK fallen. Einzelprobleme.

Vorbemerkung

In dem nun folgenden Teil dieses Abschnitts sollen die Verfahren, die in den Anwendungsbereich[444] des Art. 6 Abs. 1 EK fallen[445], daraufhin untersucht werden, ob in ihnen die Garantien der Konvention gewahrt sind.

Es würde jedoch zu weit führen, in allen Einzelheiten darlegen zu wollen, wie die Garantien der Konvention in den deutschen Verfahrensordnungen verwirklicht sind. Der Versuch, auch nur in großen Zügen zu verfolgen, wie etwa die Garantie des rechtlichen Gehörs in den einzelnen Verfahren der deutschen Rechtsordnung verwirklicht ist, würde bereits den Rahmen dieser Arbeit sprengen[446].

---

[444] Zur Begriffsbestimmung vgl. oben S. 13.

[445] Vgl. oben Zweiter Abschnitt, S. 13 ff. und die Zusammenfassungen S. 34, 49 f., 61.

[446] Vgl. die umfangreichen Abhandlungen von Löwe, Seidel und Kolb.

Ein solches Vorgehen wäre aber auch wenig sinnvoll. Aufgabe der nachfolgenden Untersuchung kann und soll es nur sein, Verletzungen der Konventionsgarantien zu behandeln, nicht aber, Übereinstimmungen zwischen den Grundsätzen der Konvention und dem geltenden deutschen Verfahrensrecht festzustellen. Nur dort, wo ein Verstoß gegen die Forderungen der Konvention vorzuliegen *scheint*, ist erst ein Anlaß zur Prüfung gegeben.

8. Kapitel

Die Verfahren, in denen über „zivilrechtliche Ansprüche und Verpflichtungen" entschieden wird.

A. Das Verfahren der streitigen Zivilgerichtsbarkeit

I. Das Armenrecht für Ausländer

Nach § 114 Abs. 2 ZPO haben Angehörige fremder Staaten auf das Armenrecht nur soweit Anspruch, als die Gegenseitigkeit verbürgt ist. Diese gesetzliche Bestimmung der deutschen Rechtsordnung könnte gegen die *Garantie der Justizgewährung* verstoßen.

Wie ausgeführt[447], bedeutet die Garantie der Justizgewährung, daß der Staat dem Einzelnen für seine Ansprüche ein kompetentes Gericht bereitstellen muß. Die Konvention verpflichtet alle Unterzeichnerstaaten, jedermann Justiz zu gewähren. Der persönliche Geltungsbereich der Konvention umfaßt Inländer, Ausländer und Staatenlose[448]. Der Ausländer, der Rechtsschutz verlangt, braucht auch nicht einem der Mitgliedstaaten des Europarates anzugehören[449]. Die Konvention gilt für alle Personen, die in irgendeiner rechtlich relevanten Weise zu dem Kompetenzbereich der Unterzeichnerstaaten in Beziehung getreten sind[450].

Einem Ausländer also, dem nach Art. 6 Abs. 1 EK Justiz zu gewähren ist, wird nach § 114 Abs. 2 ZPO das Armenrecht verweigert, wenn nicht die Gegenseitigkeit verbürgt ist. Die Versagung des Armenrechts kommt einer Justizverweigerung gleich. Denn wird dem mittellosen Ausländer das Armenrecht versagt, so kann er seinen Anspruch im Prozeßwege nicht mehr geltend machen. Damit könnte Art. 6 Abs. 1 EK verletzt sein[451].

---

[447] Siehe oben S. 70 f.

[448] GURADZE, Menschenrechte, S. 178.

[449] GURADZE, ebenda.

[450] WIEBRINGHAUS, Art. 1 EK, Anm. II, B.

[451] Zur Klarstellung sei nochmals darauf hingewiesen, daß im Armenrechtsverfahren selbst Art. 6 Abs. 1 EK keine Anwendung findet, vgl. oben S. 15, lit. c), insbesondere FN 69. Hier wird lediglich geprüft, ob die nach

Zu prüfen ist aber, ob die Versagung des Armenrechts gegenüber Ausländern nicht dennoch im notwendigen und berechtigten Interesse des Staates liegt, und zwar in einem solchen Grade, daß eine unterschiedliche Behandlung von eigenen Staatsangehörigen und Ausländern gerechtfertigt wäre. Nach § 114 Abs. 2 ZPO ist Ausländern das Armenrecht zu versagen, wenn nicht die Gegenseitigkeit verbürgt ist. Was unter dem Prinzip der Gegenseitigkeit zu verstehen ist, welche Vorstellungen seine Aufnahme in die ZPO bestimmt haben, bedarf daher einer Klärung.

Der Grundsatz der Gegenseitigkeit bedeutet, daß das fremde Recht für In- und Ausländer nicht ungünstiger sein darf als das deutsche[452]. Nur wenn ein deutscher Staatsangehöriger im Ausland im gleichen Falle nach den Gesetzen des fremden Staates das Armenrecht bewilligt erhält, ist nach geltendem deutschen Recht das Erfordernis der Gegenseitigkeit erfüllt (Grundsatz der materiellen Reziprozität[453]).

Dieser Grundsatz wurde in die ZPO aufgenommen, weil nach damaliger Auffassung das gesamte internationale Recht auf dem Prinzip der Gegenseitigkeit beruhte[454]. Diese Auffassung läßt sich jedoch heute nicht mehr vertreten. So hat Nagel[455] überzeugend nachgewiesen, daß der Grundsatz der Gegenseitigkeit nicht mehr das ganze Völkerrecht beherrscht, sondern in mannigfacher Beziehung durch Völkergewohnheitsrecht aufgehoben ist. Das Völkerrecht, so führt Nagel weiter aus, billige heute den Ausländern gewisse Mindestrechte zu, ohne nun darauf abzustellen, ob die Angehörigen des Staates, der diese Rechte gewähre, in gleicher Weise im fremden Staat behandelt würden[456]. Aber auch im Internationalen Privatrecht habe sich das Prinzip der Gegenseitigkeit nicht entfalten können. Denn die Kollisionsnormen als eigentliches Gebiet des IPR seien frei von der Bedingung der Gegenseitigkeit[457]. Ein Staat, der Kollisionsnormen erlasse, frage nicht, ob ein anderer Staat sich in gleichgelagerten Fällen ebenso verhalte[458]. So müsse man heute feststellen, daß die Gegenseitigkeit nicht auf einem rechtlichen Prinzip beruhe, sondern ihre Wurzeln im politischen Zweckdenken habe. Der deutsche Gesetzgeber habe aus politischen Überlegungen, um für seine Staatsangehörigen in anderen Staaten eine

---

deutschem Prozeßrecht unter den Voraussetzungen des § 114 Abs. 2 ZPO zulässige Verweigerung des Armenrechts an Ausländer möglicherweise gegen die Justizgewährungsgarantie des Art. 6 Abs. 1 EK verstößt.

[452] Baumbach-Lauterbach, § 110, Anm. 3; Zöller, § 114, Anm. 2.

[453] RGZ 51, 1, 5.

[454] So der Abgeordnete Struckmann bei den Beratungen zur ZPO, vgl. Hahn, S. 887.

[455] Nagel, S. 341.

[456] Vgl. hierzu Kipp, S. 156; Partsch, Menschenrechte, S. 163; Schindler, S. 54.

[457] Nagel, S. 343.

[458] Nagel, S. 342.

gleiche Behandlung zu erwirken, das Erfordernis der Gegenseitigkeit in die ZPO eingeführt[459].

Mit Recht folgert daher Nagel, daß sich die Veränderungen im internationalen Recht auch auf die Entwicklung des internationalen Zivilprozeßrechts auswirken müßten. Würden im neueren Völkerrecht immer wieder die Belange des Individuums besonders herausgestellt, so wirke sich gerade das Erfordernis der Gegenseitigkeit für den einzelnen Menschen nur hindernd aus[460]. Nachdem die Rechtsstellung des Einzelnen im internationalen Recht in solchem Maße in den Vordergrund gerückt sei, könne ein Staat gar nicht mehr die Frage aufwerfen, ob ein anderer sich entsprechend verhalten werde[461]. Im übrigen lasse sich auch der Grundsatz der Gegenseitigkeit nicht in befriedigender Weise durchführen. Denn es werde von den Staaten etwas absolut Identisches verlangt, eine Voraussetzung, die zu einer Vielzahl von Ländern nicht erfüllt werde[462]. Schließlich weist Nagel darauf hin, daß sich in einer Reihe von Staaten die Tendenz bemerkbar mache, auf das Erfordernis der Gegenseitigkeit gänzlich zu verzichten[463].

Es zeigt sich also, daß sich das Prinzip der Gegenseitigkeit angesichts der neueren Strömungen im internationalen Recht nicht mehr behaupten kann. Einen sichtbaren Ausdruck findet diese Entwicklung gerade in Art. 6 Abs. 1 EK: Allen Menschen, die sich im Gebiet der Konventionsstaaten aufhalten, wird der Anspruch auf Justizgewährung garantiert. Die Staaten werden verpflichtet, alle Einschränkungen des freien Zugangs zu den Gerichten, die nur politischen Eigeninteressen und nicht dem Schutz des Einzelnen dienen, aufzugeben. Ist der Ausländer, welcher vor einem deutschen Gericht als Kläger auftritt, mittellos, so kann das Gericht ihm das Armenrecht nicht mit der Begründung versagen, die Gegenseitigkeit mit seinem Heimatstaat sei nicht verbürgt[464].

Die herrschende deutsche Rechtsauffassung beharrt weiterhin auf der Forderung der Gegenseitigkeit. So ist das OLG Stuttgart[465] der Ansicht, daß die Bestimmung des § 114 Abs. 2 ZPO, wonach Aus-

---

[459] Nagel, S. 344.

[460] Nagel, S. 353.

[461] Nagel, S. 354.

[462] Nagel, S. 345.

[463] Nagel, S. 348 ff.

[464] Echterhölter, Praxis, S. 145 lSp., sieht bei einer Justizverweigerung im Falle des § 114 Abs. 2 ZPO die Art. 6 und 14 EK verletzt. Einer Heranziehung des Art. 14 EK bedarf es jedoch nicht. Art. 6 Abs. 1 EK gewährt seine Garantien „jedermann“. Guradze, Menschenrechte, S. 178, bemerkt mit Recht, daß der Wortlaut der EK (mit Ausnahme der politischen Betätigung, Art. 16 EK) nicht nach der Staatsangehörigkeit unterscheide. Es sei daher nicht nötig gewesen, dieses Merkmal in Art. 14 EK zu verbieten.

[465] OLG Stuttgart, JZ 1956, 123 rSp. Soweit ersichtlich, ist dies die einzige Entscheidung, die sich mit dem Problem der Gegenseitigkeit in § 114 Abs. 2 ZPO auseinandersetzt.

länder nur dann einen Anspruch auf Bewilligung des Armenrechts hätten, wenn die Gegenseitigkeit verbürgt sei, nicht gegen den Gleichheitsgrundsatz des Art. 3 Abs. 1 GG verstoße. Durch finanzielle Hilfe der staatlichen Gemeinschaft, so meint das OLG, einem Nichtstaatsangehörigen die Prozeßführung zu ermöglichen, könne für die Regel nicht auf Grund allgemeiner Menschenrechte verlangt werden. Es sei berechtigt und mit Art. 3 Abs. 1 GG vereinbar, bei Bewilligung des Armenrechts eine Differenzierung zwischen In- und Ausländern vorzunehmen. Art. 3 Abs. 1 GG verbiete nur eine willkürliche Andersbehandlung. Die unterschiedliche Behandlung von eigenen Staatsangehörigen und Ausländern verstoße auch nicht gegen die Konvention zum Schutze der Menschenrechte und Grundfreiheiten. Denn diese gewähre keine völlige Gleichstellung von In- und Ausländern, sondern mache Vorbehalte zum Nachteil der Ausländer, deren politische Tätigkeit Beschränkungen auferlegt seien.

Die Ansicht des Gerichts zu Art. 3 Abs. 1 GG soll hier nicht weiter erörtert werden. Seine Ausführungen zur Konvention sind jedoch verfehlt. Der erwähnte Vorbehalt (Art. 16 EK) ist die einzige Beschränkung, die den Ausländern nach der Konvention auferlegt ist. Nichts berechtigt dazu, von dieser Ausnahme einen Grundsatz abzuleiten. Die Entscheidung kann daher nicht überzeugen.

Es kann somit festgestellt werden, daß die Vorschrift des § 114 Abs. 2 ZPO gegen die Garantie der Justizgewährung verstößt[466]. Sie ist damit außer Kraft gesetzt[467].

II. Die Ausländerkaution

Ausländer, die vor deutschen Gerichten als Kläger auftreten, haben gemäß § 110 Abs. 1 ZPO dem Beklagten auf dessen Verlangen wegen der Prozeßkosten Sicherheit zu leisten. Diese Verpflichtung tritt nach § 110 Abs. 2 Ziff. 1 ZPO nicht ein, wenn nach den Gesetzen des Staates, dem der Kläger angehört, ein Deutscher im gleichen Falle zur

---

[466] So im Ergebnis auch ECHTERHÖLTER, Praxis, S. 145.

[467] Im Europarat wurde am 13. Dez. 1955 ein „Europäisches Niederlassungsabkommen" („European Convention on Establishment") unterzeichnet. In der BRD wurde das Abkommen durch G vom 30. Sep. 1959 verkündet, BGBl. II, 997. Gegenstand des Abkommens ist die Aufstellung gemeinsamer Regeln für die Behandlung der Staatsangehörigen eines Mitgliedstaates im Gebiet eines anderen Mitgliedstaates. Nach Art. 8 Abs. 1 ENLA haben die Staatsangehörigen eines Vertragsstaates im Gebiet der anderen Vertragsstaaten unter den gleichen Voraussetzungen wie deren eigene Staatsangehörige Anspruch auf Bewilligung des Armenrechts. Das Abkommen ist jedoch bis heute noch nicht in Kraft. Die nach Art. 34 Abs. 2 ENLA erforderliche Hinterlegung von fünf Ratifikationsurkunden ist bislang noch nicht erreicht. Erst drei Staaten, darunter die BRD, haben das Abkommen ratifiziert, vgl. im einzelnen KUNZMANN, S. 307, 333.

Sicherheitsleistung nicht verpflichtet ist.

Auch hierdurch könnte die *Garantie der Justizgewährung* des Art. 6 Abs. 1 EK verletzt sein, wenn nämlich die Gegenseitigkeit mit dem Heimatstaat des ausländischen Klägers nicht verbürgt ist und dieser mithin zur Sicherheitsleistung für die Prozeßkosten verpflichtet ist.

Zwei Fälle sind zu unterscheiden:

1. Ist der Ausländer, der vor einem deutschen Gericht als Kläger auftritt, vermögend, so wird er die Kaution leisten können. Das deutsche Gesetz verlangt von dem Ausländer in diesem Falle nichts, was zu einer Justizverweigerung führt. Denn der Ausländer *kann* das Gericht in Anspruch nehmen, wenn er es wünscht. Die Bestimmung des § 110 Abs. 1 ZPO verstößt also bei dieser Sachlage nicht gegen Art. 6 Abs. 1 EK[468].

2. Ist der Ausländer mittelos, so kann er auch keine Kaution leisten, also dem Verlangen des inländischen Beklagten auf Sicherheitsleistung nicht nachkommen. Macht der Beklagte daraufhin die prozeßhindernde „Einrede der mangelnden Sicherheit für die Prozeßkosten“ nach § 274 Abs. 2 Ziff. 5 ZPO geltend, so muß das Gericht die Klage im Wege des Prozeßurteils abweisen. Das Erfordernis der Gegenseitigkeit würde also bewirken, daß der ausländische Kläger vom Gericht in seiner Rechtssache selbst nicht gehört würde. Damit könnte gegen die Garantie der Justizgewährung verstoßen sein.

Es ist jedoch folgendes zu beachten:

Nach § 115 Abs. 1 Ziff. 2 ZPO tritt die Verpflichtung zur Sicherheitsleistung nicht ein, wenn dem Kläger das Armenrecht bewilligt ist. Nun ist aber das Gesuch um Bewilligung des Armenrechts (§ 118 ZPO) das erste, was der ausländische mittellose Kläger unternehmen muß, um überhaupt die Voraussetzung zu schaffen, daß seine Rechtssache bei Gericht anhängig wird. Stellt das deutsche Gericht bei der Prüfung des Armenrechtsgesuches fest, daß die Gegenseitigkeit nicht verbürgt ist, so versagt es nach § 114 Abs. 2 Satz 1 ZPO das Armenrecht. Es kommt also gar nicht zum Prozeß. Damit entfällt aber für den Beklagten die Gelegenheit, den Antrag auf Sicherheitsleistung wegen der Prozeßkosten zu stellen, und damit auch die Möglichkeit für das Gericht, nach § 110 Abs. 2 Ziff. 1 ZPO die Gegenseitigkeit erneut zu prüfen. Es wird mithin in keinem Falle zu einer weiteren Justizverweigerung durch das Gericht kommen.

---

[468] Eine andere Frage ist es, ob § 110 Abs. 2 Ziff. 1 ZPO eine Diskriminierung der Ausländer bedeutet, die Art. 14 EK verbietet. Das braucht jedoch hier nicht entschieden zu werden. Es sei nur erwähnt, daß nach Art. 9 Abs. 1 ENLA Ausländern im Gebiet eines anderen Vertragsstaates eine Kaution nicht mehr auferlegt werden soll. Das Abkommen ist aber noch nicht in Kraft getreten, vgl. oben S. 99, FN 467.

Bei einem mittellosen ausländischen Kläger kann daher gegen die Garantie der Justizgewährung nur einmal verstoßen werden, nämlich dann, wenn das Gericht das Armenrechtsgesuch wegen fehlender Gegenseitigkeit abweist. In diesem Falle findet der Prozeß nicht statt. Art. 6 Abs. 1 EK *kann* also durch § 110 Abs. 2 Ziff. 1 ZPO nicht verletzt werden. Dies hat Echterhölter[469] offensichtlich übersehen.

III. Die Zuständigkeit deutscher Gerichte in Ausländerehesachen

Die *Garantie der Justizgewährung* könnte weiterhin verletzt werden, wenn sich deutsche Gerichte nach § 606b ZPO weigern, Klagen in Ausländerehesachen zuzulassen. Gemäß § 606b ZPO kann von deutschen Gerichten in Ausländereheangelegenheiten in der Sache nur entschieden werden, wenn der gewöhnliche Aufenthaltsort des Mannes oder der Frau im Inland gelegen ist und nach dem Heimatrecht des Mannes die von dem deutschen Gericht zu fällende Entscheidung anerkannt werden wird oder nur einer der Ehegatten staatenlos ist.

Echterhölter[470] meint nun, es sei zwar möglich, nach den Normen des internationalen Zivilprozesses unsere Kompetenz zu verneinen, wenn die maßgebliche Inlandbeziehung nicht vorliege. Sei aber die Anrufung der nach unserem internationalen Zivilprozeß in Betracht kommenden ausländischen Gerichte nicht möglich oder nicht zumutbar, so läge in der Weigerung, Klagen vor unseren Gerichten zuzulassen, eine Justizverweigerung und damit ein Vorstoß gegen Art. 6 Abs. 1 EK. Besonders bei Statusklagen von Ausländern, die in Deutschland wohnten, könnten solche Fälle auftreten. Hier müßten die Menschenrechte gewahrt werden, auch wenn unsere Entscheidung im Ausland nicht anerkannt würde[471].

Bevor auf die Ansicht Echterhölters näher einzugehen ist, muß zunächst einmal festgestellt werden, wann nach § 606b ZPO überhaupt der Fall einer Justizverweigerung eintreten kann.

Die Vorschrift des § 606b ZPO findet nur Anwendung, wenn beide Ehegatten die deutsche Staatsangehörigkeit nicht besitzen. Dabei sind deutschen Staatsangehörigen gleichgestellt solche Personen, die Deutsche i. S. des Art. 116 Abs. 1 GG sind, desgleichen heimatlose Aus-

---

[469] Echterhölter, Praxis, S. 145. Aus dem Gesagten ergibt sich, daß die Lage die gleiche ist, wenn dem mittellosen Ausländer auf Grund verbürgter Gegenseitigkeit das Armenrecht bewilligt wird. Nach § 115 Abs. 1 Ziff. 2 ZPO kann der inländische Beklagte in einem solchen Falle keine Kaution verlangen. Auch hier kann also das Gericht nicht gegen den Justizgewährungsanspruch des Art. 6 Abs. 1 EK verstoßen.

[470] Echterhölter, Praxis, S. 145.

[471] Maunz-Dürig, Art. 1 Abs. 2 GG, RZ 68, schließen sich der Auffassung Echterhölters an.

länder i. S. des Bundesgesetzes vom 25. April 1951[472] sowie verschleppte Personen und Flüchtlinge i. S. der Art. 3 und 10 AHKG 23[473]. Ist einer der Ehegatten Deutscher oder einem Deutschen gleichgestellt, so sind die deutschen Gerichte bereits nach § 606 ZPO zuständig[474].

Sodann muß nach § 606 b ZPO der gewöhnliche Aufenthaltsort des Mannes oder der Frau im Inland gelegen sein. Anknüpfungsmoment für die Zuständigkeit deutscher Gerichte ist also der „gewöhnliche Aufenthalt" im Inland. Und schließlich muß die zu fällende Entscheidung nach dem Heimatrecht des Mannes anerkannt werden. Zweck der letztgenannten Voraussetzung ist es, sog. hinkende Statusverhältnisse auszuschließen. „Es sollen widersprechende Entscheidungen in- und ausländischer Gerichte und Unklarheiten über die Statusverhältnisse nach Möglichkeit vermieden werden[475]."

Es kann also der Fall eintreten, daß in der BRD lebende Ehegatten, von denen keiner die deutsche Staatsangehörigkeit besitzt oder einem Deutschen gleichgestellt ist, von einem deutschen Gericht geschieden werden wollen und das Gericht die Klage nach § 606 b ZPO als unzulässig abweist, weil nach dem Heimatrecht des Mannes die zu treffende Entscheidung nicht anerkannt werden würde. Damit wäre aber noch nicht die Garantie der Justizgewährung verletzt. Denn Art. 6 Abs. 1 EK will nur sicherstellen, daß der Einzelne im Geltungsbereich der Konvention überhaupt ein Gericht findet, das über seine Rechtssache entscheidet. Es steht durchaus in Einklang mit Art. 6 Abs. 1 EK, wenn das deutsche Gericht den ausländischen Kläger nach § 606 b ZPO an das Gericht seines Heimatstaates verweist.

Es kann jedoch sein, daß der ausländische Kläger — würde das deutsche Gericht seine Klage wegen fehlender Zuständigkeit abweisen — die Gerichte seines Heimatstaates nicht anrufen könnte, etwa weil ihm als politischem Flüchtling die Rückkehr dorthin verwehrt wäre. Es müßte sich allerdings um einen Flüchtling handeln, der nicht bereits nach Art. 3 und 10 AHKG 23 einem deutschen Staatsangehörigen gleichgestellt ist. Für einen solchen Kläger würde die Weigerung deutscher Gerichte, sich seiner Rechtssache anzunehmen, eine Justizverweigerung bedeuten. Denn der Kläger kann sein Recht nirgends anders suchen. Die Rückkehr in die Heimat ist für ihn unzumutbar. Er müßte dort in der Regel wegen seiner Flucht mit hohen Freiheitsstrafen rechnen. Es würde in ganz entschiedener Weise gegen den Geist der Konvention verstoßen, einem Menschen, der in seiner Rechtssache um die Entscheidung eines Gerichts nachsucht, diesen Rechtsschutz zu

---

[472] „Gesetz über die Rechtsstellung heimatloser Ausländer im Bundesgebiet", BGBl. 1951, I, 269.

[473] Alliierte Hohe Kommission, Gesetz Nr. 23, auszugsweise zit. bei Baumbach-Lauterbach, Anhang § 606.

[474] Stein-Jonas, Bd. II, § 606 b, Anm. II.

[475] Stein-Jonas, a. a. O., Anm. III, 1 b).

verweigern und es in sein Belieben zu stellen, entweder ohne Rechtsschutz zu bleiben oder sich bei einer Rückkehr in seinen Heimatstaat der Gefahr unmenschlicher Verfolgungen auszusetzen. Echterhölter kann daher zugestimmt werden, wenn er meint, daß in einem solchen Falle die Menschenrechte gewahrt werden und sich die deutschen Gerichte für zuständig erklären müßten, auch wenn unsere Entscheidungen im Ausland nicht anerkannt würden.

Die Vorschrift des § 606 b ZPO verstößt daher in der geltenden Fassung gegen Art. 6 Abs. 1 EK, wenn die genannten Voraussetzungen gegeben sind.

IV. Das Versäumnisverfahren

Das Gericht kann nach den Vorschriften der §§ 330 ff. ZPO auch dann in der Sache entscheiden, wenn eine Partei nicht in der mündlichen Verhandlung erscheint oder trotz Anwesenheit nicht verhandelt (§§ 330, 333 ZPO). In diesem sog. Versäumnisverfahren ergeht auf Antrag der erschienenen Partei ein Sachurteil gegen die nichterschienene Partei[476].

1. Die abwesende Partei nimmt also nicht an der mündlichen Verhandlung teil. Damit könnte gegen den in Art. 6 Abs. 1 EK garantierten *Grundsatz der mündlichen Verhandlung* verstoßen sein.

Die Konvention verlangt, daß in Verfahren über „zivilrechtliche Ansprüche und Verpflichtungen" eine mündliche Verhandlung in Gegenwart der Parteien stattfindet. Einen Verzicht der nichterschienenen Partei auf mündliche Verhandlung kann das Gericht nicht unterstellen. Denn das Gesetz knüpft die Urteilsfolge der §§ 330, 331 ZPO allein an die Säumnis einer Partei. Auf ein Verschulden kommt es nicht an[477]. Es wird also nicht verlangt, daß die Partei ihr Fernbleiben durch triftige Gründe entschuldigt. Ein Verzicht auf mündliche Verhandlung kann aber nur dann vermutet werden, wenn eine solche Entschuldigung gesetzlich gefordert wird, die dann ausbleibt.

Das Versäumnisverfahren dient aber der Prozeßbeschleunigung. Eine Partei, die ihren Anspruch auf mündliche Verhandlung, aus welchen Gründen auch immer, nicht wahrnimmt, hemmt das Verfahren. Die im Termin erschienene Partei hat nach Art. 6 Abs. 1 EK einen Anspruch darauf, daß der Prozeß schleunig geführt werde. Die Gerichte würden diesen Anspruch geradezu verletzen, wenn sie die Verhandlung bei Säumnis einer Partei jeweils vertagen und die anwesende Partei auf den Tag vertrösten wollten, an dem streitig verhandelt werden könnte. Der Grundsatz des schleunigen Verfahrens berechtigt und verpflichtet das Gericht also, eine Entscheidung gegen die säumige Partei zu treffen, wenn die erschienene Partei dies beantragt. Jene soll

---

[476] LENT, Studienbuch, § 66, Anm. III, 1, 2.

[477] LENT, a. a. O., Anm. II, 3.

durch den bei Säumnis drohenden Erlaß eines vollstreckbaren und rechtskraftfähigen Urteils veranlaßt werden, an ihrem Prozeß tätigen Anteil zu nehmen und in der mündlichen Verhandlung zu erscheinen.

Im übrigen verliert die säumige Partei ihren Anspruch auf mündliche Verhandlung nicht, wenn sie gegen das Versäumnisurteil rechtzeitig Einspruch einlegt. Auf den Einspruch hin (§§ 338, 339 ZPO), der keiner Begründung bedarf, wird der Prozeß in die Lage zurückversetzt, in der er sich vor Eintritt der Versäumnis befand. Das Gericht bestimmt erneut Termin zur mündlichen Verhandlung. Der in Art. 6 Abs. 1 EK garantierte Anspruch auf mündliche Verhandlung wird also im Versäumnisverfahren nicht verletzt.

2. Ebensowenig wird gegen den *Anspruch auf rechtliches Gehör* verstoßen. Die säumige Partei hatte Gelegenheit, sich in der mündlichen Verhandlung zur Sache zu äußern. Es genügt, daß dem Einzelnen im Prozeß Gelegenheit geboten wird, zu Wort zu kommen. Nicht ist es erforderlich, daß er von dieser Gelegenheit auch tatsächlich Gebrauch macht.

V. *Das schriftliche Verfahren*

Im deutschen Zivilprozeß kann das Gericht nach § 128 Abs. 2 ZPO mit Einverständnis der Parteien eine Entscheidung ohne mündliche Verhandlung treffen. Diese Vorschrift weicht somit von dem Grundsatz des § 128 Abs. 1 ZPO ab, wonach die Verhandlung der Parteien über den Rechtsstreit vor dem erkennenden Gericht eine mündliche ist.

Die Bestimmung des § 128 Abs. 2 ZPO könnte daher sowohl gegen die in Art. 6 Abs. 1 EK gewährte *Garantie der Mündlichkeit* als auch gegen den *Grundsatz der Öffentlichkeit* verstoßen. Denn ein schriftliches Verfahren ist weder mündlich noch öffentlich.

1. Der BGH[478] vertritt die Auffassung, die öffentliche Verhandlung sei nach Art. 6 Abs. 1 EK nicht schlechthin erforderlich, sondern könne durch ein anderes Verfahren ersetzt werden, wenn dies „in billiger Weise" den Interessen der Beteiligten Rechnung trage. Die Parteien hätten es daher in der Hand, auf die öffentliche Verhandlung zu verzichten, um auf einem anderen Wege — so durch ein schriftliches Verfahren — „in billiger Weise" zu der von ihnen erstrebten Entscheidung zu gelangen.

Maunz-Dürig[479] sind der Ansicht, daß das schriftliche Verfahren nach § 128 Abs. 2 ZPO nicht gegen Art. 6 Abs. 1 EK verstoße und weiterhin zulässig sei, da es das Einverständnis der Parteien voraussetze. Echterhölter[480] meint, Menschenrechte seien zwar unverzichtbar.

---

[478] BGHZ 25, 62 = NJW 1957, 1480 lSp.

[479] Maunz-Dürig, Art. 1 Abs. 2 GG, RZ 70.

[480] Echterhölter, Praxis, S. 145.

Das schließe aber nicht aus, daß auf die Ausübung von Befugnissen, die sich aus ihnen ergäben, im Einzelfall verzichtet werden könne. Für die in Art. 6 Abs. 1 EK enthaltenen Rechte müsse dies zumindest soweit gelten, als dadurch das Verfahren nicht den Charakter eines „fair trial" verliere. Aus diesen Gründen könne auf die mündliche Verhandlung gemäß § 128 Abs. 2 ZPO verzichtet werden. Der Auffassung Echterhölters hat sich Morvay[481] angeschlossen.

Zum gleichen Ergebnis gelangt auch Müller[482]. Er ist der Ansicht, aus der Formulierung des Art. 6 Abs. 1 EK, daß die Parteien einen *Anspruch* auf mündliche Verhandlung hätten, folge, daß sie auf diesen Anspruch auch verzichten könnten; denn andernfalls könnte eine Partei durch Nichterscheinen den Erlaß eines Urteils unmöglich machen. Es sei daher unbedenklich, wenn das Gericht im Einverständnis der Parteien ohne mündliche Verhandlung nach § 128 Abs. 2 ZPO entscheide. In diesem Einverständnis liege zugleich ein Verzicht auf mündliche Verhandlung.

Schließlich meint Henrichs[483], das schriftliche Verfahren nach § 128 Abs. 2 ZPO verstoße deshalb nicht gegen Art. 6 Abs. 1 EK, weil das Gericht nach Art. 6 Abs. 1 Satz 2 EK die Öffentlichkeit ausschließen könne, wenn „der Schutz des Privatlebens der Prozeßparteien" es verlange. Diese Ausnahme liege immer dann vor, wenn beide Parteien übereinstimmend nach § 128 Abs. 2 ZPO das schriftliche Verfahren beantragten, „um sich dadurch die Unannehmlichkeiten der mündlichen Verhandlung zu ersparen". Wer auf einen Anspruch verzichte, den ihm das Gesetz gewähre, brauche nicht weiter zu seinem Glück gezwungen zu werden.

2. Soweit der Stand der Meinungen in Rechtsprechung und Schrifttum. Im Ergebnis kann der einheitlich vertretenen Ansicht, Art. 6 Abs. 1 EK werde durch § 128 Abs. 2 ZPO nicht verletzt, zugestimmt werden. Wie diese Auffassung zum Teil begründet wird, gibt jedoch zu Bedenken Anlaß.

So kann der Ansicht des BGH nicht gefolgt werden, daß die öffentliche Verhandlung durch ein anderes Verfahren (etwa ein schriftliches) ersetzt werden könne, wenn dies „in billiger Weise" den Interessen der Beteiligten Rechnung trage. Der Sinn des Art. 6 Abs. 1 EK ist hier völlig verkannt. Wenn man schon annehmen will, daß Art. 6 Abs. 1 EK ein Verfahren „in billiger Weise" garantiert, so müßte das Verfahren „billig" *und* öffentlich sein („a fair and public hearing"), wie Morvay[484] richtig bemerkt. Eine „billige Verfahrensgestaltung", so meint Morvay, entbinde deshalb nicht von der Notwendigkeit, das

---

[481] Morvay, S. 338.

[482] Müller, Änderungen, S. 231.

[483] Henrichs, S. 141 lSp.

[484] Morvay, S. 337.

Verfahren öffentlich stattfinden zu lassen. Der Grundsatz der öffentlichen Verhandlung könne also nicht „in billiger Weise“ eingeschränkt werden.

Wie aber bereits dargelegt[485], bezeichnet der Ausdruck „fair“ in Art. 6 Abs. 1 EK keine selbständige Garantie. Schon deshalb ist die Argumentation des BGH verfehlt. Die Entscheidung zeigt, zu welch anfechtbaren, ja geradezu willkürlichen Folgerungen die falsch verstandene Anwendung des Begriffs „fair“ führen kann, eines Begriffs, der sich konkreter rechtlicher Fixierung entzieht.

Aber auch den Ausführungen Henrichs kann nicht gefolgt werden. Wenn Henrichs meint, die Vorschrift des § 128 Abs. 2 ZPO verstoße deshalb nicht gegen Art. 6 Abs. 1 EK, weil das Gericht nach dieser Norm die Öffentlichkeit zum „Schutze des Privatlebens der Prozeßparteien“ ausschließen könne und diese Ausnahme bei § 128 Abs. 2 ZPO immer dann gegeben sei, wenn beide Parteien das schriftliche Verfahren übereinstimmend beantragten, so kann dem nur folgendes entgegengehalten werden:

Die Bestimmung des § 128 Abs. 2 ZPO gestattet es dem deutschen Gericht, abweichend vom Grundsatz der mündlichen Verhandlung zu entscheiden. Verletzt sein könnte also der in Art. 6 Abs. 1 EK garantierte Anspruch auf Mündlichkeit. Die Ausschließungsgründe des Art. 6 Abs. 1 Satz 2 EK beziehen sich aber nur auf die Garantie der Öffentlichkeit der Verhandlung. Das schriftliche Verfahren kann mithin nicht dadurch als in Einklang mit Art. 6 Abs. 1 EK bezeichnet werden, daß man Ausnahmevorschriften heranzieht, die sich nicht auf den verletzten Grundsatz beziehen.

Ein Weiteres kommt hinzu. Entscheidet das Gericht (mit dem Einverständnis der Parteien) im schriftlichen Verfahren, so wird die Öffentlichkeit nicht *ausgeschlossen*. Es besteht nämlich kein Anlaß, die Öffentlichkeit auszuschließen, weil keine mündliche Verhandlung stattfindet.

Dagegen kann der von Echterhölter, Müller und Morvay vorgetragenen Begründung zugestimmt werden. Obgleich die Menschenrechte als solche unverzichtbar sind, kann sich der Einzelne doch vorübergehend der Ausübung der Grund- und Menschenrechte begeben[486]. Denn dadurch wird das Menschenrecht selbst nicht berührt[487]. So kann auch auf den Anspruch auf mündliche Verhandlung im Einzelfall verzichtet werden. Die Regelung des § 128 Abs. 2 ZPO widerspricht daher nicht Art. 6 Abs. 1 EK, da die Entscheidung, ob ein schriftliches Verfahren stattfindet, allein vom Willen der Parteien abhängt.

---

[485] Siehe oben S. 74 ff.

[486] Schlochauer, S. 41.

[487] Maunz, S. 118.

VI. Die Zustellung der Urteilsformel

Ein im schriftlichen Verfahren ergangenes Urteil wird nach deutschem Zivilprozeßrecht nicht öffentlich verkündet. Gemäß § 310 Abs. 2 ZPO wird bei einem Urteil, das nach § 128 Abs. 2 ZPO ohne mündliche Verhandlung ergeht, die Verkündung durch Zustellung der Urteilsformel ersetzt. Dies könnte gegen den in Art. 6 Abs. 1 EK garantierten *Grundsatz der öffentlichen Urteilsverkündung* verstoßen.

1. In Rechtsprechung und Schrifttum wird diese Frage unterschiedlich beantwortet. Der BGH[488] ist der Meinung, ein im schriftlichen Verfahren ergehendes Urteil brauche nicht öffentlich verkündet zu werden. Art. 6 Abs. 1 Satz 2 EK gehe davon aus, daß eine öffentliche Verhandlung stattfinde. Wo es aber die Parteien in der Hand hätten, auf die öffentliche Verhandlung zu verzichten, um auf einem anderen Wege „in billiger Weise" zu der von ihnen erstrebten Entscheidung zu gelangen, da entfalle mit der öffentlichen Verhandlung auch die Grundlage für die Notwendigkeit einer öffentlichen Urteilsverkündung.

Im Schrifttum folgen Maunz-Dürig[489] und Blomeyer[490] der Ansicht des BGH. Morvay[491] meint, wenn man schon das schriftliche Verfahren nach § 128 Abs. 2 ZPO für zulässig halte, so sei die nichtöffentliche Urteilsverkündung gemäß § 310 Abs. 2 ZPO „gesetzliche Folge" des schriftlichen Verfahrens, die unabhängig vom Willen der Parteien eintrete.

Auch Henrichs[492] hält die nichtöffentliche Urteilsverkündung für zulässig. Wenn einmal auf die mündliche Verhandlung verzichtet sei[493], dann gelte dies für alle Stadien des Verfahrens. Es sei dann auch die Zustellung der Urteilsformel statt der Verkündung in mündlicher Verhandlung erforderlich. Die Vorschrift des § 310 Abs. 2 ZPO sei die „logische Folge" aus dem Prinzip des „Schutzes des Privatlebens der Prozeßparteien".

Demgegenüber ist Müller[494] der Auffassung, daß § 310 Abs. 2 ZPO nicht mehr anwendbar sei. Aus der Formulierung des Art. 6 Abs. 1 Satz 2 EK, daß jedes Urteil verkündet werden *müsse*, folge, daß also auch die im schriftlichen Verfahren nach § 128 Abs. 2 ZPO ergehenden Urteile zu verkünden seien.

---

[488] BGHZ 25, 62.

[489] Maunz-Dürig, Art. 1 Abs. 2 GG, RZ 70.

[490] Blomeyer, S. 402.

[491] Morvay, S. 338.

[492] Henrichs, S. 141 lSp.

[493] Wie Henrichs seine Ansicht, das schriftliche Verfahren sei mit der Konvention vereinbar, im einzelnen begründet, vgl. oben S. 105.

[494] Müller, Änderungen, S. 231.

Schließlich meint auch Echterhölter[495], daß Urteile nunmehr in allen Fällen in öffentlicher Sitzung verkündet werden müßten, auch wenn das Verfahren schriftlich durchgeführt worden sei.

2. Der Ansicht des BGH kann schon deshalb nicht gefolgt werden, weil die öffentliche Urteilsverkündung nach der Garantie der Konvention keineswegs durch eine vorangegangene mündliche und öffentliche Verhandlung bedingt ist. Das Urteil *muß* öffentlich verkündet werden, mag während der Verhandlung auch die Öffentlichkeit nach Art. 6 Abs. 1 Satz 2 EK ausgeschlossen gewesen sein oder das Gericht im schriftlichen Verfahren entschieden haben. Zwischen der mündlichen und der öffentlichen Verhandlung einerseits und dem zwingenden Gebot der öffentlichen Urteilsverkündung in Art. 6 Abs. 1 Satz 2 EK andererseits besteht kein notwendiger innerer Zusammenhang, der zur Folge hätte, daß mit der Aufgabe der einen auch die andere Garantie gegenstandslos würde.

Dies muß auch Morvay entgegengehalten werden. Nach § 310 Abs. 2 ZPO ist zwar die nichtöffentliche Urteilsverkündung gesetzliche Folge des schriftlichen Verfahrens, die unabhängig vom Willen der Parteien eintritt. Entscheidend aber ist, daß sich diese „gesetzliche Folge" nicht mit Art. 6 Abs. 1 Satz 2 EK vereinbaren läßt.

Zu der Ansicht Henrichs ist zu bemerken, daß auch hier der Charakter der Garantie der öffentlichen Urteilsverkündung als eines zwingenden Gebotes verkannt wird. Der Verzicht auf die mündliche Verhandlung schließt nicht ein, daß auch die Urteilsverkündung in anderer Weise erfolgen kann. Wenn Henrichs meint, § 310 Abs. 2 ZPO sei die „logische Folge" aus dem Prinzip des „Schutzes des Privatlebens der Prozeßparteien", so kann nur festgestellt werden, daß diese „Logik" von der Konvention nicht anerkannt wird. Denn die Ausschließungsgründe des Art. 6 Abs. 1 Satz 2 EK beziehen sich nur auf die Garantie der öffentlichen Verhandlung, nicht aber auf den Grundsatz der öffentlichen Urteilsverkündung[496].

Es zeigt sich also, daß sich die weitere Geltung des § 310 Abs. 2 ZPO nicht begründen läßt, indem man die mündliche Verhandlung zur Grundlage für die Notwendigkeit der öffentlichen Urteilsverkündung erklärt und die Zustellung der Urteilsformel schon deshalb für zulässig hält, weil diese die „logische Folge" des schriftlichen Verfahrens sei. Vielmehr muß Echterhölter zugestimmt werden, wenn er sagt, daß Urteile nunmehr auf Grund des Art. 6 Abs. 1 Satz 2 EK in allen Fällen[497] öffentlich verkündet werden müßten.

---

[495] Echterhölter, Praxis, S. 145.

[496] Vgl. oben S. 86 f.

[497] Mit Ausnahme der Urteilsverkündung nach § 48 Abs. 1 JGG, vgl. oben S. 89 ff.

Müller[498], der insoweit mit Echterhölter übereinstimmt, meint nun, die Urteilsformel könne dennoch weiterhin zugestellt werden, wenn die Parteien nicht nur mit einer Entscheidung ohne mündliche Verhandlung (§ 128 Abs. 2 ZPO) einverstanden wären, sondern auch noch auf eine Ladung zum Verkündungstermin verzichteten. Morvay[499] geht noch weiter, wenn er meint, die Zustimmung der Parteien zum schriftlichen Verfahren könne in aller Regel auch als Zustimmung zur Ersetzung der Urteilsverkündung durch die Zustellung der Urteilsformel ausgelegt werden.

Der letztgenannten Ansicht wird man nicht beipflichten können. Art. 6 Abs. 1 Satz 2 EK verlangt, daß das Urteil verkündet werden *muß*. Dies bedeutet, daß es dem Ermessen des Gerichts entzogen ist zu entscheiden, in welchen Fällen es das Urteil verkündet und wann nicht. Nur der Einzelne kann über den Anspruch auf öffentliche Urteilsverkündung verfügen. Wenn jedoch „in aller Regel" bereits in der Einverständniserklärung nach § 128 Abs. 2 ZPO zugleich ein Verzicht auf öffentliche Urteilsverkündung erblickt werden könnte, so würde das Gericht über den Anspruch des Einzelnen verfügen, indem es den Verzicht als erklärt unterstellt.

Der Verzicht auf öffentliche Urteilsverkündung muß daher ausdrücklich und getrennt von der Einverständniserklärung des § 128 Abs. 2 ZPO erfolgen, und zwar in der Weise, daß beide Parteien auf die Ladung zum Verkündungstermin verzichten, wie Müller zutreffend ausführt. In der jetzigen Fassung verstößt § 310 Abs. 2 ZPO gegen Art. 6 Abs. 1 Satz 2 EK (Grundsatz der öffentlichen Urteilsverkündung). Die Vorschrift müßte vielmehr lauten:

> „Bei einem Urteil, das nach § 128 Abs. 2 ZPO ohne mündliche Verhandlung ergeht, kann die Verkündung durch Zustellung der Urteilsformel ersetzt werden, wenn die Parteien ihr Einverständnis dadurch erklären, daß sie auf Ladung zum Verkündungstermin ausdrücklich verzichten. Andernfalls muß das Urteil öffentlich verkündet werden."

VII. Das Schiedsurteilsverfahren

Nach § 510c Abs. 1 ZPO bestimmt das (Amts-) Gericht bei Streitigkeiten über vermögensrechtliche Ansprüche sein Verfahren nach freiem Ermessen, wenn der Wert des Streitgegenstandes zur Zeit der Einreichung der Klage fünfzig Deutsche Mark nicht übersteigt.

In diesem formfreien Bagatellverfahren[500] kann also das Gericht bestimmen — ohne an das Einverständnis der Parteien gebunden zu sein — ob das Verfahren öffentlich oder nichtöffentlich, mündlich oder

[498] MÜLLER, Änderungen, S. 231.
[499] MORVAY, S. 338.
[500] STEIN-JONAS, Bd. I, § 510c, Anm. I.

schriftlich durchgeführt, ob das Urteil öffentlich verkündet oder ob es durch Zustellung der Urteilsformel ersetzt wird. Nur rechtliches Gehör ist den Parteien vor Erlaß der Entscheidung in jedem Falle zu gewähren[501].

1. *a)* Es fragt sich, ob diese dem Gericht nach deutschem Prozeßrecht zugestandene Freiheit der Verfahrensgestaltung mit Art. 6 Abs. 1 EK vereinbar ist. Echterhölter[502] vertritt den Standpunkt, die Befugnis der Gerichte, in Bagatellsachen nach § 510c Abs. 1 ZPO ohne *mündliche Verhandlung* zu entscheiden, diene der Entlastung der Gerichte und damit der Verfahrensbeschleunigung. Soweit nicht im Einzelfall besondere Gründe gegeben seien, liege daher das schriftliche Verfahren „im Interesse der Gerechtigkeit" i. S. des Art. 6 Abs. 1 Satz 2 EK; denn die Gerechtigkeit gebiete nicht nur richtige, sondern auch rasche Entscheidungen.

Auch Henrichs[503] meint, die Möglichkeit für das Gericht, in Schiedsurteilssachen nach § 510c Abs. 1 ZPO das Verfahren nach freiem Ermessen zu bestimmen, schließe den Fall ein, daß nach der Auffassung des Richters die öffentliche Verhandlung die „Interessen der Gerechtigkeit" beeinträchtigen würde. Diese Beeinträchtigung liege dann vor, wenn der Wert des Streites in keinem Verhältnis mehr stehe zu dem Aufwand des Prozesses und also auch zu den Kosten, die den Parteien daraus entstünden. Äquivalenz von Rechtsgestaltungsziel und Rechtsgestaltungsmitteln sei auch ein Postulat der Gerechtigkeit. Mithin sei § 510c Abs. 1 ZPO mit Art. 6 Abs. 1 EK vereinbar.

Dagegen ist Müller[504] der Ansicht, daß die Bestimmung des § 510c Abs. 1 ZPO, die es bisher dem Amtsgericht gestattete, ohne mündliche Verhandlung zu entscheiden, nunmehr insoweit eingeschränkt sei, als das Gericht auf Grund des Art. 6 Abs. 1 EK das Einverständnis der Parteien einholen müsse. Ohne einen Verzicht der Parteien sei stets mündliche Verhandlung erforderlich.

Maunz-Dürig[505] sind gleichfalls der Auffassung, daß nach § 510c Abs. 1 ZPO das Gericht nicht mehr im schriftlichen Verfahren entscheiden könne, es sei denn, die Parteien erklärten ihre Zustimmung. Dies müsse schon deshalb gefordert werden, weil im Schiedsurteilsverfahren kein weiteres Rechtsmittel gegeben sei. Der Schluß Echterhölters, das schriftliche Verfahren im Rahmen des § 510c Abs. 1 ZPO

---

[501] Stein-Jonas, a. a. O., Anm. III, 4 a); Schönke — Schröder — Niese, § 82, Anm. III. So findet nach § 579 Abs. 3 ZPO gegen ein Schiedsurteil (das grundsätzlich unanfechtbar ist, vgl. § 510 Abs. 4 ZPO) die Nichtigkeitsklage statt, wenn der Partei im Verfahren nicht das rechtliche Gehör gewährt worden ist.

[502] Echterhölter, Praxis, S. 145.

[503] Henrichs, S. 141 lSp.

[504] Müller, Änderungen, S. 231.

[505] Maunz-Dürig, Art. 1 Abs. 2 GG, RZ 70.

diene der Entlastung der Gerichte und damit der Beschleunigung des Verfahrens und liege demnach grundsätzlich „im Interesse der Gerechtigkeit", überzeuge nicht, da es „am sachlich notwendigen Zusammenhang seiner Postulate" fehle.

b) Echterhölter und Henrichs übersehen, daß sich das schriftliche Verfahren nicht dadurch rechtfertigen läßt, indem man einen der Ausschließungsgründe des Art. 6 Abs. 1 Satz 2 EK heranzieht. Wie bereits ausgeführt[506], gestatten die Ausschließungsgründe des Art. 6 Abs. 1 Satz 2 EK dem Gericht, die Öffentlichkeit während der mündlichen Verhandlung auszuschließen. Zweck dieser Regelung ist es zu verhindern, daß die Allgemeinheit Kenntnis von dem zu verhandelnden Prozeßstoff erhält. Diese Gefahr besteht aber nur in Fällen, in denen eine mündliche Verhandlung stattfindet[507]. Entschließt sich das Gericht, im Rahmen des § 510 c Abs. 1 ZPO im schriftlichen Verfahren zu entscheiden, so entfällt damit jeder Anlaß, die Öffentlichkeit auszuschließen. Die Ausschließungsgründe sind also nur dann anwendbar, wenn die Öffentlichkeit während der mündlichen Verhandlung ausgeschlossen werden soll, nicht aber, wenn gar nicht mündlich verhandelt wird.

Auch das von Echterhölter vorgebrachte Argument, das schriftliche Verfahren diene der Prozeßbeschleunigung, führt zu keiner Lösung. Nach Art. 6 Abs. 1 EK hat der *Einzelne* einen Anspruch auf ein schleuniges Verfahren. Nicht aber kann der Staat sich auf diesen Grundsatz berufen, um sein Verfahren nach Belieben zu gestalten.

Daher ist Müller und Maunz-Dürig zuzustimmen, daß im Schiedsurteilsverfahren nach § 510 c Abs. 1 ZPO das Gericht grundsätzlich nicht frei darüber befinden kann, ob es mündlich verhandelt oder im schriftlichen Verfahren entscheidet. Der Einzelne hat nach Art. 6 Abs. 1 EK einen Anspruch darauf, daß eine mündliche Verhandlung stattfindet.

Das schließt nicht aus, daß auf die Ausübung dieses Anspruchs im Einzelfall verzichtet werden kann[508]. Erklären die Parteien also ihre Zustimmung, so darf das Gericht schriftlich verfahren. Zutreffend wei-

---

[506] Siehe oben S. 106.

[507] Das Mißverständnis Echterhölters und Henrichs' läßt sich nur damit erklären, daß beide im schriftlichen Verfahren den Gegensatz zum öffentlichen Verfahren erblicken. Das schriftliche Verfahren stellt jedoch eine Abweichung vom Grundsatz der mündlichen Verhandlung dar. Unrichtig auch MORVAY, S. 335: „Der objektive Gegensatz zwischen ‚öffentlich' und ‚schriftlich' ..." Entschließt sich das Gericht, im schriftlichen Verfahren zu entscheiden, so ist zwar dieses Verfahren nichtöffentlich. Die Nichtöffentlichkeit des Verfahrens ist jedoch nur die unvermeidliche F o l g e der einmal getroffenen Anordnung, schriftlich zu verfahren. Der eigentliche Z w e c k des schriftlichen Verfahrens ist es, ohne mündliche Verhandlung entscheiden zu können.

[508] MÜLLER, Änderungen, S. 231.

sen Maunz-Dürig darauf hin, daß ein solches beiderseitiges Einverständnis schon deshalb gefordert werden müsse, weil im Schiedsurteilsverfahren kein weiteres Rechtsmittel gegeben sei[509]. Die Parteien werden vielfach in einem Verfahren mit geringem Streitwert daran interessiert sein, den Prozeß schnell zu beenden. Dieses Interesse kann dazu beitragen, daß sie ihre Zustimmung zum schriftlichen Verfahren bereitwilliger erteilen. Ob allerdings das Schiedsurteilsverfahren in seiner jetzigen Gestalt tatsächlich zur Beschleunigung des Verfahrens beiträgt, ist fraglich[510].

2. Ein Verstoß gegen Art. 6 Abs. 1 EK ist ferner dann gegeben, wenn das Gericht im Rahmen des Schiedsurteilsverfahrens, abweichend vom *Grundsatz der öffentlichen Urteilsverkündung*, den Parteien die Urteilsformel zustellt. Auch dies ist ohne ausdrückliche Zustimmung der Parteien nicht mehr zulässig[511].

Es kann somit festgestellt werden, daß das Schiedsurteilsverfahren nach § 510c Abs. 1 ZPO gegen Art. 6 Abs. 1 EK verstößt, als die Verfahrensgestaltung dem freien Ermessen des Gerichts überlassen ist. Das Schiedsurteilsverfahren ist daher außer Kraft gesetzt.

B. Die „echten Streitverfahren" der freiwilligen Gerichtsbarkeit

Das Verfahren der freiwilligen Gerichtsbarkeit (fG), dem auch die „echten Streitsachen" unterstellt sind, folgt wesentlich anderen Prinzipien als der Zivilprozeß. Die Formfreiheit ist das grundsätzliche Kennzeichen des Verfahrens in der fG, allerding mit einer bedeutsamen Ausnahme: der Grundsatz des rechtlichen Gehörs gilt in vollem Umfange auch im Verfahren der fG[512].

I. Doch kennt die Verfahrensordnung des FGG (§§ 1 bis 34) nicht den *Grundsatz der öffentlichen Verhandlung*. „Aus dem Fehlen einer Vorschrift, daß die Verhandlungen in der Freiwilligen Gerichtsbarkeit öffentlich zu führen seien, daß also jedermann ein Recht habe, diesen Verhandlungen anzuwohnen, ergibt sich der Grundsatz der Nichtöffentlichkeit[513]". Dieser Grundsatz ist nur einmal durchbrochen, und zwar im Verfahren vor den Wiedergutmachungskammern, wo in Rück-

---

[509] Vgl. §§ 511 a, 545 ZPO.

[510] Zweifel äußern SCHÖNKE — SCHRÖDER — NIESE, § 82, Anm. V.

[511] MÜLLER, Änderungen, S. 231.

[512] BVerfGE 7, 53, 57 = JZ 1957, 542 rSp. Das BVerfG bezieht sich zwar nicht ausdrücklich auf das Verfahren der fG, sondern ganz allgemein auf „Verfahren mit Untersuchungsgrundsatz". Da im Verfahren der fG jedoch gleichfalls die Amtsmaxime gilt, betrifft die Entscheidung des BVerfG auch diese Verfahren. Vgl. weiter LENT-HABSCHEID, FGG, § 19, Anm. IV; RÖHL, NJW 1958, 1271 rSp.; h. M.

[513] KEIDEL, §§ 8 bis 18, Vorbem., RZ 7; s. a. OLG München, DNotZ 20, 34. Haben aber an einer Verhandlung unbeteiligte Personen teilgenommen, so ist dies kein Verstoß gegen das Prinzip der Nichtöffentlichkeit in dem

erstattungsangelegenheiten die Verhandlungen der Öffentlichkeit zugänglich sind[514]. Von dieser Ausnahme abgesehen sind jedoch die Verfahren der fG nichtöffentlich, so auch die Verfahren in den „echten Streitsachen“.

Das Prinzip der Nichtöffentlichkeit des Verfahrens im Bereich der fG verstößt daher gegen die Garantie der Öffentlichkeit der Verhandlung des Art. 6 Abs. 1 EK, soweit „echte Streitsachen“ verhandelt werden. Keidel[515] meint, Art. 6 Abs. 1 EK, der die Öffentlichkeit des Gerichtsverfahrens vorschreibe, gelte für das Verfahren der fG nicht, soweit Gegenstand des Verfahrens nicht die Entscheidung über bürgerlich-rechtliche Ansprüche sei. Damit läßt auch Keidel erkennen, daß jedenfalls in den „echten Streitverfahren“, deren Gegenstand ja die Entscheidung bürgerlichrechtlicher Ansprüche und Verpflichtungen ist[516], die Verhandlung öffentlich sein muß.

Kern[517] bemerkt mit Recht, je mehr Sachen der fG überwiesen würden, desto mehr verengere sich das Gebiet der öffentlichen Rechtspflege. Der Gesetzgeber kann also durch die Zuweisung „echter Streitsachen“ an die fG bestimmen, welche Angelegenheiten öffentlich verhandelt und welche dem Blick der Öffentlichkeit entzogen werden sollen. Der Einzelne hat aber nach Art. 6 Abs. 1 EK ein Recht auf öffentliche Verhandlung, wenn das Gericht über „zivilrechtliche Ansprüche und Verpflichtungen“ entscheidet. Über dieses Recht kann und darf der Gesetzgeber nicht eigenmächtig verfügen.

Die KommVRZ befaßt sich in ihrem Bericht eingehend mit der Neuordnung der „echten Streitverfahren“, erwähnt aber in diesem Zusammenhang mit keinem Wort die Frage der Öffentlichkeit der Verhandlung[518]. An dem Grundsatz der Nichtöffentlichkeit der „echten Streitverfahren“ soll offensichtlich nichts geändert werden. Auch Lent[519] meint, auf die Öffentlichkeit des Verfahrens in „echten Streitsachen“ könne verzichtet werden. Die Verhandlung mit den Beteiligten lasse sich sogar besser gestalten, wenn die Öffentlichkeit nicht bestehe. Mit Zweckmäßigkeitserwägungen läßt sich dieser Verfahrensmangel jedoch nicht rechtfertigen, noch dazu, wenn sich der Staat auf sie beruft. Der Staat hat dem Einzelnen die Öffentlichkeit des Verfahrens zu garantieren. Sache des Einzelnen ist es, auf die Inanspruchnahme der gewährten Garantien gegebenenfalls zu verzichten.

Sinne, daß darauf eine weitere Beschwerde nach § 27 Satz 2 FGG i. V. m. § 551 Ziff. 6 ZPO gestützt werden könnte; denn die Nichtöffentlichkeit ist nirgends zwingend vorgeschrieben, vgl. Baur, FGG, § 5, Anm. I.

[514] Zum Rückerstattungsverfahren siehe oben S. 20.

[515] Keidel, §§ 8 bis 18, Vorbem., RZ 7.

[516] Siehe oben S. 19 f.

[517] Kern, GV-Recht, § 40, Anm. C, I.

[518] Kommissionsbericht, S. 368 bis 412.

[519] Lent, Zivilprozeß und fG, S. 282.

Die Nichtöffentlichkeit der „echten Streitverfahren" im Bereich der fG verstößt somit gegen Art. 6 Abs. 1 EK.

II. Das Verfahren der fG kennt weiterhin keine notwendige *mündliche Verhandlung*. „Es bleibt dem Richter überlassen, in welcher Form er die Tatsachengrundlage für seine Entschließungen beschafft: er kann die Beteiligten zu schriftlichen Äußerungen auffordern, er kann mit ihnen mündlich verhandeln[520]."

Der Gesetzgeber hat verschiedentlich bei „echten Streitverfahren" der fG eine obligatorische mündliche Verhandlung vorgeschrieben. So enthalten etwa § 13 Abs. 2 der 6. DVO zum EheG (HausratsVO) und § 14 VGH Vorschriften über eine notwendige mündliche Verhandlung[521]. Soweit eine obligatorische mündliche Verhandlung vorgeschrieben ist, entspricht dies der Forderung des Art. 6 Abs. 1 EK. Andernfalls ist die in Art. 6 Abs. 1 EK gewährte Garantie der Mündlichkeit der Verhandlung verletzt.

Nach dem Bericht der KommVRZ[522] soll bei der Neugestaltung der „echten Streitverfahren" im Bereich der fG in allen Fällen eine obligatorische mündliche Verhandlung eingeführt werden. Dies trage besonders dazu bei, so begründet die Kommission ihren Vorschlag, die Rechtsgarantien für die Beteiligten zu erhöhen. Auch Lent[523] ist der Ansicht, daß die mündliche Verhandlung in „echten Streitsachen" zwingend vorgeschrieben werden sollte. Eine solche Neuregelung ist nicht allein wünschenswert, sondern auch angesichts der Forderung des Art. 6 Abs. 1 EK geboten.

III. Schließlich könnte in den „echten Streitverfahren" der fG gegen den *Grundsatz der öffentlichen Urteilsverkündung* des Art. 6 Abs. 1 Satz 2 EK verstoßen sein. Denn nach § 16 FGG werden die Verfügungen des Gerichts mit der Bekanntmachung an denjenigen, für welche sie ihrem Inhalt nach bestimmt sind, wirksam. „Verfügungen" sind nach der Terminologie der Prozeßordnungen keine Urteile. „Bekanntmachung" ist keine öffentliche Verkündung. Wieweit dies auch hier zutrifft, ist näher zu untersuchen.

Unter dem Begriff „Verfügung" werden im Bereich der fG alle gerichtlichen Entscheidungen verstanden, die bestimmt und geeignet sind, eine rechtliche Wirkung für die Beteiligten zu äußern[524]. Auch die sachliche Entscheidung im „echten Streitverfahren" ist also eine „Verfügung" i. S. des § 16 Abs. 1 FGG. Sie wird jedoch in der Regel als „Beschluß" bezeichnet.

Die Beschlüsse, die als Sachentscheidung im „echten Streitverfahren" der fG ergehen, sind jedoch keine Beschlüsse im Sinne der ZPO. Der

---

520 Baur, FGG, § 16, Anm. IV.

521 Im einzelnen Keidel, §§ 8 bis 18, Vorbem., RZ 10.

522 Kommissionsbericht, S. 392 f.

523 Lent, Zivilprozeß und FG, S. 282.

524 Keidel, § 16, RZ 1.

„Beschluß“ (oder die „Verfügung“) als Sachentscheidung des Gerichts in einem „echten Streitverfahren“ steht vielmehr einem im Zivilprozeß ergehenden Sachurteil gleich. So ist anerkannt, daß die Beschlüsse, die ein „echtes Streitverfahren“ beenden, wie ein Zivilurteil der materiellen Rechtskraft fähig sind[525]. „Daß dieser Streit (in den ‚echten Streitverfahren‘ der fG) durch die Entscheidung des Gerichts ein für allemal beendet sein soll, ist auch diesen Verfahren eigen[526].“ Auch sind bei „echten Streitsachen“ Prozeßentscheidungen (etwa bei Fehlen der Prozeßfähigkeit eines Beteiligten) möglich[527], entsprechend dem Prozeßurteil im Erkenntnisverfahren der ZPO, was gleichfalls zeigt, daß die Beschlüsse im „echten Streitverfahren“ dem Zivilurteil verwandt sind.

Entscheidet daher das Gericht der fG im „echten Streitverfahren“ in der Sache selbst, so steht dieser „Beschluß“ („Verfügung“) einem Sachurteil gleich. Nun sind zwar Urteile Entscheidungen des Gerichts, die auf Grund obligatorischer mündlicher Verhandlung ergehen[528]. Wie aber schon dargelegt[529], verlangt Art. 6 Abs. 1 EK, daß in den „echten Streitverfahren der fG“ eine obligatorische mündliche Verhandlung stattfindet. Dann sind aber die Beschlüsse im „echten Streitverfahren“ gleichfalls Entscheidungen des Gerichts, „die auf Grund mündlicher Verhandlung ... eine die Instanz beendigende Sachgestaltung enthalten und der materiellen Rechtskraft fähig sind[530]“. Auf die Bezeichnung als „Urteil“ oder „Beschluß“ kommt es nicht an. Maßgebend ist für den Unterschied nur das Verfahrensrecht. Ist dort eine mündliche Verhandlung vorgesehen oder ist — was dasselbe bedeutet — nunmehr auf Grund des Art. 6 Abs. 1 EK in den „echten Streitverfahren“ der fG eine mündliche Verhandlung erforderlich, so sind die hier ergehenden Beschlüsse „Urteile“ i. S. des Art. 6 Abs. 1 Satz 2 EK.

Besteht somit zwischen den Sachbeschlüssen der „echten Streitverfahren“ und den Sachurteilen im Zivilprozeß kein Unterschied, so folgt daraus, daß diese Beschlüsse nach Art. 6 Abs. 1 Satz 2 EK nunmehr öffentlich verkündet werden müssen. Gemäß § 16 Abs. 1 FGG werden die gerichtlichen Verfügungen mit der Bekanntmachung an diejenigen wirksam, für welche sie ihrem Inhalt nach bestimmt sind. In § 16 Abs. 2 und 3 FGG ist vorgeschrieben, wie im Einzelfall die Verfügung bekanntgemacht werden kann. Danach ist die Bekanntmachung keine öffentliche Verkündung. Sie kann es nicht sein, weil

---

525 Ausführlich hierzu LENT-HABSCHEID, FGG, § 28, Anm. IV, 2 mit Literaturhinweisen; h. M.

526 BAUR, FGG, § 25, Anm. II, 1.

527 BAUR, a. a. O., § 22, Anm. B, III, 2.

528 ROSENBERG, § 54, Anm. III, 1; s. a. oben S. 84.

529 Siehe oben S. 113.

530 SAUER, Prozeßrechtslehre, S. 147; s. a. oben S. 84.

nach dem geltenden Verfahrensrecht der fG die Verhandlung weder öffentlich noch (notwendig) mündlich ist. Da Art. 6 Abs. 1 EK eine öffentliche und mündliche Verhandlung fordert, ist damit zugleich auch die Grundlage für die öffentliche Verkündung der Entscheidung gegeben. Der Einzelne hat also einen Anspruch darauf, daß der Beschluß in öffentlicher Sitzung verkündet wird. Die Bekanntmachung, die wie die Mitteilung nur an die Beteiligten gerichtet ist[531], verstößt daher gegen die Forderung der Konvention.

IV. Auch im Beschwerdeverfahren der „echten Streitsachen" der fG, und zwar sowohl im Verfahren bei einfacher (§ 19 FGG) als auch bei sofortiger Beschwerde (§ 22 FGG) sind die Prozeßgarantien des Art. 6 Abs. 1 EK nicht gewahrt. Das Beschwerdeverfahren ist, wie das Verfahren erster Instanz, weder öffentlich noch (notwendig) mündlich. Der Beschwerdebeschluß wird nicht öffentlich verkündet[532]. Mithin verstößt auch das Beschwerdeverfahren in den „echten Streitsachen" der fG gegen Art. 6 Abs. 1 EK und ist daher ungültig.

V. Zusammenfassend kann festgestellt werden: Das Verfahren erster Instanz sowie das Verfahren bei einfacher und sofortiger Beschwerde in den „echten Streitsachen" der fG muß — entgegen der geltenden Regelung — nunmehr auf Grund des Art. 6 Abs. 1 EK öffentlich, die mündliche Verhandlung in allen Fällen obligatorisch sein. Die Beschlüsse sind in öffentlicher Sitzung zu verkünden.

Es ist vorgeschlagen worden, die „echten Streitsachen" aus dem Verfahren der fG herauszulösen und sie den Regeln des Erkenntnisverfahrens der ZPO zu unterstellen, da die Streitsachen ihrer Natur nach zum Zivilprozeß gehören[533]. Diese Ansicht hat sich aber nicht durchzusetzen vermocht. Lent[534] und Bärmann[535] vertreten den Standpunkt, die „echten Streitsachen" könnten in der fG verbleiben, sofern nur das Verfahren der Natur der Streitsachen angepaßt würde. Die KommVRZ hat sich dieser Ansicht angeschlossen[536]. Auf die Gründe, die für diesen Entschluß maßgebend waren, soll hier nicht weiter eingegangen werden. Gegen ein Verbleiben der „echten Streit-

---

[531] Siehe oben S. 84.

[532] Die Beteiligten haben aber auch im Beschwerdeverfahren der fG einen Anspruch auf rechtliches Gehör, vgl. OLH Hamm, MdR 1956, 687 rSp.; OLG Köln, NJW 1956, 1926 rSp.; KG in NJW 1954, 1411 lSp.; Lent-Habscheid, § 34, Anm. II, 3.

[533] Münzel, S. 334, 385.

[534] Lent, Zivilprozeß und fG, S. 267 ff. Eine Ausnahme soll nach Lent nur für das Rückerstattungsverfahren gelten, das ganz dem Zivilprozeß zu überweisen sei.

[535] Bärmann, S. 373, 414.

[536] Kommissionsbericht, S. 322 ff.

sachen" im Verfahren der fG ist dann nichts einzuwenden, wenn nur die Garantien des Art. 6 Abs. 1 EK gewahrt sind. Dies zu verwirklichen ist im Verfahren der fG ebenso möglich wie im Zivilprozeß.

C. Das Urteilsverfahren der Arbeitsgerichtsbarkeit

Das Urteilsverfahren vor dem Arbeitsgericht (§§ 46 ff. ArbGG) entspricht im wesentlichen den Forderungen des Art. 6 Abs. 1 EK. So sind die Verhandlungen vor dem erkennenden Gericht nach § 52 Satz 1 ArbGG öffentlich. Das Urteil ergeht gemäß § 46 Abs. 2 Satz 2 ArbGG nur auf Grund voraufgegangener mündlicher Verhandlung; das schriftliche Verfahren nach § 128 Abs. 2 ZPO ist also ausgeschlossen. Der Grundsatz des rechtlichen Gehörs gilt — wie in jedem gerichtlichen Verfahren — auch hier. Nach § 56 Satz 1 ArbGG hat der Vorsitzende die streitige Verhandlung so vorzubereiten, daß sie möglichst in einem Termin zu Ende geführt werden kann; dies entspricht der Garantie des schleunigen Verfahrens in Art. 6 Abs. 1 EK. Und schließlich ist das Urteil nach § 52 Satz 1 ArbGG in öffentlicher Sitzung zu verkünden.

Fraglich kann allenfalls sein, ob die Ausschließungsgründe des § 52 Satz 2 und 3 ArbGG mit denen des Art. 6 Abs. 1 Satz 2 EK in Einklang stehen. So kann das Arbeitsgericht nach § 52 Satz 3 ArbGG im Güteverfahren die Öffentlichkeit „aus Zweckmäßigkeitsgründen ausschließen[537]". Die Güteverhandlung vor dem Arbeitsgericht ist bereits ein Teil der öffentlichen und mündlichen Verhandlung des Rechtsstreits, aber dennoch ein besonderer Verfahrensabschnitt, weil er der *streitigen* Verhandlung vorausgeht[538]. Nach § 54 Abs. 1 ArbGG beginnt die mündliche Verhandlung vor dem Vorsitzenden zum Zwecke der gütlichen Einigung der Parteien. In diesem Güteverfahren hat der Vorsitzende das gesamte Streitverhältnis mit den Parteien unter freier Würdigung aller Umstände zu erörtern. Hierbei kann er nun die Öffentlichkeit ausschließen, wenn ihm dies „zweckmäßig" erscheint (§ 52 Satz 3 ArbGG).

Zweckmäßig kann der Ausschluß der Öffentlichkeit vielfach deshalb sein, weil der Erfolg der Güteverhandlung durch die Anwesenheit von Zuhörern möglicherweise gefährdet werden kann[539]. Die Güteverhandlung wird umso mehr Erfolg versprechen, je unbefangener sich die Parteien vor dem Vorsitzenden aussprechen können[540].

---

[537] Die in § 52 Satz 2 ArbGG genannten übrigen Ausschließungsgründe (Gefährdung der öffentl. Ordnung, der Staatssicherheit, der Sittlichkeit oder eines Betriebs-, Geschäfts- oder Erfindungsgeheimnisses) decken sich mit denen der Konvention, vgl. oben S. 88 ff.

[538] Dietz-Nikisch, § 54, RZ 6.

[539] Dietz-Nikisch, § 52, RZ 7.

[540] Dersch-Volkmar, § 52, RZ 27.

Die Befugnis des Vorsitzenden, während der Güteverhandlung die Öffentlichkeit auszuschließen, wird daher durch die Generalklausel des Art. 6 Abs. 1 Satz 2 EK gedeckt. Denn eine gütliche Einigung der Parteien liegt „im Interesse der Gerechtigkeit". Die Aussprache mit dem Vorsitzenden kann den Rechtsfrieden zwischen den Parteien ohne weiteren Streit wiederherstellen. Hierbei muß dem Vorsitzenden freie Hand gelassen werden, das Gespräch ungestört führen zu können. Durch die gütliche Einigung der Parteien ist der Gerechtigkeit mehr gedient als durch einen streitentscheidenden Spruch des Gerichts.

Das Urteilsverfahren nach dem ArbGG steht daher in Einklang mit den Forderungen des Art. 6 Abs. 1 EK.

D. Zusammenfassung

I. In folgenden Verfahren der deutschen Rechtsordnung, in denen die Gerichte über „zivilrechtliche Ansprüche und Verpflichtungen" entscheiden, wird gegen die Garantien des Art. 6 Abs. 1 EK verstoßen:

1. Im Armenrechtsverfahren bei Ausländern, § 114 Abs. 2 ZPO (Verstoß gegen die Garantie der Justizgewährung)
2. Unter besonderen Voraussetzungen bei der Zuständigkeit deutscher Gerichte in Ausländerehesachen, § 606b ZPO (Garantie der Justizgewährung)
3. Bei der Ersetzung der öffentlichen Urteilsverkündung durch Zustellung der Urteilsformel, § 310 Abs. 2 ZPO (Grundsatz der öffentlichen Urteilsverkündung)
4. Im Schiedsurteilsverfahren, § 510c Abs. 1 ZPO (Grundsätze der mündlichen Verhandlung und der öffentlichen Urteilsverkündung)
5. In den „echten Streitverfahren" der freiwilligen Gerichtsbarkeit, und zwar sowohl im Verfahren erster Instanz als auch im Verfahren bei einfacher und sofortiger Beschwerde (Grundsätze der öffentlichen und der mündlichen Verhandlung sowie der Grundsatz der öffentlichen Urteilsverkündung)

II. In folgenden Verfahren der deutschen Rechtsordnung lassen sich *keine* Verletzungen der Garantien des Art. 6 Abs. 1 EK nachweisen:

1. Bei der Ausländerkaution, § 110 Abs. 1 ZPO (kein Verstoß gegen die Garantie der Justizgewährung)
2. Im Versäumnisverfahren, §§ 330 ff. ZPO (keine Verletzung der Grundsätze der mündlichen Verhandlung und des rechtlichen Gehörs)
3. Im schriftlichen Verfahren, § 128 Abs. 2 ZPO (kein Verstoß gegen die Grundsätze der öffentlichen und der mündlichen Verhandlung)
4. Im Urteilsverfahren der Arbeitsgerichtsbarkeit (keine Verletzung der Ausschließungsgründe des Art. 6 Abs. 1 Satz 2 EK).

9. Kapitel

Die Verfahren, in denen über „die Stichhaltigkeit strafrechtlicher Anklagen" entschieden wird.

I. Das Hauptverfahren der StPO

1. Hauptverhandlung trotz Ausbleibens des Angeklagten

a) Die Hauptverhandlung erster Instanz

Nach § 232 Abs. 1 StPO kann die Hauptverhandlung ohne den Angeklagten durchgeführt werden, wenn dieser ordnungsgemäß geladen und in der Ladung darauf hingewiesen worden ist, daß in seiner Abwesenheit verhandelt werden kann, und wenn keine höhere Strafe als Haft, Geldstrafe oder Einziehung zu erwarten ist.

Es fragt sich, ob damit nicht gegen die Garantien des Art. 6 Abs. 1 EK verstoßen wird, und zwar gegen den *Grundsatz der mündlichen Verhandlung* (aa) sowie gegen den *Grundsatz des rechtlichen Gehörs* (bb). Denn man könnte der Ansicht sein, die Hauptverhandlung dürfe nicht beginnen, solange der Angeklagte abwesend ist, da dieser nach Art. 6 Abs. 1 EK einen Anspruch darauf hat, daß die Verhandlung in seiner Gegenwart stattfindet[541]. Zudem könnte gegen den Anspruch auf rechtliches Gehör verstoßen sein, weil sich der Angeklagte vor der Entscheidung des Gerichts nicht zur Sache äußern kann.

aa) In § 230 Abs. 1 StPO ist die Anwesenheit des Angeklagten für die gesamte Dauer der Hauptverhandlung zwingend vorgeschrieben. Man spricht von der Anwesenheitspflicht des Angeklagten[542]. Die Anwesenheitspflicht dient einem doppelten Zweck. Einmal dient sie der Wahrheitsermittlung; „denn der Eindruck von der Persönlichkeit und dem Auftreten des Angeklagten sowie seine Einlassungen bilden eine wesentliche Grundlage für ein richtiges und gerechtes Urteil[543]". Zum anderen soll dem Angeklagten „die Möglichkeit allseitiger und uneingeschränkter Verteidigung[544]" gewährleistet werden.

Dieser Anwesenheitsgrundsatz des § 230 Abs. 1 StPO wird nun durch die Bestimmung des § 232 Abs. 1 StPO durchbrochen. Das Gericht kann also die Hauptverhandlung unter den Voraussetzungen des § 232 Abs. 1 StPO ohne den Angeklagten durchführen, d. h. es kann

---

541 Siehe oben S. 79.

542 SCHWARZ-KLEINKNECHT, StPO, § 230, Anm. 1.

543 KLEINKNECHT-MÜLLER, § 230, Anm. 1; s. auch BGHSt 3, 187, 190; RGSt 69, 253, 255.

544 BGHSt 3, 190.

darauf verzichten, das Erscheinen des Angeklagten in der Hauptverhandlung nach § 236 StPO zu erzwingen.

Die Teilnahme an der Hauptverhandlung ist jedoch nicht nur eine Pflicht des Angeklagten, deren Befolgung das Gericht notfalls zwangsweise durchsetzen kann. Der Angeklagte hat auch einen Anspruch auf mündliche Verhandlung in seinem Beisein[545]. Das ergibt sich aus § 232 Abs. 1 StPO. Das Gericht kann nämlich nur dann die Hauptverhandlung ohne den Angeklagten durchführen, wenn dieser u. a. in der Ladung zum Termin darauf hingewiesen worden ist, daß in seiner Abwesenheit verhandelt werden kann. Das bedeutet aber, daß dem Angeklagten vom Gericht angedroht wird, er werde mit seinem *Anspruch* auf mündliche Verhandlung in seinem Beisein ausgeschlossen, wenn er nicht erscheine. Daß der Angeklagte einen Anspruch auf mündliche Verhandlung in seiner Gegenwart hat, folgt auch daraus, daß seine Anwesenheit für notwendig erachtet wird, um ihm „die Möglichkeit allseitiger und uneingeschränkter Verteidigung" zu bieten.

Auf diesen Anspruch verzichtet der Angeklagte, wenn er trotz Ladung und Hinweis auf die Folgen seines Ausbleibens eigenmächtig nicht zur Hauptverhandlung erscheint. Schwarz-Kleinknecht[546] sprechen von einem „vermuteten Verzicht des Angeklagten auf mündliche Hauptverhandlung". Der Gesetzgeber gestattet es dem Gericht, im Falle des Ausbleibens des Angeklagten unter den Voraussetzungen des § 232 Abs. 1 StPO auf einen Verzicht des Angeklagten auf Teilnahme an der mündlichen Hauptverhandlung zu schließen.

Die Annahme eines solchen Verzichts ist mit Art. 6 Abs. 1 EK vereinbar. Wie schon verschiedentlich ausgeführt[547], kann der Einzelne auf die Ausübung der ihm in der Konvention zugesicherten Rechte von Fall zu Fall verzichten. Es verstößt nicht gegen Art. 6 Abs. 1 EK, wenn das Gericht unter den Voraussetzungen des § 232 Abs. 1 StPO einen solchen Verzicht als erklärt unterstellt.

bb) Bleibt der Angeklagte der Hauptverhandlung fern, so kann ihn das Gericht nicht zur Sache hören. Dadurch könnte der Anspruch auf rechtliches Gehör verletzt sein.

Im Schrifttum findet sich nun die Ansicht, durch die Ladung zum Termin mit dem Hinweis, das Gericht werde bei seiner Abwesenheit die mündliche Hauptverhandlung ohne ihn durchführen, werde dem Angeklagten rechtliches Gehör gewährt[548]. Denn der Angeklagte erhalte ja Gelegenheit zur Äußerung, wenn er zur Hauptverhandlung erscheine. Dem kann zugestimmt werden. Es genügt, daß der Ange-

---

[545] Eduard Kern, StV-Recht, § 44 Anm. IV: „Der Angeklagte hat ... sowohl das Recht wie die Pflicht zur Anwesenheit."

[546] Schwarz-Kleinknecht, StPO, § 232, Anm. 1.

[547] Siehe oben S. 106, 109, 111.

[548] Schwarz-Kleinknecht, StPO, § 232, Anm. 5; Kleinknecht-Müller, § 232, Anm. 3.

klagte die Ladung zum Termin erhält und dadurch weiß, daß in seiner Abwesenheit verhandelt werden kann. Auch Art. 6 Abs. 1 EK sichert dem Angeklagten nur einen Anspruch auf Gelegenheit zu gerichtlichem Gehör zu. „Die Konvention fordert nicht die unbedingte, zwangsweise Durchführung des gerichtlichenGehörs[549].“

Ebenso wie auf den Anspruch auf mündliche Verhandlung kann der Angeklagte also auch auf die Ausübung seines Rechts auf gerichtliches Gehör verzichten. Bleibt er aus freiem Entschluß der Hauptverhandlung fern und verhandelt das Gericht in seiner Abwesenheit, so ist die in Art. 6 Abs. 1 EK zugesicherte Garantie des rechtlichen Gehörs nicht verletzt[550 551].

b) Die Hauptverhandlung in der Berufungsinstanz

Auch in der Berufungsverhandlung hat der Angeklagte das Recht und die Pflicht, anwesend zu sein. Sein unentschuldigtes Ausbleiben kann jedoch andere Folgen haben als im Falle des § 232 StPO. Nach § 329 Abs. 1 StPO ist nämlich die vom Angeklagten eingelegte Berufung sofort zu verwerfen, wenn weder der Angeklagte selbst noch sein Verteidiger beim Beginn der Hauptverhandlung erschienen sind und das Ausbleiben nicht genügend entschuldigt ist. Sind diese Voraussetzungen erfüllt, so *muß* das Gericht die Berufung verwerfen. Es ergeht ein sog. Verwerfungsurteil[552]. Anders als in der Hauptverhandlung erster Instanz wird also nicht in Abwesenheit des Angeklagten verhandelt[553]. Das Urteil, das die Berufung verwirft, ist ein Sachurteil[554].

Das Gericht weist also durch Sachurteil die Berufung des Angeklagten zurück, ohne daß es zur mündlichen Hauptverhandlung kommt,

---

[549] Appell, Diss. S. 43.

[550] So auch Appell, Diss. S. 44.

[551] Nach § 233 StPO kann der Angeklagte unter den dort genannten Voraussetzungen auf seinen Antrag hin von der Verpflichtung zum Erscheinen in der Hauptverhandlung entbunden werden. Auch hier gilt das gleiche wie im Verfahren nach § 232 StPO: Der Angeklagte verzichtet auf seinen Anspruch, bei der mündlichen Hauptverhandlung anwesend zu sein und dort die Gelegenheit des rechtlichen Gehörs wahrzunehmen, vgl. auch Appell, Diss. S. 44.

[552] Jagusch in Löwe-Rosenberg, StPO, § 329.

[553] Das Gericht kann aber dennoch in Abwesenheit des Angeklagten verhandeln und d a r f die Berufung nicht durch Urteilsspruch verwerfen, wenn die Voraussetzungen des § 232 StPO vorliegen, wenn es sich also um eine Bagatellstraftat handelt (d. h. wenn keine höhere Strafe als Haft, Geldstrafe oder Einziehung zu erwarten ist), der Angeklagte ordnungsgemäß geladen und ein bevollmächtigter Verteidiger erschienen ist, vgl. Eb. Schmidt, LK, Teil II, § 329, RZ 3.

[554] Jagusch in Löwe-Rosenberg, StPO, § 329, Anm. 8.

in der die Sache verhandelt wird. Zudem wird der Angeklagte im Berufungsverfahren vom Gericht nicht zur Sache gehört. Wiederum könnten der *Grundsatz der mündlichen Verhandlung* und die *Garantie des rechtlichen Gehörs* (Art. 6 Abs. 1 EK) verletzt sein.

Um dies entscheiden zu können, muß auf das Wesen und die Rechtsnatur des Verwerfungsurteils näher eingegangen werden. Wie gesagt, wird die Berufung durch ein Sachurteil verworfen. Dies wird von Jagusch[555] wie folgt begründet: „Erscheint der Angeklagte, der die Entscheidung des Berufungsgerichts in zulässiger Weise angerufen und dieses Verlangen aufrechterhalten hat, in der Verhandlung über seine Berufung nicht, obwohl sein Ausbleiben nach allen Umständen, die amtlich zu erforschen sind, nicht genügend entschuldigt ist, so darf angenommen werden, daß er im Bewußtsein, die strafbare Handlung begangen und die erkannte Strafe verdient zu haben, nur die Vollstreckung hinhält. Dies aber enthebt das Gericht der Nachprüfung des angefochtenen Urteils. Das Ausbleiben bestimmt, indem es den Schluß auf die Unbegründetheit des Rechtsmittels rechtfertigt, den Inhalt des Berufungsurteils; die Berufung muß als unbegründet verworfen werden."

Es zeigt sich also, daß das Gericht, wenn es die Berufung wegen unentschuldigten Ausbleibens des Angeklagten verwirft, von der Vermutung ausgeht, der Angeklagte sei von seiner Schuld und der Erfolglosigkeit seines Rechtsmittels überzeugt und wolle sich nicht weiter verteidigen. Man wird es dem Gericht im Falle des § 329 Abs. 1 StPO zubilligen müssen, diesen Schluß zu ziehen. Allerdings muß das Gericht die Entschuldigungsgründe, die für den Angeklagten sprechen oder sprechen könnten, besonders sorgfältig schon von Amts wegen prüfen[556].

Ist die Vermutung erlaubt, der Angeklagte wolle sich, wenn er unentschuldigt der Hauptverhandlung fernbleibt, nicht weiter verteidigen, so folgt daraus, daß er auch seinen Anspruch auf Teilnahme an der mündlichen Berufungsverhandlung nicht mehr geltend machen will. Bleibt der Angeklagte und Berufungskläger ohne hinreichende Entschuldigung eigenmächtig der Verhandlung fern, so verzichtet er überdies auf seinen Anspruch auf rechtliches Gehör; denn ihm war Gelegenheit geboten, sich vor Gericht zu seiner Sache zu äußern.

War der Angeklagte durch Naturereignisse oder andere unabwendbare Zufälle (§ 44 StPO) am Erscheinen in der Hauptverhandlung verhindert, so kann er nach § 329 Abs. 2 StPO binnen einer Woche nach Zustellung des Verwerfungsurteils Wiedereinsetzung in den vorigen Stand beanspruchen. Der Angeklagte hat damit die Möglichkeit, in einer neu anzusetzenden Verhandlung zu erscheinen, wenn er zwar

---

[555] Jagusch, ebenda.

[556] Jagusch, a. a. O., Anm. 6; Eb. Schmidt, LK, Teil II, § 329, RZ 12.

unentschuldigt, aber nicht eigenmächtig der Verhandlung ferngeblieben ist. Diese Vorschrift dient also dazu, dem Angeklagten den Anspruch auf mündliche Verhandlung und das Recht auf gerichtliches Gehör möglichst zu erhalten.

Es kann daher festgestellt werden, daß Art. 6 Abs. 1 EK durch § 329 Abs. 1 StPO nicht verletzt wird.

2. Das Verfahren gegen Abwesende

Regelt § 232 Abs. 1 StPO das Verfahren gegen einen Angeklagten, der trotz Ladung der mündlichen Verhandlung eigenmächtig fernbleibt, sich aber im Bereich der deutschen Gerichtsgewalt befindet und notfalls vorgeführt werden kann, so geben die Vorschriften der §§ 276 ff. StPO dem Gericht die Möglichkeit, auch gegen einen abwesenden Angeklagten eine Hauptverhandlung durchzuführen. Als abwesend gilt der Angeklagte gemäß § 276 Abs. 1 StPO, wenn sein Aufenthalt unbekannt ist oder wenn der Angeklagte sich im Ausland aufhält und seine Gestellung vor das zuständige Gericht nicht ausführbar oder nicht angemessen erscheint. Das Abwesenheitsverfahren findet auf Antrag der Staatsanwaltschaft statt (§ 277 Abs. 1 StPO), wenn die den Gegenstand der Untersuchung bildende Tat nur mit Haft, Geldstrafe oder Einziehung bedroht ist (§ 277 Abs. 2 StPO).

a) Im Verfahren gegen Abwesende findet die mündliche Hauptverhandlung ohne den Angeklagten statt. Zu fragen ist auch hier, ob damit nicht gegen den *Grundsatz der mündlichen Verhandlung* (Art. 6 Abs. 1 EK) verstoßen wird.

Das Verfahren gegen einen abwesenden Angeklagten ist von dem gegen einen in der Hauptverhandlung ausgebliebenen Angeklagten (§ 232 Abs. 1 StPO) in Voraussetzungen und Folgen verschieden. Wesentlich ist vor allem, daß der abwesende Angeklagte öffentlich zur Hauptverhandlung geladen wird (§ 279 Abs. 1 StPO). Die Ladung wird in einem öffentlichen Blatt bekanntgemacht (§ 280 Abs. 2 StPO). In der Ladung ist der Angeklagte darauf hinzuweisen, daß die Hauptverhandlung ohne ihn stattfinden wird und das Urteil vollstreckbar ist (§ 279 Abs. 3 StPO). Die Ladung gilt als erfolgt, wenn seit der Bekanntmachung zwei Wochen verflossen sind (§ 280 Abs. 1 Satz 2 StPO).

Erfährt der abwesende Angeklagte von der Ladung und entschließt er sich, der Verhandlung fernzubleiben, obgleich ihm das Erscheinen möglich ist, so verzichtet er auf seinen Anspruch auf mündliche Verhandlung in seinem Beisein. Die Lage ist die gleiche wie im Falle des § 232 Abs. 1 StPO: Trotz Ladung und Hinweis auf die Folgen unentschuldigten Ausbleibens zieht es der Angeklagte vor, nicht zu erscheinen.

Vielfach wird es jedoch geschehen, daß der Angeklagte von der angesetzten Verhandlung nichts erfährt. Er kann also nicht auf die Teilnahme an der mündlichen Hauptverhandlung verzichten; denn ein Verzicht setzt die Kenntnis der Ladung voraus, verbunden mit dem Entschluß, ihr nicht Folge zu leisten. Die Hauptverhandlung würde in einem solchen Falle also stattfinden, ohne daß der Angeklagte in der Lage wäre, seinen Anspruch auf Teilnahme an der mündlichen Verhandlung geltend zu machen.

Der Gesetzgeber war sich bewußt, daß der Angeklagte hierdurch ernstlich benachteiligt würde. In § 282 c StPO ist daher bestimmt, daß der in Abwesenheit verurteilte Angeklagte, wird er ergriffen oder stellt er sich freiwillig, die Wiederaufnahme des Verfahrens beantragen kann, wenn er sein Ausbleiben durch triftige Gründe rechtfertigt. Ein triftiger Grund i. S. des § 282 c StPO ist auch die fehlende Kenntnis vom Verfahren[557]. Ist das Abwesenheitsurteil bereits rechtskräftig und beantragt der Angeklagte (Verurteilte) die Wiederaufnahme, so macht er mit diesem Antrag zugleich seinen Anspruch auf Teilnahme an der mündlichen Hauptverhandlung geltend. In dem wiederaufzunehmenden Verfahren wird dieser Anspruch sodann erfüllt.

Man wird daher sagen müssen, daß der Anspruch des Angeklagten auf Teilnahme an der mündlichen Hauptverhandlung im Verfahren gegen Abwesende ausreichend gesichert ist. Der in Art. 6 Abs. 1 EK postulierte Grundsatz der mündlichen Verhandlung wird nicht verletzt.

b) Nichts anderes gilt für die *Garantie des rechtlichen Gehörs.* Bleibt der Angeklagte der Hauptverhandlung ohne triftigen Grund fern, obgleich er weiß, daß in seiner Sache verhandelt wird, „so liegt darin ein freiwilliger Verzicht auf sein Anwesenheits- und Äusserungsrecht[558]". Andernfalls wird ihm Gelegenheit geboten, im Wege der Wiederaufnahme des Verfahrens in der neuen Hauptverhandlung zu Wort zu kommen.

II. Das Privatklageverfahren

Die Hauptverhandlung in Privatklagesachen richtet sich gemäß § 384 Abs. 1 Satz 1 StPO „nach den Vorschriften, die für das Verfahren auf erhobene öffentliche Klage gegeben sind", jedenfalls insoweit, als sich aus den §§ 384 ff. StPO nicht etwas anderes ergibt[559]. Die Verhandlung ist also, wie im Hauptverfahren der StPO bei öffentlicher Anklage (§§ 226 ff. StPO), grundsätzlich öffentlich und

---

[557] Schwarz-Kleinknecht, StPO, § 282 c, Anm. 4.

[558] Appell, Diss. S. 45.

[559] Eb. Schmidt, LK, Teil II, § 384, RZ 2.

mündlich. Der Angeklagte ist in der Hauptverhandlung zu hören, und das Urteil wird öffentlich verkündet.

Auch im Privatklageverfahren kann das Gericht die Hauptverhandlung in Abwesenheit des Angeklagten und seines Verteidigers durchführen. Der *Grundsatz der mündlichen Verhandlung* (Art. 6 Abs. 1 EK) wird aber dadurch nicht verletzt. Denn wie im Offizialverfahren müssen auch hier die Voraussetzungen des § 232 StPO gegeben sein[560]. Der Angeklagte im Privatklageverfahren verzichtet also auf mündliche Hauptverhandlung in seinem Beisein, wenn er trotz Ladung und Hinweis auf die Folgen seines Ausbleibens nicht erscheint[561].

III. Das Strafbefehlsverfahren

Bei Übertretungen und Vergehen kann das Gericht gemäß § 407 Abs. 1 StPO die Strafe ohne Hauptverhandlung durch schriftlichen Strafbefehl festsetzen. Hierdurch könnte gegen den Grundsatz der mündlichen Verhandlung verstoßen sein. Zudem erteilt das Gericht dem Beschuldigten vor Erlaß des Strafbefehls keine Gelegenheit, sich zur Sache zu äußern. Damit könnte die Garantie des rechtlichen Gehörs verletzt sein.

1. *a)* Im Schrifttum wird einhellig, wenn auch mit unterschiedlicher Begründung, die Ansicht vertreten, das schriftliche Strafbefehlsverfahren sei mit Art. 6 Abs. 1 EK vereinbar und verstoße nicht gegen den *Grundsatz der mündlichen Verhandlung*. So meint Echterhölter[562], in Bagatellsachen könne, wie dies im Strafbefehlsverfahren geschehe, ohne mündliche Verhandlung entschieden werden, weil dies der Prozeßbeschleunigung diene und daher „im Interesse der Gerechtigkeit" liege. Denn die Gerechtigkeit gebiete nicht nur richtige, sondern auch rasche Entscheidungen. Im übrigen komme dem Strafbefehlsverfahren auch nur vorläufiger Charakter zu. Maunz-Dürig[563] halten gleichfalls das schriftliche Strafbefehlsverfahren für unbedenklich, da der Betroffene gegen die Entscheidung Einspruch einlegen könne und dadurch ein ordentliches, d. h. auch ein mündliches Strafverfahren erreiche. Schließlich ist auch v. Weber[564] der Ansicht, daß das Strafbefehlsverfahren in seiner jetzigen Form mit Art. 6 Abs. 1 EK vereinbar sei. Denn der Beschuldigte könne jedenfalls gegen den Strafbefehl Einspruch einlegen. Unterlasse er dies, so verzichte er damit zugleich auf seinen Anspruch auf mündliche Gerichtsverhandlung.

---

[560] Eb. SCHMIDT, a. a. O., § 387, RZ 5; Eduard KERN, StV-Recht, § 64, Anm. IV, 4 a).
[561] Siehe im einzelnen oben S. 120.
[562] ECHTERHÖLTER, Praxis, S. 145.
[563] MAUNZ-DÜRIG, Art. 1 Abs. 2 GG, RZ 70.
[564] v. WEBER, Durchsetzung, S. 387 rSp.

Was die Auffassung Echterhölters angeht, so wurde schon mehrfach dargelegt[565], daß sich das schriftliche Verfahren nicht rechtfertigen läßt, indem man die Ausschließungsgründe des Art. 6 Abs. 1 Satz 2 EK heranzieht. Das „Interesse der Gerechtigkeit" kann allenfalls gebieten, die Öffentlichkeit während der mündlichen Verhandlung auszuschließen, nicht aber, statt eines mündlichen ein schriftliches Verfahren durchzuführen.

Der von Echterhölter betonte „vorläufige Charakter" des Strafbefehlsverfahrens deutet auf das von Maunz-Dürig und v. Weber vorgebrachte Argument, daß nämlich der Betroffene im Wege des Einspruchs seinen Anspruch auf mündliche Verhandlung geltend machen könne. Zu prüfen ist, ob sich mit dieser Begründung das schriftliche Strafbefehlsverfahren gegenüber der Forderung des Art. 6 Abs. 1 EK rechtfertigen läßt.

Das Strafbefehlsverfahren hat seit jeher zu Bedenken Anlaß gegeben. So wurde vor allem gefragt, ob es mit den Grundsätzen des Rechtsstaats vereinbar sei[566]. Denn das Gericht fälle im Strafbefehlsverfahren seinen Spruch, der in der Wirkung einem Urteil gleichstehe[567], ausschließlich auf Grund der ihm von der Staatsanwaltschaft vorgelegten Akten, ohne daß ihm der Beschuldigte aus einer mündlichen Verhandlung persönlich bekannt sei. Auch werde das Strafbefehlsverfahren in einem Umfange angewandt, der rechtsstaatlich bedenklich sei[568]. Wie fragwürdig — bei rechtsstaatlicher Betrachtung — das gesamte Verfahren sei, zeige sich schon darin, daß trotz der gesetzlichen Regelung des § 410 StPO, wonach ein nicht mit Einspruch angefochtener Strafbefehl die Wirkung eines rechtskräftigen Urteils erlange, unter gewissen Voraussetzungen eine Beschränkung der materiellen Rechtskraft des Strafbefehls eintreten könne[569]. Schließlich führe in vielen Fällen die dem Angeklagten gebotene Möglichkeit, gegen den Strafbefehl Einspruch einzulegen (§ 409 Abs. 1 StPO), zu Ergebnissen, die den Sinn und Zweck dieses Rechtsbehelfes in sein Gegenteil verkehrten. So bestimme § 411 Abs. 3 StPO, daß nach Einspruch des Angeklagten das Gericht an den im Strafbefehl enthaltenen Ausspruch nicht gebunden sei. Der Angeklagte müsse also unter Umständen mit einer härteren Strafe als der im Strafbefehl festgesetzten rechnen. Dies könne ihn dazu verleiten, auf sein Einspruchsrecht gänzlich zu verzichten. Die Regelung des

---

565 Siehe oben S. 106, 111.

566 SCHORN, Strafbefehl, S. 16.

567 HENKEL, § 109, Anm. I.

568 SCHORN, Strafbefehl, S. 19. Siehe dort die statistischen Angaben.

569 SCHORN, a. a. O., S. 20, insbes. S. 102 ff.; Eb. SCHMIDT, LK, Teil II, § 407, Erl. 2; vgl. die grundlegende Entsch. des BVerfG in BVerfGE 3, 248 ff. = NJW 1954, 69 f.

§ 411 Abs. 3 StPO bedeute daher dem Angeklagten gegenüber möglicherweise einen unzulässigen Zwang, auf Einspruch zu verzichten[570].

Für die herrschende Rechtsauffassung ist — nach den Worten des BVerfG — „das Strafbefehlsverfahren ... mit dem Gedanken des Rechtsstaaats nicht schon an sich unvereinbar[571]". Das BVerfG räumt ein, daß seiner Natur nach das Strafbefehlsverfahren mit Unzulänglichkeiten behaftet sei. Es sei jedoch für die rasche Erledigung einer Vielzahl tatsächlich und rechtlich einfach gelagerter Fälle bestimmt und im Rahmen des deutschen Strafprozeßsystems praktisch nicht zu entbehren[572].

b) Diese Erwägungen vermögen jedoch gegenüber der Forderung des Art. 6 Abs. 1 EK nicht zu überzeugen. Art. 6 Abs. 1 EK sichert dem Einzelnen in Verfahren über „die Stichhaltigkeit strafrechtlicher Anklagen" einen Anspruch auf mündliche Verhandlung zu. Dieser Anspruch wird im Strafbefehlsverfahren nicht in einer Weise erfüllt, die der Garantie des Art. 6 Abs. 1 EK gerecht wird. Zwar gibt § 409 Abs. 1 StPO dem Angeklagten die Möglichkeit, gegen den Strafbefehl Einspruch einzulegen und auf diesem Wege eine mündliche Verhandlung zu erreichen. Dies ist jedoch ein sehr fragwürdiger Gewinn. Denn der Angeklagte läuft Gefahr, in der Hauptverhandlung zu einer höheren Strafe als der im Strafbefehl erkannten verurteilt zu werden, da das Verbot der reformatio in peius gemäß § 411 Abs. 3 StPO im Strafbefehlsverfahren nicht gilt. Mit Recht bemerkt daher Schorn[573], daß mancher Beschuldigte, gegen den ein Strafbefehl erlassen wurde, unter Umständen lieber auf Einspruch verzichte, als seinen Anspruch auf mündliche Hauptverhandlung zwar erfüllt zu sehen, am Ende aber zu einer höheren Strafe verurteilt zu werden. Das geltende deutsche Strafverfahrensrecht knüpft also im Strafbefehlsverfahren an die Erfüllung des Anspruchs auf mündliche Verhandlung die Aussicht der Strafschärfung. Damit ist aber der Anspruch auf mündliche Verhandlung, wie ihn Art. 6 Abs. 1 EK garantiert, seinem Sinn und Inhalt nach entwertet. Art. 6 Abs. 1 EK gewährt seine Garantien uneingeschränkt und — mit Ausnahme des Grundsatzes der öffentlichen Verhandlung — uneinschränkbar. Der Einzelne soll die ihm zugesicherten Ansprüche ohne erschwerende Bedingungen, ohne Einbußen geltend machen können. Er soll nicht gezwungen sein, zur Durchsetzung der ihm garantierten Rechte Nachteile in Kauf nehmen

---

[570] Schorn, a. a. O., S. 19/20. In diesem Sinne auch Eb. Schmidt, a. a. O., Erl. 4.

[571] BVerfGE 3, 253 = NJW 1954, 69 rSp.

[572] BVerfGE, ebenda. Dieser Auffassung sind auch Schorn und Eb. Schmidt, die trotz der von ihnen vorgetragenen Bedenken das Strafbefehlsverfahren weiterhin für zulässig halten, vgl. insbes. Schorn, Praxis, S. 340 rSp.

[573] Schorn, Strafbefehl, S. 19/20.

zu müssen. Ohne Zweifel ist aber der Einzelne benachteiligt, wenn er, um seinen Anspruch auf mündliche Verhandlung geltend zu machen, Einspruch einlegt und sich damit der Gefahr höherer Bestrafung aussetzt. Es kann Schorn[574] nur zugestimmt werden, wenn er meint, daß die Regelung des § 411 Abs. 3 StPO dem Angeklagten gegenüber einen unzulässigen Zwang bedeuten könne, auf Einspruch überhaupt zu verzichten. Der Angeklagte wird also, als dem kleineren Übel, auch auf die mündliche Hauptverhandlung verzichten, da er eine Strafschärfung befürchten muß.

Der Anspruch des Einzelnen auf mündliche Verhandlung, wie ihn Art. 6 Abs. 1 EK garantiert, wird somit im Strafbefehlsverfahren nicht in einer Weise erfüllt, die der Forderung der Konvention genügt. Die Ansicht v. Webers[575], der Beschuldigte verzichte auf seinen Anspruch auf mündliche Verhandlung, wenn er keinen Einspruch einlege, kann deshalb nicht überzeugen, weil nicht ausgeschlossen werden kann, daß der Einspruch unfreiwillig, aus Furcht vor einer Strafschärfung, unterbleibt.

2. Nach der geltenden Regelung wird im Strafbefehlsverfahren auch gegen den *Grundsatz des rechtlichen Gehörs* verstoßen. Denn der Angeklagte kann seinen Anspruch auf gerichtliches Gehör nur verwirklichen, wenn er gegen den Strafbefehl Einspruch einlegt. Damit muß er aber zugleich die Aussicht einer Strafschärfung in Kauf nehmen. Dies widerspricht dem Sinn und der Zielsetzung der Konvention, wie ausgeführt wurde[576].

3. Abschließend kann daher festgestellt werden, daß im Strafbefehlsverfahren nach den §§ 407 ff. StPO gegen den Grundsatz der mündlichen Verhandlung und gegen die Garantie des rechtlichen Gehörs verstoßen wird[577]. Das Strafbefehlsverfahren ist daher ungültig.

---

[574] Schorn, ebenda.

[575] v. Weber, Durchsetzung, S. 387 rSp.

[576] A. A. (keine Verletzung des Art. 103 Abs. 1 GG) BVerfGE 3, 253 = NJW 1954, 69 rSp. Appell, Diss. S. 48, bejaht auch die Vereinbarkeit des Strafbefehlsverfahrens mit Art. 6 Abs. 1 EK im Hinblick auf die Garantie des rechtlichen Gehörs mit der üblichen Begründung, durch den Einspruch erhalte der Angeklagte die Möglichkeit, in der Gerichtsverhandlung zu Wort zu kommen.

[577] Dies gilt nur dann nicht, wenn das Gericht von der Möglichkeit Gebrauch macht, nach § 408 Abs. 2 StPO eine Hauptverhandlung anzusetzen. Gemäß § 408 Abs. 2 StPO hat der Amtsrichter Hauptverhandlung (vor Erlaß des Strafbefehls) anzuberaumen, wenn er Bedenken hat, ohne Hauptverhandlung über den Antrag auf Erlaß eines Strafbefehls zu entscheiden. Es liegt auf der Hand, daß bei der Vielzahl der Strafbefehle das Gericht nur selten „Bedenken" haben wird. Im übrigen ist dem Beschuldigten nicht geholfen, wenn das Gericht mit seinem Anspruch auf mündliche Verhand-

Es soll nicht verkannt werden, daß sich das Strafbefehlsverfahren zur raschen Erledigung einfach gelagerter Fälle eignet und sich in der Praxis auch bewährt hat. Zweckmäßigkeitserwägungen können jedoch keinen Erfolg haben, wenn gegen die rechtsstaatlichen Grundsätze des Art. 6 Abs. 1 EK verstoßen wird. Eine Änderung des Strafbefehlsverfahrens ist daher unumgänglich[578].

IV. Das Strafverfügungsverfahren

Das amtsrichterliche Strafverfügungsverfahren nach § 413 StPO folgt, bei einigen abweichenden Voraussetzungen, im wesentlichen dem Verfahren beim Erlaß eines Strafbefehls gemäß §§ 407 ff. StPO. Auch im Strafverfügungsverfahren wird ohne mündliche Hauptverhandlung über „die Stichhaltigkeit der strafrechtlichen Anklage" entschieden. Der Beschuldigte wird vor Erlaß der Strafverfügung vom Gericht nicht zur Sache gehört. Somit wird auch im Strafverfügungsverfahren Art. 6 Abs. 1 EK verletzt. Dieses Verfahren ist daher aus den gleichen Gründen ungültig wie das Strafbefehlsverfahren.

V. Das Steuerstrafverfahren

Seit langem wird in Rechtsprechung und Schrifttum Streit geführt um die Frage, ob das Steuerstrafverfahren der Verwaltung mit rechtsstaatlichen Grundsätzen vereinbar sei. Soweit die Verfassungswidrigkeit des Verfahrens behauptet oder bestritten wird, so kann darauf im Rahmen der nachfolgenden Untersuchung nicht näher eingegangen werden. Hier ist lediglich zu prüfen, wieweit das Steuerstrafverfahren mit den Garantien des Art. 6 Abs. 1 EK in Einklang steht.

---

lung nach Belieben und freiem Ermessen verfährt. Das Gericht ist nach Art. 6 Abs. 1 EK verpflichtet, auf Grund mündlicher Verhandlung zu entscheiden und dem Angeklagten rechtliches Gehör zu gewähren.

[578] Eine Änderung des Strafbefehlsverfahrens ist in zweifacher Hinsicht denkbar. Entweder bestimmt der Gesetzgeber, daß das Gericht an seine eigene Entscheidung im Strafbefehl gebunden ist, d. h. das Verbot der reformatio in peius gilt auch im Strafbefehlsverfahren. Oder aber — und dies scheint die angemessenste Lösung zu sein — die Entscheidung des Gerichts über den Antrag der Staatsanwaltschaft auf Erlaß des Strafbefehls ergeht nur unter der aufschiebenden Bedingung, daß der Beschuldigte nach vorangegangener Aufforderung erklärt, er verzichte auf mündliche Hauptverhandlung. Verzichtet der Beschuldigte auf Hauptverhandlung, so verzichtet er damit zugleich auf sein Einspruchsrecht nach § 409 Abs. 1 StPO. Erklärt der Beschuldigte, er wünsche eine mündliche Hauptverhandlung, so muß das Gericht Termin zur mündlichen Verhandlung anberaumen und dort über den Antrag der Staatsanwaltschaft auf Erlaß des Strafbefehls entscheiden.

1. Das Strafbescheidsverfahren

Nach Art. 6 Abs. 1 EK hat jedermann Anspruch darauf, daß über „die Stichhaltigkeit einer gegen ihn erhobenen strafrechtlichen Anklage" ein unabhängiges, unparteiisches und auf Gesetz beruhendes Gericht entscheidet. Nach deutschem Recht kann der Gesetzgeber gemäß § 13 GVG auch für Strafsachen die Zuständigkeit von Verwaltungsbehörden begründen. Eine solche Strafkompetenz ist in der RAbgO den Finanzbehörden eingeräumt.

Die Finanzbehörde, die gegen den Beschuldigten gemäß § 447 Abs. 1 RAbgO einen Strafbescheid erläßt, ist kein Gericht. Die nach § 447 Abs. 1 RAbgO zulässige Strafentscheidung des Finanzamtes könnte daher gegen die *Institutionsgarantie* des Art. 6 Abs. 1 EK verstoßen.

a) Die Meinungen in Rechtsprechung und Schrifttum hierzu sind geteilt. Der BGH[579] vertritt die Auffassung, das Steuerstrafverfahren sei mit Art. 6 Abs. 1 EK vereinbar. Denn — so führt der BGH aus — der in Art. 6 Abs. 1 EK dem Einzelnen garantierte Spruch eines Gerichts sei im Steuerstrafverfahren der Verwaltung durch das Recht gewährleistet, gemäß § 450 RAbgO auf gerichtliche Entscheidung anzutragen.

Ein Teil des Schrifttums vertritt im Ergebnis den gleichen Standpunkt[580]. Verschiedentlich wird der Versuch unternommen, die Vereinbarkeit des Strafbescheidsverfahrens mit Art. 6 Abs. 1 EK durch weitere Argumente zu belegen. So meint Morvay[581], die Konvention enthalte keinen negativen Anspruch dahin, daß Verwaltungsbehörden keine Strafen verhängen dürften, sondern einen positiven Anspruch auf gerichtliche Entscheidung. Dieser Anspruch könne aber auch nach Erlaß des Strafbescheides innerhalb der vorgesehenen Frist geltend gemacht werden. Unterlasse dies der Betroffene, so sei darin ein Verzicht zu erblicken. Auch Mattern[582] ist der Ansicht, die Konvention fordere nicht, daß in jeder Strafsache, also auch in jeder Steuerstrafsache, ein Gericht wirklich entscheide. Der Betroffene habe nach Art. 6 Abs. 1 EK einen *Anspruch* auf gerichtliche Entscheidung, der allerdings verzichtbar sei. Art. 6 Abs. 1 EK verlange nur, daß die rechtsstaatliche Möglichkeit gerichtlicher Entscheidung eröffnet sei. Diesem Erfordernis entspreche das Verwaltungs-Steuerstrafverfahren.

---

[579] BGHSt 13, 102, 112 = NJW 1959, 1230, 1233 lSp.

[580] Appell, Diss. S. 36 f.; Bauerle, BB 1957, 708; Echterhölter, Praxis, S. 145; Haver, NJW 1957, 89 f.; Klein, Gutachten, S. 55 f.; Mattern, Steuer-Strafverfahren, S. 47 f.; ders. in: Umgestaltung, S. 465; ders. in: Verwaltungsstrafverfahren, S. 100; Morvay, S. 339; Terstegen, S. 233.

[581] Morvay, S. 338.

[582] Mattern, Verwaltungsstrafverfahren, S. 100; ders. in: Steuerstrafverfahren, S. 409 f.

Demgegenüber lehnt ein weiterer Teil des Schrifttums das Steuerstrafverfahren der Verwaltung als mit den Forderungen des Art. 6 Abs. 1 EK unvereinbar ab[583]. So meint Woesner[584], das Verwaltungsstrafverfahren sei ein aus angeblichen praktischen Erfordernissen unternommener Versuch, Strafsachen endgültig ohne Gericht zu erledigen. Der nicht angegriffene Strafbescheid erwachse wie ein Urteil in Rechtskraft, er werde in das Strafregister eingetragen und begründe die Rückfallvoraussetzungen. „Weder eine solche endgültige Maßnahme noch auch nur der Versuch einer Erledigung durch die Verwaltungsbehörde entspricht dem Sinngehalt der Konvention, die den Staatsbürger vor der Möglichkeit schützen will, daß Unkenntnis, Irrtum oder eine von der Behörde beeinflußte Bereitwilligkeit zur Hinnahme einer Bestrafung durch eine Instanz führen, die zugleich materiell Beteiligter, Ankläger und ‚Richter' ist. Der Anspruch auf den Richterspruch besteht im öffentlichen Interesse und ist unverzichtbar[585]". Auch v. Weber[586] nimmt an, daß der in Art. 6 Abs. 1 EK ausgesprochene Grundsatz, nur Gerichte dürften Strafen verhängen, als ein Ausfluß des Rechtsstaatsprinzips unverzichtbar sei. Der übrige Teil des Schrifttums, der im Steuerstrafverfahren der Verwaltung Art. 6 Abs. 1 EK verletzt sieht, schließt sich im wesentlichen der hier vorgetragenen Begründung an.

Ausführlich befaßt sich auch Arndt[587] mit der Frage der Rechtsstaatlichkeit des Verwaltungs-Steuerstrafverfahrens. Obgleich Arndt die Problematik des Steuerstrafverfahrens im Hinblick auf Art. 6 Abs. 1 EK nicht ausdrücklich behandelt, so sind doch seine Feststellungen gerade auch im Rahmen der vorliegenden Untersuchung von grundlegender Bedeutung. Denn ob das Steuerstrafverfahren an den Normen der Verfassung (Art. 20, 92, 97 Abs. 1 und 101 GG) oder an der Konventionsnorm des Art. 6 Abs. 1 EK gemessen wird — letztlich ist hier wie dort zu fragen, ob das Verwaltungs-Steuerstrafverfahren mit rechtsstaatlichen Grundsätzen vereinbar ist. Denn auch Art. 6 Abs. 1 EK ist ja, wie dargelegt[588], Ausdruck des Rechtsstaatsgedankens.

---

583 Eduard Kern, GV-Recht, S. 92; Lange, Sanktionen, S. 221 f.; Lotze, NJW 1956, 1542 lSp.; Moser, JBl. 1954, 451; Rittler, S. 36, FN 1; Vogel, DStZ 1956, 106; v. Weber, Durchsetzung, S. 387 rSp.; ders. in: Bedeutung, S. 337 f.; Wendt, MdR 1955, 658; Woesner, Strafrechtspraxis, S. 1385 lSp.; Jescheck, noch in Konvention, S. 85, FN 28 der Ansicht, das Verwaltungsstrafverfahren sei mit Art. 6 EK vereinbar, hat diese seine frühere Ansicht inzwischen aufgegeben, vgl. Jescheck, Strafrechtspflege, S. 62.

584 Woesner, Strafrechtspraxis, S. 1384 f.

585 Woesner, a. a. O., S. 1385 lSp.

586 v. Weber, Durchsetzung, S. 387 rSp.

587 Arndt, Strafkompetenz, S. 16 ff.

588 Siehe oben S. 11.

Arndt geht von der Feststellung aus, daß Strafen nur durch den Richter ausgesprochen werden könnten[589]. Strafrichten könne nicht vollziehende Gewalt, nicht Gesetzes-Ausführung, nicht Verwaltung sein[590]. Unausweichlich müsse zwischen dem Strafgesetz und der Bestrafung der Richterspruch stehen[591]. Der Streit um die Strafgewalt von Verwaltungsbehörden gehe nun darum, daß diese behaupteten, bei einer Bestrafung durch die Verwaltung genüge — wie bei jedem anderen Verwaltungshandeln sonst — die repressive Rechtskontrolle[592]. Dabei unterstelle man, daß es sich bei dem finanzamtlichen Steuerstrafverfahren um ein Vorverfahren, um ein Vorschaltverfahren handele[593]. Dies treffe jedoch nicht zu. Der Sinn eines Vorschaltverfahrens sei es, das „eigentliche" Verfahren, d. h. eine richterliche Entscheidung, entweder vorzubereiten oder zu vermeiden[594]. Diesem Zweck diene das angebliche Vorverfahren des Finanzamtes aber keineswegs. Vielmehr wolle sich die Finanzbehörde an die Stelle des Gerichts setzen und durch seine eigene Entscheidung das richterliche Verfahren ersetzen. Die Entscheidungen des Finanzamts, seine Strafen und Straffolgen (Eintragung in das Strafregister, Begründung des Rückfalls etc.) seien nicht Vorschaltverfahren, sondern beanspruchten, selber bereits das zu bewirken, was der Richter zu bewirken hätte[595]. Es handele sich also in Wahrheit nicht um ein *Vor*schaltverfahren, sondern um ein *Aus*schaltverfahren, d. h. eine Veranstaltung zwecks Ausschaltung oder Verdrängung des Gerichts[596]. Der Einwand, es stehe im Einzelfall ja im Belieben des Staatsbürgers, ob er von seinem Recht, bei Gericht Recht zu nehmen, Gebrauch machen wolle, oder ob er die Strafgewalt der Verwaltung anerkenne, sei unhaltbar. Denn es gehe keineswegs bloß um das private Sonderinteresse des Einzelnen, sondern maßgeblich sei das öffentliche Interesse am Bestand der öffentlichen Ordnung und an der Unverbrüchlichkeit der institutionellen Entscheidungen durch die Verfassung[597]. Hinzu komme, daß bei einer Strafgewalt der Verwaltung dem Staatsbürger eine Initiative aufgebürdet werde, bei der es von seiner Aufmerksamkeit und Aktivität abhänge, ob er die Formen und Fristen wahre, um des Rechtsschutzes teilhaftig zu werden. Auch erscheine der Bürger vor Gericht nicht mehr als ein Unbescholtener, dem die Schuld erst von Amts wegen nachgewiesen werden müßte, sondern als ein schon Ver-

---

589 ARNDT, Strafkompetenz, S. 16.
590 ARNDT, a. a. O., S. 17.
591 ARNDT, a. a. O., S. 20.
592 ARNDT, a. a. O., S. 14 f.
593 ARNDT, a. a. O., S. 24.
594 ARNDT, ebenda.
595 ARNDT, a. a. O., S. 24.
596 ARNDT, ebenda.
597 ARNDT, a. a. O., S. 28.

urteilter, der seinerseits gegen das erste Urteil anzukämpfen habe[598]. Für den Staatsbürger sei es keinesfalls gleichgültig, wenn er zunächst einem — wenn auch anfechtbaren — Akt der Bestrafung unterworfen werde und dann seinerseits an ein Gericht gehen müsse, oder ob ein Wahrspruch, Schuldspruch und Strafausspruch gegen ihn erst nach einer präventiven Wahrheits- und Rechtskontrolle möglich und nur durch dieses Kontrollverfahren zulässig werde[599].

b) Die hier vorgetragenen Bedenken gegen die Rechtsstaatlichkeit des Steuerstrafverfahrens der Verwaltung überzeugen. Wenn Morvay meint, die Konvention gebe dem Einzelnen in Art. 6 Abs. 1 EK nur einen positiven Anspruch auf gerichtliche Entscheidung, nicht aber einen negativen Anspruch dahin, daß Verwaltungsbehörden keine Strafen verhängen dürften, so ist hier der Sinngehalt der Institutionsgarantie des Art. 6 Abs. 1 EK verkannt. Der Einzelne hat nach Art. 6 Abs. 1 EK einen Anspruch darauf, daß über „die Stichhaltigkeit der gegen ihn erhobenen strafrechtlichen Anklage" *nur* ein Gericht entscheidet[600]. Eine andere Auslegung ist nicht denkbar. Im Strafbescheidsverfahren wird dieser Anspruch negiert, als dort die Finanzbehörde *an Stelle* des Gerichts Strafen verhängt.

Dieser klare und unzweideutige Verstoß gegen die Institutionsgarantie des Art. 6 Abs. 1 EK kann nicht mit dem Einwand beantwortet werden, es genüge, wenn der Einzelne überhaupt Gelegenheit habe, gegen die Entscheidung der Verwaltungsbehörde ein Gericht anzurufen. Es hat seinen Grund, daß nur der Richter strafen soll. Denn der Einzelne ist durch den Strafspruch der Verwaltungsbehörde „vorbeurteilt", vorbelastet, er ist kein Unbescholtener mehr, sondern ein bereits Verurteilter, wenn er sich entschließt, vor ein Gericht zu gehen. Den so treffenden Ausführungen Arndts ist nichts hinzuzufügen. Dieses rechtsstaatswidrige Verfahren läßt sich auch nicht dadurch „heilen", daß man es als ein Vorschaltverfahren der Verwaltung bezeichnet. Das Strafbescheidsverfahren ist kein Vorverfahren. Auch dies hat Arndt eindrucksvoll nachgewiesen[601]. Zutreffend bemerkt Woesner[602], der Versuch, Strafsachen ohne Gerichte durch Verwaltungsbehörden zu erledigen, widerspreche dem Sinngehalt der Konvention.

---

598 Arndt, a. a. O., S. 27.

599 Arndt, ebenda.

600 So auch Woesner, Strafrechtspraxis, S. 1384 rSp.

601 Die Bedenken, die Kniesch, NJW 1958, 576 ff., gegen die Verfassungsmäßigkeit des Verwaltungsvorverfahrens geltend macht, können hier nicht weiter verfolgt werden. Wenn aber schon die Verfassungsmäßigkeit des „echten" Vorschaltverfahrens der Verwaltung in Zweifel gezogen und von Kniesch mit beachtlichen Gründen schließlich verneint wird, um wieviel mehr müssen dann die Bedenken gegen die Rechtsstaatlichkeit der Strafgewalt von Verwaltungsbehörden begründet sein, die in einem Rechtsprechungsverfahren, das kein Vorverfahren ist, Kriminalstrafen verhängen.

Gleichfalls unvereinbar mit dem Sinngehalt der Konvention ist die Ansicht, der Beschuldigte verzichte auf den Spruch des Gerichts, wenn er gegen den Strafbescheid keine gerichtliche Entscheidung beantrage. Die Institutionsgarantie des Art. 6 Abs. 1 EK ist unverzichtbar. Denn „der Grundsatz, daß nur Gerichte Strafen verhängen dürfen, ist ein Ausfluß des Rechtsstaatsprinzips und deshalb unverzichtbar[603]“. Wenn Arndt meint, die Institutionen der Verfassung seien keine Privilegien, deren man sich entäußern könne, sondern Fundamente für die Freiheitlichkeit der öffentlichen Ordnung[604], so gilt dies in gleicher Weise für die Institutionsgarantie des Art. 6 Abs. 1 EK. In der Tat ist nämlich zwischen der Institutionsgarantie und den Prozeßgarantien des Art. 6 Abs. 1 EK zu unterscheiden. Bei der Garantie der mündlichen Verhandlung etwa handelt es sich um einen Grundsatz der gerichtlichen Verfahrensgestaltung. Hier wird ein bestimmter Verfahrensmodus zugesichert, weil, wie die Erfahrung gezeigt hat, die mündliche Verhandlung wesentlich zur Feststellung der materiellen Wahrheit beiträgt und ein gerechtes Urteil eher gewährleistet. *Wie* das Verfahren im einzelnen verlaufen soll, mag daher in manchen Fällen der Beschuldigte selbst bestimmen. So kann er auf mündliche Verhandlung verzichten, oder das Gericht kann — bei Vorliegen bestimmter Voraussetzungen — einen solchen Verzicht als erklärt unterstellen, wenn der Beschuldigte nicht zum Termin erscheint[605]. Über die Garantie des Art. 6 Abs. 1 EK, daß nur Gerichte strafen dürfen, kann der Einzelne aber nicht verfügen. Denn der Staat kann und darf diese institutionelle Garantie nicht zur freien Disposition des Einzelnen stellen, weil, wie Woesner[606] es treffend ausdrückt, „Unkenntnis, Irrtum oder eine von der Behörde beeinflußte Bereitwilligkeit zur Hinnahme einer Bestrafung durch eine Instanz führen, die zugleich materiell Beteiligter, Ankläger und ‚Richter‘ ist“. Ein Staat, der Rechtsstaat sein will, kann und darf es nicht zulassen, daß der Einzelne zwischen der Bestrafung durch ein unabhängiges, unparteiisches und auf Gesetz beruhendes Gericht und eine von Weisungen abhängige, als materiell Beteiligte parteiische Verwaltungsbehörde zu wählen hat. Das Rechtsstaatsprinzip verlangt den unabdingbaren und unverzichtbaren Strafspruch eines Gerichts.

Hinzu kommt, daß nach § 469 Abs. 1 RAbgO das Gericht, wenn der Beschuldigte Antrag auf gerichtliche Entscheidung stellt, an die im

Hier zeigt sich besonders deutlich die von Kniesch, a. a. O., S. 578, verurteilte „Omnipotenz des Verwaltungsstaates, die das Übergewicht der Verwaltung ... gegenüber der Rechtspflege offenbart“.

[602] Woesner, Strafrechtspraxis, S. 1384 f.

[603] v. Weber, Durchsetzung, S. 387 rSp.; so auch Woesner, a. a. O., S. 1385 rSp.

[604] Arndt, Anmerkung I, S. 1231 rSp.

[605] Vgl. oben S. 120, 122.

[606] Woesner, Strafrechtspraxis, S. 1385 lSp.

Strafbescheid festgesetzte Strafe nicht gebunden ist. Auch hier muß also der Beschuldigte, wie im Strafbefehlsverfahren[607], die Aussicht der Strafschärfung in Kauf nehmen, will er die Entscheidung durch ein Gericht erreichen. Daß dies der Zielsetzung der Konvention widerspricht, wurde dargelegt[608]. Die Ansicht des BGH, das Steuerstrafverfahren der Verwaltung sei mit Art. 6 Abs. 1 EK vereinbar, weil es dem Beschuldigten freistehe, auf gerichtliche Entscheidung anzutragen, kann daher aus diesem Grunde schon nicht überzeugen. Denn wirklich frei ist der Beschuldigte in seiner Entschließung nicht, wenn er im gerichtlichen Verfahren eine höhere Bestrafung befürchten muß.

Obgleich der BGH[609] die Rechtsstaatlichkeit des Steuerstrafverfahrens der Verwaltung auf höchstrichterlicher Ebene bejaht hat, wird dennoch sein Urteil „in dieser Verfassungsfrage nicht das letzte Wort sein[610]". Das BVerfG hatte in seinem Beschluß vom 17. Nov. 1959[611], dem sog. Friedensgerichts-Beschluß, zu entscheiden, ob die württembergischen Friedensgerichte verfassungskonform seien. Nachdem es festgestellt hatte, daß „die strikte personelle Bindung der Gemeindefriedensgerichte an die Gemeindeverwaltung ... mit dem Grundsatz der Gewaltenteilung unvereinbar" sei[612], heißt es weiter: „Dieser verfassungsrechtliche Mangel der Gemeindefriedensgerichte wird nicht dadurch ‚geheilt', daß ihre Entscheidungen beim Friedensobergericht mit Berufung oder Beschwerde angefochten werden können ... Die Möglichkeit, sie mit einem Rechtsmittel anzurufen, ändert ... nichts daran, daß die Rechtsunterworfenen zunächst genötigt sind, vor einem im Regelfall verfassungswidrigen erstinstanzlichen Gericht Recht zu nehmen[613]." Mit dieser Entscheidung verwirft das Bundesverfassungsgericht incidenter die Begründung des Bundesgerichtshofs. Denn der Argumentation des BGH liegt der Gedanke zugrunde, daß der verfassungsrechtliche Mangel, welcher der Strafgewalt der Finanzbehörden anhafte, durch die Möglichkeit geheilt werde, ein Gericht anzurufen[614]. „Das Bundesverfassungsgericht hat somit ausdrücklich den Umkehrschluß abgelehnt, daß die Möglichkeit, später (repressiv) den Richter anzurufen, die Bestrafung durch eine verfassungswidrige Instanz (eine mit Rechtsprechung beauftragte Verwaltungsbehörde) gleichsam unschädlich mache[615]." Es darf daher erwartet werden, daß das BVerfG in nicht zu ferner Zeit auch die Frage der Strafkompetenz der Finanzbehörden im rechtsstaatlichen Sinne lösen wird und das

---

607 Siehe oben S. 127.
608 Siehe oben S. 127 f.
609 BGHSt 13, 102 ff. = NJW 1959, 1230 ff.
610 Arndt, Anmerkung I, S. 1231 rSp.
611 BVerfGE 10, 200 ff. = NJW 1960, 187 ff.
612 BVerfGE 10, 216 = NJW 1960, 188 lSp.
613 BVerfGE 10, 218 = NJW 1960, 188 rSp.
614 Schultz, MdR 1960, 276.
615 Arndt, Strafkompetenz, S. 26.

Steuerstrafverfahren für verfassungswidrig erklärt. Damit wäre dann zugleich auch der Institutionsgarantie des Art. 6 Abs. 1 EK Genüge getan.

c) Es kann daher festgestellt werden, daß das Steuerstrafverfahren in der Form des Strafbescheidverfahrens (§ 447 Abs. 1 RAbgO) gegen die Institutionsgarantie des Art. 6 Abs. 1 EK verstößt und damit außer Kraft gesetzt ist.

2. Das Unterwerfungsverfahren

Räumt der Beschuldigte die steuerstrafrechtliche Zuwiderhandlung vorbehaltlos ein, so kann er sich gemäß § 445 Satz 1 RAbgO vor der Finanzbehörde der festzusetzenden Strafe unter Verzicht auf Erlaß eines Strafbescheides sofort unterwerfen. Die Unterwerfung steht einer rechtskräftigen Verurteilung gleich (§ 445 Satz 2 RAbgO).

Auch das Unterwerfungsverfahren widerspricht der *Institutionsgarantie* des Art. 6 Abs. 1 EK. Es sind hier im wesentlichen die gleichen Gründe, die bereits gegen das Strafbescheidsverfahren geltend gemacht wurden. Insbesondere ist der im Schrifttum vertretene Standpunkt, der Anspruch auf gerichtliche Entscheidung sei verzichtbar, und im Unterwerfungsverfahren verzichte der Beschuldigte in zulässiger Weise auf den Spruch des Gerichts[616], nicht haltbar. Auf die Ausführungen zum Strafbescheidsverfahren kann verwiesen werden.

3. Abschließend kann daher gesagt werden: Das Steuerstrafverfahren der Verwaltung, ob in Form des Strafbescheids- oder des Unterwerfungsverfahrens, verstößt gegen die Institutionsgarantie des Art. 6 Abs. 1 EK. Steuerstrafen könen nur noch durch Gerichte im ordentlichen Strafprozeß ausgesprochen werden. In diesem Verfahren sind die Prozeßgarantien des Art. 6 Abs. 1 EK zu beachten[617].

VI. Das Poststrafverfahren

Wie im Steuerstrafverfahren die Finanzbehörden, so entscheiden im Poststrafverfahren die Postämter über „die Stichhaltigkeit der strafrechtlichen Beschuldigung[618]“. Das Verfahren ist ähnlich wie das Steuerstrafverfahren gestaltet (vgl. §§ 34 ff. PostG). Auch im Poststrafverfahren entscheiden Verwaltungsbehörden *an Stelle* des Ge-

---

[616] So etwa Echterhölter, Praxis, S. 145; Klein, Gutachten, S. 55 f.; Mattern, Verwaltungsstrafverfahren, S. 100; Morvay, S. 339.

[617] Dem Vorschlag Arndts, Anmerkung I, S. 1231 rSp., die bislang im Verwaltungsstrafverfahren verfolgten Steuerdelikte sollten künftig im Wege des Strafbefehls geahndet werden, kann nicht gefolgt werden, da nach der hier vertretenen Ansicht, wie oben, S. 127 f., dargelegt, auch das Strafbefehlsverfahren ungültig ist.

[618] Vgl. oben S. 39 f.

richts. Die Strafkompetenz der Postämter verstößt daher gegen die *Institutionsgarantie* des Art. 6 Abs. 1 EK. Die Einwände, welche gegen das Strafverfahren der Finanzbehörden erhoben wurden, gelten entsprechend auch hier.

VII. Das Rechts- und Amtshilfeverfahren

1. Das Vorvollstreckungsverfahren

a) Das Genehmigungsverfahren des GenStA, §§ 3, 4 RHG

aa) Wie oben ausgeführt[619], entscheidet der GenStA bei der Genehmigung zur Vollstreckung ostzonaler Urteile nach den §§ 3 ff. RHG über „die Stichhaltigkeit der strafrechtlichen Anklage" i. S. des Art. 6 Abs. 1 EK. Zu prüfen ist zunächst, ob im Genehmigungsverfahren die *Institutionsgarantie* der Konvention verletzt wird. Denn Art. 6 Abs. 1 EK verlangt, daß über „die Stichhaltigkeit einer strafrechtlichen Anklage" ein Gericht entscheidet.

Nun kann zwar der Betroffene, wenn der GenStA die Vollstreckung des Urteils genehmigt, nach § 5 Abs. 1 RHG gerichtliche Entscheidung beantragen. Dies genügt jedoch nicht der Forderung des Art. 6 Abs. 1 EK. Wie bereits bei der Prüfung des Steuerstrafverfahrens der Verwaltung ausgeführt wurde[620], hat der Einzelne einen Anspruch darauf, daß über „die Stichhaltigkeit der gegen ihn erhobenen strafrechtlichen Anklage" *nur* ein Gericht entscheidet. Wie das Finanzamt, so entscheidet hier der GenStA im Genehmigungsverfahren *an Stelle* des Gerichts.

Ist schon aus diesem Grunde das Genehmigungsverfahren des GenStA mit der Institutionsgarantie des Art. 6 Abs. 1 EK unvereinbar, so kommt hier ein Weiteres hinzu. Wie Guradze[621] zutreffend bemerkt, muß ein rechtsstaatliches Gericht über die Zulässigkeit der Urteilsvollstreckung entscheiden, weil das Erfordernis der Unabhängigkeit und der Unparteilichkeit bei den Zonengerichten nicht erfüllt ist. Steht die Genehmigung der Vollstreckung einem neuen Strafausspruch gleich[622], so entscheidet im Genehmigungsverfahren des RHG mit bindender Wirkung gleichfalls ein Organ der Rechtspflege, das nicht unabhängig ist. Mag auch die „Rechtsprechung" der Zonengerichte mit der Entscheidung des GenStA in keiner Weise vergleichbar sein, da in der Bundesrepublik auch die Staatsanwaltschaft den Grundsätzen des Rechtsstaates verpflichtet ist, so bleibt doch der Anspruch des Einzelnen auf die Entscheidung eines unabhängigen und unpar-

---

[619] Siehe oben S. 43 ff.

[620] Siehe oben S. 133 ff.

[621] Guradze, Rechtshilfe I, S. 818 rSp.; ders. in: Rechtshilfe II, S. 1913 lSp.; ders. in: Anmerkung II, S. 2091.

[622] Siehe oben S. 45.

teiischen Rechtspflegeorgans unerfüllt. Dies wiegt hier besonders schwer. Weder der Spruch des Zonengerichts noch auch die Verfügung des GenStA sind also rechtsstaatlich gültige Entscheidungen, wie sie Art. 6 Abs. 1 EK verlangt. Nur ein Gericht, das unabhängig und unparteiisch ist sowie auf Gesetz beruht, kann eine solche Entscheidung treffen. Das Genehmigungsverfahren des RHG verstößt daher gegen die Institutionsgarantie des Art. 6 Abs. 1 EK.

bb) Das Genehmigungsverfahren des GenStA ist weiterhin nicht öffentlich. Dies verstößt gegen den in Art. 6 Abs. 1 EK garantierten *Grundsatz der öffentlichen Verhandlung*. Das Verfahren kennt keine obligatorische *mündliche Verhandlung* und verletzt daher auch diesen Grundsatz der Konvention[623].

cc) Im Genehmigungsverfahren wird der Anspruch des Einzelnen auf *rechtliches Gehör* nicht erfüllt. Zwar bestimmt § 4 Abs. 1 RHG, daß der GenStA den Betroffenen vor der Genehmigung der Vollstreckung zu hören hat. Art. 6 Abs. 1 EK fordert jedoch die Anhörung durch ein *Gericht*. Es genügt auch nicht, daß der Betroffene Antrag auf gerichtliche Entscheidung stellen kann. Wird über „die Stichhaltigkeit einer strafrechtlichen Anklage“ entschieden, so ist dies einzig Sache eines Gerichts. Da der GenStA im Genehmigungsverfahren *an Stelle* des Gerichts entscheidet, wird der Anspruch auf rechtliches, d. h. gerichtliches Gehör verletzt.

dd) Und schließlich wird die Verfügung des GenStA nicht *öffentlich verkündet*. Der Einwand Zorns[624], das RHG-Verfahren verstoße nicht gegen Art. 6 Abs. 1 EK, weil kein Urteil ergehe, ist verfehlt. Im Vorvollstreckungsverfahren des RHG wird über die strafrechtliche Anklage neu entschieden. Bei solchen Entscheidungen *muß* nach Art. 6 Abs. 1 EK ein Urteil ergehen[625]. Da nur ein Gericht ein Strafurteil, d. h. einen Wahrspruch erlassen kann, nicht aber die Staatsanwaltschaft als ein abhängiges, da weisungsgebundenes Organ der Rechtspflege, wird besonders deutlich, daß nur ein Gerichtsverfahren den Forderungen der Konvention genügt.

b) Das Beschlußverfahren des OLG, §§ 5 ff. RHG

Im Beschlußverfahren entscheidet ein Gericht über das Ersuchen ostzonaler Behörden um Urteilsvollstreckung. Die Institutionsgarantie des Art. 6 Abs. 1 EK wird somit nicht verletzt. Das Verfahren selbst verstößt jedoch gegen die Prozeßgarantien des Art. 6 Abs. 1 EK.

---

[623] So auch GURADZE, Rechtshilfe I, S. 818 rSp.

[624] ZORN, NJW 1958, 1223 lSp.

[625] Vgl. die treffenden Ausführungen von GURADZE, Rechtshilfe II, S. 1913 lSp.

aa) So kennt das Beschlußverfahren des OLG keine *öffentliche Verhandlung*. Guradze[626] sieht darin mit Recht einen Verstoß gegen Art. 6 Abs. 1 EK. Sodann verfährt das Gericht nicht auf Grund obligatorischer *mündlicher Verhandlung*. Nach § 7 Abs. 1 RHG steht es im freien Ermessen des Gerichts, ob es mündlich verhandelt. Auch dies verletzt den Grundsatz der Konvention[627].

bb) Daß dem Betroffenen vom Gericht Gelegenheit zu *rechtlichem Gehör* gewährt werden muß, wird in § 7 RHG nicht ausdrücklich ausgesprochen. Art. 103 Abs. 1 GG, der auch objektive Verfahrensnorm ist[628], verlangt aber, daß in jedem gerichtlichen Verfahren rechtliches Gehör zu gewähren ist. Erwächst also aus Art. 103 Abs. 1 GG dem Betroffenen unmittelbar ein Anspruch auf rechtliches Gehör vor Gericht, so wird damit zugleich die Forderung der Konvention erfüllt.

cc) Endlich wird im Beschlußverfahren gegen den *Grundsatz der öffentlichen Urteilsverkündung* verstoßen[629]. Die Entscheidung des Gerichts ist seinem Inhalt nach ein Urteil, mag das Gesetz den Spruch des Gerichts auch als „Beschluß" bezeichnen[630]. Denn das Gericht entscheidet über „die Stichhaltigkeit einer strafrechtlichen Anklage". Auf die Bezeichnung als „Beschluß" kommt es nicht an. Da nach Art. 6 Abs. 1 EK nunmehr auf Grund mündlicher Verhandlung zu entscheiden ist, so ist der im Verfahren nach § 8 RHG ergehende Beschluß der Sache nach ein Urteil[631]. Das OLG hat mithin den „Beschluß" in öffentlicher Sitzung zu verkünden[632].

c) Das Antragsverfahren

Gleiches wie für das Genehmigungs- und das Beschlußverfahren gilt auch für das Antragsverfahren nach § 15 RHG. Denn der GenStA entscheidet in gleicher Weise über den Antrag des Betroffenen wie im Genehmigungsverfahren über das Ersuchen der ostzonalen Behörde. Verletzt werden also auch hier die *Institutionsgarantie* des Art. 6 Abs. 1 EK sowie die *Grundsätze der öffentlichen und der mündlichen Verhandlung*, des *rechtlichen Gehörs* und der *öffentlichen Urteilsverkündung*. Und ebenso entscheidet das Gericht im Beschlußverfahren nach § 15 Abs. 3 i. V. m. § 7 RHG ohne *öffentliche* und obligatorische *mündliche Verhandlung* und ohne *öffentliche Verkündung* des Beschlusses.

---

[626] Guradze, Rechtshilfe I, S. 818 rSp.; ders. in: Anmerkung II, S. 2091.

[627] Guradze, ebenda.

[628] Siehe oben S. 81.

[629] Guradze, Anmerkung II, S. 2091.

[630] Vgl. § 8 Abs. 1 Satz 1 RHG.

[631] Siehe oben S. 115.

[632] Guradze, Rechtshilfe I, S. 818 rSp.

2. Das neue Strafverfahren, § 11 RHG

Unter den Voraussetzungen des § 11 RHG[633] wird gegen einen in der Sowjetzone bereits Verurteilten ein neues Strafverfahren durchgeführt. Dieses Verfahren ist ein ordentlicher Strafprozeß. Für das Hauptverfahren dieses Prozesses hat das Gericht die Garantien des Art. 6 Abs. 1 EK zu beachten. Auf die Erörterungen zum Hauptverfahren der StPO kann verwiesen werden[634].

3. Zusammenfassend kann somit festgestellt werden: Das Vorvollstreckungsverfahren des RHG, sei es in Form des Genehmigungsverfahrens, des Beschluß- oder des Antragsverfahrens, verstößt in entschiedener Weise gegen die Garantien des Art. 6 Abs. 1 EK. Das Verfahren ist daher ungültig[635]. Das neue Strafverfahren nach § 11 RHG hingegen steht in Einklang mit Art. 6 Abs. 1 EK.

VIII. Zusammenfassung

1. In folgenden Verfahren der deutschen Rechtsordnung, in denen über „die Stichhaltigkeit einer strafrechtlichen Anklage" entschieden wird, sind die Garantien des Art. 6 Abs. 1 EK verletzt:

a) Im Strafbefehlsverfahren, §§ 407 ff. StPO (Grundsätze der mündlichen Verhandlung und des rechtlichen Gehörs)

b) Im Strafverfügungsverfahren, § 413 StPO (Grundsätze der mündlichen Verhandlung und des rechtlichen Gehörs)

c) Im Steuerstrafverfahren, §§ 421 ff. RAbgO, und zwar

aa) im Strafbescheidsverfahren, §§ 447 RAbgO (Institutionsgarantie) und

bb) im Unterwerfungsverfahren § 445 RAbgO (Institutionsgarantie)

d) Im Poststrafverfahren, §§ 27 ff. PostG (Institutionsgarantie)

e) Im Vorvollstreckungsverfahren des RHG, und zwar

aa) im Genehmigungsverfahren des GenStA, §§ 3, 4 RHG (Verstoß gegen die Institutionsgarantie, die Grundsätze der öffentlichen und der mündlichen Verhandlung, des rechtlichen Gehörs und der öffentlichen Urteilsverkündung)

bb) im Beschlußverfahren des OLG, §§ 5 ff. RHG (Verstoß gegen die Grundsätze der öffentlichen und der mündlichen Verhandlung sowie gegen den Grundsatz der öffentlichen Urteilsverkündung)

cc) im Antragsverfahren, § 15 RHG (Verletzung der Institutionsgarantie, der Grundsätze der öffentlichen und der mündlichen

---

[633] Vgl. die Ausführungen oben S. 47.

[634] Siehe oben S. 119 ff.

[635] So auch GURADZE, Rechtshilfe I, S. 818 rSp.; ders. in: Anmerkung II, S. 2091.

Verhandlung, des rechtlichen Gehörs und der öffentlichen Urteilsverkündung)

2. In folgenden Verfahren der deutschen Rechtsordnung lassen sich *keine* Verletzungen der Garantien des Art. 6 Abs. 1 EK nachweisen:

a) Im Hauptverfahren der StPO, und zwar

aa) in der Hauptverhandlung erster Instanz bei Ausbleiben des Angeklagten, § 232 Abs. 1 StPO (kein Verstoß gegen die Grundsätze der mündlichen Verhandlung und des rechtlichen Gehörs)

bb) in der Hauptverhandlung der Berufungsinstanz bei Ausbleiben des Angeklagten, § 329 StPO (wie aa))

b) Im Verfahren gegen Abwesende, §§ 276 ff. StPO (keine Verletzung der Grundsätze der mündlichen Verhandlung und des rechtlichen Gehörs)

c) Im Privatklageverfahren, §§ 374 ff. StPO (kein Verstoß gegen den Grundsatz der mündlichen Verhandlung)

d) Im neuen Strafverfahren, § 11 RHG (kein Verstoß gegen die Garantien des Art. 6 Abs. 1 EK wie oben bei 1, e, aa) und bb)).

SCHLUSSBETRACHTUNG

Die Untersuchung hat gezeigt, daß die Konventionsnorm des Art. 6 Abs. 1 EK für das deutsche Prozeßrecht eine Reihe wesentlicher Änderungen bringt. So sind das Armenrechtsverfahren für Ausländer (S. 96 ff.), das Schiedsurteilsverfahren (S. 109 ff.), das Strafbefehlsverfahren (S. 125 ff.), das Strafverfügungsverfahren (S. 129), das Steuerstrafverfahren (S. 129 ff.), das Poststrafverfahren (S. 136 f.) und das Rechts- und Amtshilfeverfahren bei Vollstreckung ostzonaler Urteile (S. 137 ff.) mit den Garantien des Art. 6 Abs. 1 EK unvereinbar und damit außer Kraft gesetzt. Im Zivilprozeß darf ferner die öffentliche Urteilsverkündung ohne das ausdrückliche Einverständnis der Parteien nicht mehr durch die bloße Zustellung der Urteilsformel ersetzt werden (S. 107 ff.). Die „echten Streitverfahren" der freiwilligen Gerichtsbarkeit müssen den rechtsstaatlichen Garantien des Art. 6 Abs. 1 EK unterstellt werden (S. 112 ff.).

Zudem werden die Rechte des Einzelnen im gerichtlichen Verfahren durch die Konventionsnorm des Art. 6 Abs. 1 EK bedeutsam erweitert. Die Garantie der Justizgewährung (S. 68 ff.), bislang im deutschen Recht nur vereinzelt im Schrifttum erörtert, ist nunmehr durch Art. 6 Abs. 1 EK Bestandteil der deutschen Rechtsordnung. Die Prozeßgarantien der öffentlichen und der mündlichen Verhandlung, des schleunigen Verfahrens und der öffentlichen Urteilsverkündung (S. 76 ff.) sind durch die Konventionsnorm zu beherrschenden, mit Verfassungsrang ausgestatteten Verfahrensgrundsätzen erhoben. Die Ausschließungsgründe des Art. 6 Abs. 1 Satz 2 EK gewähren dem Gericht über die dem deutschen Recht bekannten Regelungen hinaus die Möglichkeit, die Öffentlichkeit während der Verhandlung „zum Schutze des Privatlebens der Prozeßparteien" und „im Interesse der Gerechtigkeit" auszuschließen (S. 91 ff.).

Es zeigte sich aber auch, daß die Forderungen der Konventionsnorm nicht dem gesamten deutschen Prozeßrecht gelten. So wird das Verfahren vor den Verwaltungsgerichten von den Garantien des Art. 6 Abs. 1 EK nicht betroffen (S. 23 ff.). Der Anwendungsbereich des Art. 6 Abs. 1 EK umfaßt gleichfalls nicht die besonderen Verfahrensarten der ZPO (S. 15 ff.), ausgenommen das Verfahren in Ehesachen (S. 17). Auch im Konkursverfahren (S. 21 f.) und im Beschlußverfahren der Arbeitsgerichtsbarkeit (S. 22 f.) ist Art. 6 Abs. 1 EK nicht anwendbar, ebensowenig im Verfahren der Verfassungsgerichtsbarkeit (S. 33 f.).

Über „die Stichhaltigkeit strafrechtlicher Anklagen“ i. S. des Art. 6 Abs. 1 EK wird weder im Vor- und im Zwischenverfahren der StPO (S. 35 f.) noch im Disziplinar- oder im Bußgeldverfahren (S. 40 ff.) entschieden. Und schließlich gilt Art. 6 Abs. 1 EK weder im Revisionsverfahren (S. 51 ff.) noch bei einer Wiederaufnahme von Verfahren mit nichtigen Verkehrsstrafnormen (S. 56 ff.), im Beschwerdeverfahren nur bei Verhandlungen und Entscheidungen in „echten Streitsachen“ (S. 54). Die Konventionsnorm des Art. 6 Abs. 1 EK findet also im deutschen Prozeßrecht nur beschränkt Anwendung.

Dennoch sind die Anforderungen, welche die Konvention an das deutsche Verfahrensrecht stellt, bedeutsam genug. Nirgends sonst sind mit gleicher Deutlichkeit die rechtsstaatlichen Grundsätze benannt, die ein Verfahren beherrschen müssen, als in der Menschenrechtsnorm des Art. 6 Abs. 1 EK. Das prozessuale Grundfreiheitsrecht der Konvention greift zum Schutze des Einzelnen umgestaltend und ändernd in das deutsche Prozeßrecht ein. Dies zu zeigen war Aufgabe dieser Arbeit.

Über Wesen, Technik und Grenzen der Verfassungsänderung

von Professor Dr. Karl Loewenstein. Oktav. 64 Seiten. 1961. DM 8,—
(Schriftenreihe der Juristischen Gesellschaft Berlin, Heft 6)

Grundgesetz und Internationalprivatrecht

von Professor Dr. Günther Beitzke. Oktav. 37 Seiten. 1961. DM 5,—
(Schriftenreihe der Juristischen Gesellschaft Berlin, Heft 7)

Staatsangehörigkeit und Staatenlosigkeit im gegenwärtigen Völkerrecht

von Dr. Dr. Paul Weis, Leiter der Rechtsabteilung des Amtes des Flüchtlingshochkommissars der Vereinten Nationen in Genf. Oktav. IV, 28 Seiten. 1962. DM 5,—
(Schriftenreihe der Juristischen Gesellschaft Berlin, Heft 9)

Strukturwandlungen der modernen Demokratie

von Professor Dr. jur. Ernst Forsthoff. Oktav. 25 Seiten. 1964. DM 5,—
(Schriftenreihe der Juristischen Gesellschaft Berlin, Heft 15)

Der Gleichheitssatz im Wirtschaftsrecht des Gemeinsamen Marktes

von Professor Dr. Ernst Steindorff. Oktav. IV, 61 Seiten. 1965. DM 12,80
(Schriftenreihe der Juristischen Gesellschaft Berlin, Heft 19)

Die Gerechtigkeit

Wesen und Bedeutung im Leben der Menschen und Völker von Professor Dr. Wilhelm Sauer. Oktav. VIII, 186 Seiten. 1959. Ganzleinen DM 18,—

Das Wesen der Repräsentation und der Gestaltwandel der Demokratie im 20. Jahrhundert

von Professor Dr. Dr. Gerhard Leibholz. Um einen Vortrag erweiterte 3. Auflage. Oktav. IV, 275 Seiten. 1966. DM 38,—

Privatsphäre und Ämter für Verfassungsschutz

von Dr. Hans-Ulrich Evers. Oktav. XVI, 293 Seiten. 1960. DM 32,—

Recht und Individualität

von Professor Dr. Heinrich Henkel. Oktav. IV, 87 Seiten. 1958. DM 9,80

WALTER DE GRUYTER & CO · BERLIN 30

Kolibri 360 GmbH
Ferdinand-Jühlke-Straße 7
99095 Erfurt, Deutschland
produktsicherheit@kolibri360.de